心をひらく道徳授業実践講座【1】

道徳授業のつくり方 改訂版

鈴木由美子　宮里智恵【編】

溪水社

序

　小中学校の先生方は、週1回の道徳授業をどのように作っておられるのでしょうか。道徳は答えがないのでたくさんの意見が出て楽しい、という先生もいらっしゃるでしょう。週1回ぐらいの道徳授業では子どもが変わらない、あるいは道徳授業の中で子どもたちの意識が高まったとしても、なかなか実践に結びつかない。そんな思いを抱えておられる先生方も、いらっしゃることでしょう。この講座では、子どもたちの心をひらく道徳授業のために、どのような教材を選べばよいのか、どのように授業を組み立てたらよいのか、どのように実践と結びつけたらよいのかについて、わかりやすく解説し、実際の事例をお示ししたいと考えています。

　この講座でとりあげた実践事例は、私が直接見た授業がほとんどです。

　私自身、道徳授業を見ながら子どもの言葉に感動し、教材の主人公の美しい生き方に胸をふるわせました。子どもたちの目にあふれる涙を見て、一緒に涙を流したのは一度や二度ではありません。小学生、中学生の純粋で素直な真心に触れ、自分自身が子どもに教えられたように思いました。そのような事例を集めていますので、先生方に、子どもたちの心をひらくとはどういうことなのか、実感していただけると思います。

　子どもの心が見えない、とよく言われます。本当にそうでしょうか。最近の子どもはゲームばかりしていて感動を知らないと言う人もいます。そうでしょうか。私が出会った子どもたちは、友情に、信頼に、親の愛に、深く感動していました。信念を貫く生き方に、勇気づけられていました。

　子どもの心をひらく授業をするためには、先生自身の心がひらかれている必要があります。初等教育の父ペスタロッチーは、道徳教育の基本は心をひらくことだと言いました。先生も子どもも心をひらくためには、その教材が人間の本質に迫るものであること、先生の導きが人間の弱さも強さも認める真摯なものであることが必要です。その両方があったとき、先生の心と子どもの心が美しいハーモニーを奏でるのです。そのハーモニーは学級をおおい、学校をおおい、やがては地域を、社会をおおっていくことでしょう。

　本講座の構成を説明します。第1巻は理論編です。第1章、2章では、これまでの歴史を振り返りつつ、道徳授業でできることについて取り上げました。第3章では、学習指導要領を中心にして、学校教育の中での道徳授業の位置づけについて取り上げました。第4章では、子どもの道徳性の発達について取り上げました。第5章では、学習指導案の書き方について取り上げました。第6章では、道徳教育の評価の方法について、具体例をあげながら述べました。第7章では、教科や体験活動と道徳授業との関連について取り上げました。第8章、9章、10章、11章では、道徳授業で主として用いる教材

を心情タイプ、心情ジレンマタイプ、プログラムタイプの3つに分け、それぞれの特徴と、それぞれの学習指導案の書き方を示しました。第12章では、発問構成の仕方について取り上げました。第13章では、板書の仕方を取り上げました。第14章では、家庭・地域との連携について取り上げました。

第2巻『心をひらく道徳授業－タイプ別実践事例－』は実践編です。それぞれの学年に応じた3タイプの学習指導案を取り上げたいと思います。第1巻とともにご活用ください。

本講座は、大学で道徳教育の指導法について学ぶ学生や、道徳教育推進者として学校全体の道徳教育推進に携わる方々に、どのようにして一時間の道徳授業を構成したらよいか、わかりやすく理解していただくことをめざしています。すでに道徳教育を深く研究し、実践されている先生方にとっては物足りないところもあるかもしれません。また、道徳授業を中心として構成していますので、全体計画や年間指導計画の作成の仕方について深く研究したい先生方にとっては、不十分かもしれません。どうかご容赦ください。

本講座が、子どもたちの心をひらく道徳授業をめざす先生方の一助になれば幸いです。

本書の出版にあたり多くの方々にご協力をいただきました。編者のひとり、宮里智恵先生には、道徳教育の研究を始めた10年ほど前から、授業づくりの仕方、発問、役割演技など、多くのことを教えていただきました。森川敦子先生には、学校現場に即したご助言をいただきました。また三次市立田幸小学校長 兼丸裕子先生には、資料の掲載を快く了承していただきました。小原智穂先生には、道徳学習プログラムの実践をそのままの形で掲載していただきました。たくさんの先生方、子どもたちの笑顔に支えられて本書を刊行することができました。厚く御礼申し上げます。

最後に、出版事情の厳しい中、本書の刊行の意義をお認め下さり、出版をお引き受け下さいました溪水社の木村逸司氏に深く感謝申し上げます。

2012年春

編者代表　鈴木　由美子

改訂版の序

　平成27年の学習指導要領改訂により、道徳は「特別の教科　道徳」として教科化されることになりました。それに合わせ、初版を大幅にリニューアルしました。構成も変えて、小学校、中学校の学習指導案を取り上げ、内容を充実させました。教材研究、教材解釈の方法や評価について、具体的な例をあげて説明し、道徳授業の改善が図れるようにしました。巻末には、小学校、中学校の評価文例を掲載していますので、参考にしていただければと思います。

　道徳教育で重要なことは、子ども一人ひとりが生まれながらに持っている、かけがえのなさや使命に気づかせ伸ばすことだと思います。子どもが悩んだり葛藤したりしながら、それでも人間らしくありたいと願うとき、良心の芽が育まれていくと思います。教師や大人には、一人ひとりの子どもがその子らしく生きられるよう温かく見守り、助言し、良心の芽が育つよう勇気づけ励ますことが求められます。

　道徳の教科化を一つの機会として、優れた授業研究が行われ、子どもたちが生き生きと自分の考えを語り合い、お互いに高め合う授業が展開されることを期待しています。

　改訂版の出版にあたり、溪水社の木村逸司氏、木村斉子氏には大変なご尽力を賜りました。出版事情の厳しい中、改訂版を発行して下さいましたことに、深く感謝申し上げます。

　　2019年9月

　　　　　　　　　　　　　　　　　　　　　　　　　　編者代表　鈴木　由美子

「やさしい道徳授業のつくり方」
もくじ

序 i

第1章　道徳授業の成り立ち 3
　1．前史としての修身科の時代　3
　2．特設時間としての「道徳」設置以降　7

第2章　道徳授業での学び 10
【コラム1】子ども達が輝く瞬間 16

第3章　学校教育の中での道徳授業の位置づけ 17
　1．学校教育における道徳教育と道徳科　17
　2．学校教育における道徳科の内容と指導計画　20

第4章　子どもの道徳性の発達的特徴 27
　1．道徳性の発達理論　27
　2．子どもの道徳性の発達的特徴をふまえた支援　30
【コラム2】特別支援と道徳教育 35

第5章　学習指導案作成の考え方 36
　1．学習指導案を書くまで　36
　2．基本的な学習指導案作成の流れと考え方　37
　3．学習指導案の構成　40
【コラム3】私と道徳授業 43

第6章　道徳科の評価の仕方 44
　1．道徳科の評価　44
　2．評価の実際　45
【コラム4】K君との出会い 57

第7章　教材研究と教材分析 58
　1．主題解釈と教材解釈―教材研究の方法―　58

2．心情曲線による道徳教材分析—教材分析の方法—　60
　　3．心情タイプの道徳授業　62
　　4．心情ジレンマタイプの道徳授業　64
　　5．プログラムタイプの道徳授業　65
　【コラム5】心に残る授業、心に響く教材 ································· 67

第8章　心情タイプの学習指導案
　　　　　　—価値に深く迫る授業の学習指導案と授業展開— ················ 68
　　1．心情教材の特徴とねらい、留意点　68
　　2．「B　親切、思いやり」の道徳授業（小学校第5学年）　69
　　3．「A　正直、誠実」の道徳授業（小学校第3学年）　77
　　4．「B　相互理解、寛容」の道徳授業（中学校第3学年）　83

第9章　心情ジレンマタイプの学習指導案
　　　　　　—多様な考えを生かす授業の学習指導案— ················ 86
　　1．心情ジレンマ教材の特徴とねらい、留意点　86
　　2．「A　善悪の判断」の心情ジレンマ（小学校低学年）　86
　　3．「C　規則の尊重」の心情ジレンマ（小学校第6学年）　92
　　4．「D　生命尊重」の心情ジレンマ（中学校第2学年）　97
　【コラム6】私と道徳授業 ································· 104

第10章　プログラムタイプの学習指導案
　　　　　　—教科や体験活動と連携した道徳学習プログラムの展開— ············ 105
　　1．道徳学習プログラムの特徴とねらい、留意点　105
　　2．「レインボープログラム」の学習指導案（小学校第5学年）　106
　　3．特別活動とのユニットによるプログラムの学習指導案（中学校第3学年）　116

第11章　発問構成の工夫 ································· 127
　　1．学習指導過程の構想　127
　　2．「考え、議論する道徳」の指導方法と発問づくり　128
　　3．教材の活用と発問構成　134
　　4．実践参考例—「考え、議論する道徳」を目指して—
　　　　（小学校第4学年、中学校第3学年）　137
　【コラム7】道徳と私 ································· 141

第12章　板書構成の仕方 ･･ 142
　1．板書の役割　142
　2．道徳科の時間の板書構成　143
　3．板書の実際　147

第13章　家庭や地域との連携 ･･ 149
　1．道徳科の授業における効果的な連携　150
　2．家庭との連携の具体例（小学校第5・6学年）　151
　3．地域との連携　154

《資料》道徳科の評価文例 ･･･ 161
　　小学校学習指導要領 ･･･ 184
　　中学校学習指導要領 ･･･ 191

やさしい道徳授業のつくり方

第1章

道徳授業の成り立ち

　道徳授業の意義について考えるための手がかりとして、まず、わが国の学校教育のなかで「道徳」の時間が辿ってきた歴史をふりかえる。それは、前史としての修身科の時代と、戦後の特設時間としての「道徳」設置以降とに大きく分けられる。

1．前史としての修身科の時代

(1) 日本の近代化と学校教育

　日本の近代化とそれを支える富国強兵を目指す明治政府は、1872（明治5）年に「学制」を発布し、国民教育制度としての学校を全国に設けることとした。同年の「学事奨励に関する被仰出書」にも示されていたように、明治維新以前のような身分的教育を脱して、国民一人ひとりが各人の能力を伸ばす（そして生計を立て産業を興し国力を高めていく）ための公平な学習機会を整えることが重要な目的だった。新たな時代の生き方を、そしてその時代そのものをいかに作り出していくかという問題に対して、学校は、その手掛かりとなるべき新たな学問・知識・技術を子どもたちが学ぶ場としての役割を期待されていた。

> 学制
> 第二十一章　小学校ハ教育ノ初級ニシテ人民一般必ス学ハスンハアルヘカラサルモノトス
> 　（……）
> 第二十七章　（下等小学教科の教科：）　綴字　習子　単語　会話　読本修身　書牘　文法　算術　養生法　地学　理学　体術　唱歌

> 学事奨励に関する被仰出書
> 　人々自ら其身を立て其産を治め其の業を昌にして以て其の生を遂げるゆゑんのものは他なし身を脩め智を開き才芸を長ずるによるなり而て其身を脩め知を開き才芸を長ずるは学にあらざれば能はず是れ学校の設あるゆゑんにして（……）

　しかし、この創造の時代はまた、混乱の時代でもあった。政府成立後の内乱や財政悪化、増税による生活困窮などにともない、民衆の不満・不安は増大した。新体制の圧力に対する抗議として学校焼き討ちなども全国的に発生する一方で、新たな時代の知的拠

点として学校を利用しながら、自由民権運動などのように別の世の中のありかたを主張する者たちも少なくなかった。知的に開かれた学習を一面的に推し進めることは、人々がその学んだものを直ちに正しく——つまり、個人と共同体（ここでは現実の国家）双方の目的にかなうように——用いることを保証するものではない、というのが1879（明治12）年の「教学聖要」における政府の反省だった。福沢諭吉らが学んだイギリス自由主義によれば、人間が真に利己的になればかえって他者を共感的に思いやるようになるはずだが、明治政府が置かれた内外の情勢はその実現を待てなかった。

（2）修身科の重視と教育勅語

この事態のなかで注目されたのが、修身科である。当初この教科は小学校低学年にのみ置かれており、礼儀作法の指導や翻訳教科書による教授を主とするものだった。しかし、これまでの開放的な教育政策から切り替えようとする政府は、国民の生き方とタテヨコの関係を安定させるための価値体系を儒教主義に求め、これを子どもに教授する全学年必修時間として修身科を位置づけなおした。1880（明治13）年のいわゆる「改正教育令」の公布と、小学校教科書に対する統制開始、そして翌1881（明治14）年の「小学校教則綱領」の制定が、これにあたる。

さらに1890（明治23）年に頒布された勅語（いわゆる教育勅語）では、儒教主義的価値体系を構成する忠孝などの徳目が一覧化された。これは、国民が従うべき価値体系が、つまり子どもに教えられねばならないそれが、天皇の言葉として明確に示されたものである。敗戦に至るまでその絶対不可侵性を疑いがたかった天皇の言葉であるがゆえに、教育勅語は学校教育にきわめて強い支配力を及ぼしていく。こうして、明治維新以来の新たな時代における生き方を作り出していくという各人の課題は、社会混乱を背景にして国民統合を求める国家の教育行政による主導のもとで、その方向性を強く定められることになった。

教育勅語

朕惟フニ我カ皇祖皇宗國ヲ肇ムルコト宏遠ニ徳ヲ樹ツルコト深厚ナリ我カ臣民克ク忠ニ克ク孝ニ億兆心ヲ一ニシテ世々厥ノ美ヲ済セルハ此レ我カ國體ノ精華ニシテ教育ノ淵源亦實ニ此ニ存ス爾臣民父母ニ孝ニ兄弟ニ友ニ夫婦相和シ朋友相信シ恭儉己レヲ持シ博愛衆ニ及ホシ学ヲ修メ業ヲ習ヒ以テ智能ヲ啓發シ徳器ヲ成就シ進テ公益ヲ廣メ世務ヲ開キ常ニ國憲ヲ重シ國法ニ遵ヒ一旦緩急アレハ義勇公ニ奉シ以テ天壤無窮ノ皇運ヲ扶翼スヘシ是ノ如キハ獨リ朕カ忠良ノ臣民タルノミナラス又以テ爾祖先ノ遺風ヲ顯彰スルニ足ラン
斯ノ道ハ實ニ我カ皇祖皇宗ノ遺訓ニシテ子孫臣民ノ倶ニ遵守スヘキ所之ヲ古今ニ通シテ謬ラス之ヲ中外ニ施シテ悖ラス朕爾臣民ト倶ニ拳々服膺シテ咸其徳ヲ一ニセンコトヲ庶幾フ

このような趨勢のなか、学校教育の現場はどうだったのか。実際、国民の大半が子どもを学校に送ろうとしはじめ、就学率が急激に上昇したのは日清・日露戦争の頃、つま

り教育勅語頒布よりも後のことだった。国づくりをあらゆる方面にわたり急速に進めてゆくなかで、制度的な学校教育もそれを支える教員の養成もようやく軌道に乗り始めたところであり、授業法についてもペスタロッチー主義やヘルバルト主義（いわゆる五段階教授法）を輸入して師範学校（当時の教員養成学校）で生徒に教授するなど、新来のものを摂取することに邁進していた。

　戦前までの学校教育というと、威張った教師が子どもたちに一方的・画一的に教え込むといった授業を私たちはイメージしやすいが、たしかにそのようないわゆる師範タイプの教師もいたことは事実である。しかしその一方で、教育実践と子どもの実態をふまえたさまざまな工夫や努力も授業実践のなかで試みられ、その地道な積み重ねと反省が、明治末には大きな学校教育改革のうねりとして噴出していく。

（3）大正新教育運動とその理念

　大正新教育運動と呼ばれるこの全国的運動は、国家主導による画一的な学校教育や教員養成に対する批判から生まれたものとされている。いわゆる大正デモクラシーと呼ばれる自由への時代潮流が、その背景にある。

　ただし、やや話が戻るが、子どもの心をゆさぶりはたらきかけるという点では、批判対象たる明治期の修身科授業にも見るべきものがないわけではない。例えば、画一的授業の典型とも言われる五段階教授法の授業では、教授した徳目（「孝」や「友」など）の理解を現実に「応用」するための学習まとめ段階がある。そこでは教師の問いかけを通じて、児童が授業内の知識として終わらせずに自らの生活の様々な実態に即した理解を深めることを狙っていた。ただし、それは、「いかに教えるか」（方法）の工夫改善は「何を・何のために教えるか」（内容・目的）の批判的検討とは無関係に可能であるということへの反省を、私たちにあらためて促す事例でもある。

　さて、大正時代に入ろうとするころ、硬直化した学校教育に対する批判のもとで、学校内外からの改革運動が全国に拡大した。それは、欧米のデューイたちの影響を受けつつ独自の成果を残したという点で、同時代の世界的な学校教育改革運動の一角をなした。例えば能動的・主体的学習者としての子ども理解や個性の尊重、学習者共同体としての学級理解、自分で考える力や創造力などを育成することの必要性、そしてこれらに基づいた教師──子ども・子ども同士の双方向的関係に向けた授業改革や総合的学習の試みなど、今日も唱えられている学校教育改革理念は、すでにこの時代にほぼ完成されている。

　もっとも、例えばデューイたちによって基礎づけられたアメリカの新教育は、やがて戦後日本における教育の民主化のさいに再び輸入されるのであり、現在の「学びの共同体」などのモデルも基本的にその理念を踏襲するものなのである以上、それぞれがよく似ていて当然の話でもある。もう一つ付け加えておくならば、この新教育運動とは、教

育の主体は学習者であるという観点から学校教育をとらえなおす(「教育のコペルニクス的転回」)ことであるとともに、当時における政治・経済・文化などの国際的な覇権競争が激しさを増すなかで、従来の知識をただ教授するだけではこの社会変化の速さに対応して新たな時代を切り開く人間を育てることはできない、という大人たちの切迫感によるものでもあった。この点もまた現代の学校教育に対する社会の要請と重なり合う。

(4) 学習者中心の学校教育と修身科

ここで学習者主体というとき、もちろん子どもの感情は授業において重要な地位を占めることになる。自発的な学習をするためにも、また様々な力を能動的に働かせるためにも、子どもの感情はその学習動機を支え強める基盤として教師によって配慮される。いかに子どもの心をとらえ、ゆさぶり、学習成果と意欲とを高めるか。学習者主体であるからこそ、教師は一方的に教えるのではなく支援する者として子どもの心に接近することになるが、しかしそれは、教育者が子どもの自由な人格への敬意を失ったとき、望ましい授業展開のために子どもの感情をいかに巧みに操作するかという技術論にも陥りかねないものでもあった。

当時の主導者たちはその危険を避けながら理論と実践の改革を進めていったが、たとえ学習者の自由を尊重するとしても、とくに修身科の場合には国家が要求する価値体系という厳しい制約があった。その善悪・正不正の基準について子どもや教師が批判的に検討したうえで理解する機会は、教育勅語のもとに置かれた学校教育には与えられていなかった。例えば及川平治の「動的教育」は、図工などといった教科教育と道徳教育の横断を試みていたが、そこでは授業の方法上の改革や、主題内容の解釈深化の一方で、教えられるべき徳目そのものは教育行政が定めるところに従っていた。また、木下竹次が実践をふまえて著わした『学習原論』『学習各論』では、学習者の感情とそれに基づく自主性を重視しつつ、自由な学習を適切に支援することでかえって国家が要求している価値体系の教育をより効果的に実現できるとして、教育行政による批判と圧力に対処しようとしていた。

及川平治『分団式各科動的教育法』 弘学館、1915(大正4)年
　修身科の教育実践例「病友を見舞ふ」(尋常3学年)(要約)

まず学級児童に病気罹患時の気持ちについて思い出させた後、本日病欠の級友男子の様子を説明する(「学習動機の惹起」)。同情心を喚起された学級児童に、何かできることはないか問う(「新地位の創設」)。児童の意見をもとに、本時は見舞い品として皆で図画帳をつくることとする。各児童が自由に描くのを机間巡視しつつ、教師も1枚描く。全員の絵が完成した後、話し合いの結果、日直が病欠児童の家へ届けることとなる(「題材の構造」)。翌日、報告された病欠児童

> の様子をもとに、より望ましい見舞い品を各人が作成し、完成品を再び日直が届ける。やがて病欠児童が快復して登校し、付き添いの母ともども級友にお礼を述べる（「功過自知」）。教師が全体を評価し、全員で友情の歌を合唱する（「訓示」）。
> 「『汝の修身教育は、図画、手工、綴方にあらずや』と言ふを止めよ、病友を思ふの至情は種々なる慰藉の方法に発露し、偶、図画、手工、綴方となれるに過ぎず」（……）「確かに動機と行為は聯合せり」

　しかしながら、この運動も、大正末より国家による学校教育統制が強化され、教師に対する弾圧も始まるなかで、下火となっていく。昭和に入ると大震災や世界恐慌による全国的被害と社会不安のもと、国内には世直しへの衝動が何度も噴出し、国外には最終的に世界大戦突入へと至ることになるが、とくに戦時中には学校教育もさらに厳しい制約におかれた。大正時代に築かれた学校教育改革の成果は、この時代しばらく逼塞を余儀なくされ、敗戦後にようやく再びの芽を出すことになる。

　とはいえ、新教育運動の成果を受け継ぐことの難しさは、国家統制や教育勅語の重みのみに原因をもつものではなかった。学習者主体による授業づくりは、それを支える学習環境を整備する余裕のない大半の地域の学校では、40人をはるかに超える学級児童を前にして試みがたいものだった。また、当時すでに進行していた受験競争に加わろうとする保護者は子どもの学力を目に見える数字と結果で求めていたため、知識偏重でなく能力育成を、というのはいかにも悠長すぎたかもしれない。そして、世界恐慌などによる子どもの実生活の激変は、個人の自由よりも共同体の相互扶助を優先するという姿勢を、教師にももたらした。戦時中の教師が、連綿と受け継がれてきた学校教育改革の先頭に立って子どもの心と向き合おうとするとき、それは、国家が学校を介して子ども（「少国民」）の感情までも、「聖戦」遂行のために総動員する手立てとなった。例えば木下竹次による合科学習が、この時代の教育行政によって合科教育という皇民教育の方法に組みかえられたように、大正新教育運動の個所で指摘した操作的な技術論への転落が、このとき学校教育の一角にいよいよ生じていたのかもしれない。

2．特設時間としての「道徳」設置以降

(1) 戦後日本と教育の民主化

　1945（昭和20）年の無条件降伏ののち、日本は民主化の過程を占領軍から与えられた。これに基づき翌1946（昭和21）年には文部省が「新教育指針」を示し、この年の末に公布される日本国憲法、そして1947（昭和22）年に制定される教育基本法に先だって、個性の尊重と民主主義の理念を打ち出している。

> **新教育指針**
> (……) 教育においても、教師が教へるところに生徒が無ひはん的にしたがふのではなく、生徒が自ら考へる自ら判断し、自由な意思ももつて自ら真実と信ずる道を進むやうにしつけることが大切である。(……)
> 　民主的な教育において、教師は生徒を人格として平等に尊重しなければならない。いひかへれば生徒を人間らしい人間として、自由と責任とをもつた人間として、育てあげることを教育の目的とすべきである。(……)

> **教育基本法**　（1947年公布時のもの。2006年改正）
> 第一条（教育の目的）　教育は、人格の完成を目指し、平和的な国家及び社会の形成者として、真理と正義を重んじ、個人の価値をたつとび、勤労と責任を重んじ、自主的精神に満ちた心身ともに健康な国民の育成を期して行われなければならない。

　戦前の学校教育を支配してきた教育勅語は、国会内外での多くの議論の末、1948（昭和23）年に失効決議された。親孝行や友情といった徳目が否定されたのではなく、天皇の言葉としての絶対不可侵と、それへの服従による国民の責任放棄が、ここでは重大な問題だった。国民は自分の生き方について、そして他者と共に生きる共同体のありようについて一人ひとり考え判断することとなったが、それは抑圧からの解放であり、また与えられた自由による混乱のはじまりでもあった。学校と教師にとっても、このことは当てはまる。

　教育勅語の失効よりも早く、修身科は1945（昭和20）年末に授業停止されていた。修身科が消えゆく一方で1947（昭和22）年に新たに学校教育に登場したのが社会科だが、アメリカ合衆国発祥のこの教科は、民主主義社会における公民教育を目的とするものだった。つまり、修身科と同じく国家イデオロギーに染まっていた戦前日本の地理・歴史と異なり、自由で主体的な人間や民主主義社会とは何かを子どもが学び、そのような生き方と社会の担い手として互いに協力し批判し向上しあえるようにするための教科である。人々が共に生きる場としての共同体の理想像を学ぶ機会が、この時点で子どもたちに提供されたことになる。

　ただし、社会科だけが今後の新たな時代の生き方への手がかりを与えるのではなく、教科学習や生活指導などを含む学校教育の全てが、子どもの道徳性を育むべき機会として包括的にとらえなおされることとなった。戦後直後に定められた新たな学校における道徳教育の特徴は、このいわゆる全面主義にある。戦前への回帰を求める声もいまだ小さくない状況下で、この全面主義は、修身科とそれを支える国家体制・イデオロギーの復活を阻止するためにも必要とされていた。

(2)「道徳」設置とその課題

　しかし、戦災と敗戦による社会と既存価値体系の崩壊や、それによる大人・子どもの犯罪多発などに直面して、生き方をめぐる直接的な学習機会を修身科の復活とは異なるかたちで学校教育のなかに取り戻すべきという動きが、しだいに強められていく。とはいえ、何をよしと判断していいか大人でさえ分からない時代にあって、困った教師が子どもに自主的判断を「命令」したという逸話も伝え聞くかぎり、学校側の苦労がうかがえる。また、「みんなで責任を分かち合う」が現実には「誰も責任をとらない」に陥りやすいように、全面主義のはずの道徳教育が、学校の授業でもそれ以外の時間でもまったく行われない、という問題があったのかもしれない。

　さらに冷戦体制に組み込まれた国内情勢のもと、政府と文部省は社会科の改訂ののち、1958（昭和33）年に「道徳」の時間を小中学校教育に設けることと定めた。修身科が教科として強制力を有していたことへの反省として、「道徳」は特設時間として、各教科や特別活動などと並んで位置づけられた。「道徳」は教科ではないため、教科書ではなく副読本が用いられる。それら教材も含め、「道徳」は学習指導要領に基づいてその目標・内容が構成されており、地域の実態に即した学校・教師の年間計画にそって週1時間以上の指導を毎学年行うものと定められている。そして、全面主義の理念もこの「道徳」の時間にはなお受け継がれており、「道徳」の時間を「要」としながら、教科教育を含む学校生活のすべてにおいて道徳教育は行われるものとされていた。

　しかし、学校現場における「道徳」の時間の軽視や、また読み物教材を用いた登場人物の心情理解のみを求める授業実践などを、文部科学省は問題視し、道徳教育の改善・充実を図るための制度改革に取り組むこととなった。

(3)「特別の教科　道徳」の設置

　2015（平成27）年の学校教育法施行規則改正により、「道徳」は「特別の教科　道徳」へと置き換えられた。この「特別の教科　道徳」は、国際化が進む現代社会において、子どもたちが多様な価値観とその対立状況の中でも困難な問題に向き合いその解決に取り組んでいけるような、主体的で「実効性ある力」を育むことを目指すものである。そこで求められるのは「考える道徳」「議論する道徳」であり、さらにその学習を授業の中のみにとどめず、いじめなど現実の具体的問題の解決のために活かしていく手立てを探究することにある。

参考文献
森川輝紀（1990）.『教育勅語への道』三元社。
及川平治（1915）.『分団式各科動的教育法』弘学館。
J. デューイ／松野安男訳（1975）.『民主主義と教育』上下巻、岩波書店。
文部科学省（2018）.『小学校学習指導要領（平成29年告示）解説　特別の教科　道徳編』廣済堂あかつき。

第2章

道徳授業での学び

　1958（昭和33）年の学習指導要領の改訂により、道徳の時間は、教科外活動としてカリキュラム上に位置づけられた。2017（平成29）年告示の学習指導要領改訂により、「特別の教科　道徳」（以下、道徳科という。）が教育課程上に教科として新たに位置づけられ、学校の教育活動全体を通じて行う道徳教育と要としての道徳科の役割が明確に示されている。

　学習指導要領において道徳教育の目標は、以下のように示されている。

> 小学校学習指導要領（平成29年告示）第1章総則の第1の2の（2）
> 　道徳教育は、教育基本法及び学校教育法に定められた教育の根本精神に基づき、自己の生き方を考え、主体的な判断の下に行動し、自律した人間として他者と共によりよく生きるための基盤となる道徳性を養うことを目標とする。

　道徳科の目標は、以下のように示されている。

> 小学校学習指導要領（平成29年告示）解説　特別の教科　道徳編、第3章「第1　目標」
> 　第1章総則の第1の2の（2）に示す道徳教育の目標に基づき、よりよく生きるための基盤となる道徳性を養うため、道徳的諸価値についての理解を基に、自己を見つめ、物事を多面的・多角的に考え、自己の生き方についての考えを深める学習を通して、道徳的な判断力、心情、実践意欲と態度を育てる。

　本書では、学校の教育活動全体を通して行う道徳教育の目標に基づいて行われる道徳科の授業を道徳授業とよぶことにする。

　道徳授業には、他教科の授業と同様に、授業理論に基づいて行う1時間の授業としての側面と、週1時間の授業をコアとしながら人間形成をおこなっていく側面とがある。教育の目的は「教育基本法」（1947年制定、2006年改訂）にあるとおり、「人格の完成」である。「人格」は、個人的側面と社会的側面から形成されていく。したがって、「人格の完成」には、個人の資質能力を発展させる側面と、他者や自然、社会との関わりによって発展させる側面とが必要である。道徳授業は、1時間の授業を通しながら、他教科や特別活動、総合的な学習の時間などとの関連を深め、子どもたちが自己の「人格の完成」に向かって一歩ずつ進めるように支援する役割をもつといえよう。他教科と同様、道徳授業の1時間の授業の積み重ねとそれに関係する様々な体験の統合が、子どもたちの人

格の形成に影響すると考えられる。道徳授業は、他教科や道徳以外の教科外活動、日常の活動、家庭や地域社会での体験などを統合し、子どもたちが社会で生きていく上で大切な考え方や行動の仕方を考えさせる時間である。「人格の完成」を目ざす上で、中心的な授業だといってもよいであろう。したがって、道徳授業では、1時間ごとのねらいを達成することを通して、より大きな目標、目的へと子どもたちを導いていくことが大切である。

　ペスタロッチーは、道徳教育は「純粋な感情によって道徳的情緒を喚起すること」から「正しくかつ善良なもののなかで克己と奮励とをさせて道徳的訓練を行うこと」、「すでに子どもが自分の生活と境遇とを通じて立つ正義関係と道徳的関係とを熟慮させ、比較させることによって道徳的見解を養うこと」だと述べた[1]。自分が行動したことで気持ちがすっきりしたり、うれしい気持ちになったり、悲しい気持ちになったりする感情が元となる。まずは、いろいろな体験をすること、その際に子どもの感情を豊かにはぐくむことが大切である。次に、そうした気持ちを原点として、気持ちがすっきりすることをしたり、うれしい気持ちになることをしたり、悲しい気持ちになることをしないようにする経験を積むことである。子どもであっても感情は複雑である。正直に言うと自分の気持ちはすっきりするけど、相手は悲しい気持ちになるかもしれない。でも相手が喜ぶからといって嘘をつくのは、相手を裏切ることになる。何が善いことなのか、正しいことなのか、自分で判断し、行動して、自分で責任をとる。そうしたことの繰り返しが、子どもの克己力をはぐくみ、道徳的判断をする力を育成するのである。

　「道徳的見解」は、「道徳的情緒」や「道徳的訓練」を通して、子どもたちが獲得するものである。先ほどの例でいえば、正直に言うと相手が悲しむかもしれない。でも正直に言おうとするのは、「正直」が価値あることだと考えているからである。嘘をついたら相手を裏切ることになるから、自分の不利益を越えて正直に言おうとするのは、「信頼」が価値あることと考えるからである。日常生活で直面する問題の中の、さまざまな価値観を比較吟味し、よりよい価値判断に基づいて行動する力を育成するのが、「道徳的見解」を養うことだといえよう。

　「正直がよいことだから正直にしよう」、「信頼はよいことだから信頼しよう」と知識として教えるのではなく、子どもたちの体験や経験から、信頼の価値に気づかせ、それをひとつの判断基準として判断し、行動するよう子どもを導くのが、道徳授業なのである。その意味では、総合的な人間形成の時間ともいえるだろう。そう考えたとき、道徳授業だからこそできる学びがいくつかあげられる。

（1）人が生きる上で大切にすべきことを学ぶこと

　学校における道徳教育がめざすことは、道徳的心情、道徳的判断力、道徳的態度と意欲を培うことを通して、人としての生き方を学ぶことである[2]。人間が他の動物と異な

るのは、目には見えないけれども価値あるものに向かって生きるところにある。価値あるものとは何か、私たちが生きる上で大切にすべきことは何か、それを学ぶのが、道徳授業である。もちろん、他教科でもいろいろなことを学ぶだろう。それらを総合して、自分はいかに生きるかという点に結びつけるよう支援するのが、道徳授業だからこそできることである。

　では、何が価値あることなのか。これは、簡単に答えが出せることではない。小学校や中学校の道徳授業の読み物教材の中では、人道愛に生きたマザー・テレサや[3]、ノーベル平和賞を最年少で受賞したマララ・ユスフザイさんなどが取り上げられている[4]。わずか10数年の生命を生きた宮越由貴奈さんは、与えられた命を生ききることの大切さを訴えている[5]。また、わが子が生きた6歳の命を支えた秋雪くんのお母さんは、家族愛のすばらしさを、かけがえのない命の尊さを述べている[6]。多くの先達の考え方を学びながら、日常の自分を振り返り、自分の生き方を考え、価値ある生き方に近づくことを支援するのが、道徳授業の役割だといえよう。

（2）どのように行動するのが品位のあることか学ぶこと

　私たちは、生活する上で迷い悩むことに多く出会う。そんなとき、どのように行動するのがよいのか、判断しなければならない。絶対に良いことと絶対に悪いこととの間で迷うことはまれであろう。どちらを選んでも、誰かが困ったり、何か不利益なことがあったりするから、人間は迷い苦しむのである。そのときには良いと思ったことが相手を苦しめたり、そのときは不利益と思ったことが結果的には良かったりする。一方で、そのときにとった行動の積み重ねが、人間の品位を形成していくことも事実である。品位ある行動とはどのようなことか、それを学ぶ時間でもある。

　子どもたちが、小中学校時代に実際に体験できることは限られている。同じ空間に生きていても、自分のこととして痛切に感じ入る子どももいれば、まったく関心の枠内に入ってこない子どももいる。道徳授業では、様々な子どもたちに、ひとつの教材を用いて共通の体験を間接的・擬似的にさせることができる。たとえば、小学校中学年の教材に、「いのりの手」という読み物教材がある[7]。500年ほど前の実話に基づいた読み物教材であり、舞台も遠いヨーロッパのことである。あらすじを簡単に述べる。

　ハンスは交代で画家になる勉強をしようと提案し、先に外国に絵の勉強に行ったデューラーのために、鉄工所で働き仕送りを続けた。一度も手紙の返事も連絡もないデューラーを信じて、仕送りを続けた。デューラーは、努力に努力を重ねて約束どおり立派な画家となって、ハンスに会いに戻った。次は君の番だよと言うために。再会したとき、ハンスの手を一目みたデューラーは、ハンスが画家の夢をあきらめて、自分に仕送りをし続けてくれたことを悟る。デューラーはハンスの手を取り、「きみの手をぼくにかかせてくれ。ぼくを絵かきにしてくれたそのすばらしい手を」と言った。その絵は

「祈る手」という作品で後世に残る名画である。
　この物語は、子どもたちの体験から遠く離れているように思えるが、授業では子どもたちは深く感動し、こうした友だちが欲しい、こうした友だちになりたいと深く感じ入る[8]。それは、この物語の中に、子どもたちの心に深く届く、品位のある行動が示されているからである。友を最後まで信じること、それは人間だからできる美しい行為だということを、子どもたちは感じ取るのだろう。このように、道徳授業で学ぶ作品を通じて、子どもたちは、どんなときにどのような行動をすることが、品位のあることかを学ぶのである。また道徳授業で学ぶことにより、「信頼」の価値が学級全体で共有され、学級の中に道徳的雰囲気が醸成されていく。道徳的雰囲気は、品位ある行為をとるよう子どもたちを後押しするのである。

（3）社会で生きるために必要なルールやマナーを学ぶこと

　私たち人間は、社会を形成して生きていく。家族という小さな社会から、市や県といった少し遠いが身近につながっている社会、さらに大きな国際社会まで、その範囲は異なっても、社会の一員であることに変わりはない。社会の一員である以上、守るべきルールやマナーがある。これは社会によって異なるが、ルールやマナーを守ることで、自分たちも守られているということは同じである。自分は社会の一員であること、社会にはルールやマナーがあること、それらを守ることによってお互いに守られていること、それを学ぶのも道徳授業である。
　よく生徒指導と道徳授業はどのように違うのかとの問いが発せられる。生徒指導が起きた事案に対する指導という側面が強いのに対し、道徳授業はその事案に遭遇したときに、立ち止まって考えて判断し、事案に踏み込まないようにする指導という側面が強い。言い方を変えれば、生徒指導はルールやマナーを守らなかったときに行う指導であり、道徳授業はルールやマナーの意味を教えて、明文化されたルールやマナーがなくても、自分で判断して守るようにする指導である。そのため道徳授業では、行動の根拠、つまり「なぜその行動を選んだのか」について、深く考えることが求められるのである。

（4）教科等との関連で学ぶこと

　道徳科の時間が生きることを学ぶ時間である以上、他教科と深く関わっていることは当然のことである。ただし、このことは各教科を道徳的にすることではない。各教科では、教科でなければつけられない論理的思考力、表現力などを育成することが大切である。それらを総合して、自分が何かに迷い悩んだときに、論理的に判断したり、自分の考えを表現して相手に納得してもらったりする力をつけるのが、道徳科の時間なのである。
　道徳科の時間に学んだ、思いやり、正義、公平、ルール、マナーなどを土台として教科の授業が行われるようにすること、そして教科で学んだ論理的思考力や表現力を用い

て、道徳科の時間が豊かに展開されること、それが肝要なのである。もっとも遠く離れていると思われがちな算数と道徳との関連を進めている広島県三次市立田幸小学校では、算数の時間にも道徳科の時間にも使えるものとして、「練りあい発問」を開発した[9]。「しっていることから」意見を述べる発問、ちがいを「みつける」発問、比較して「よりよい」考えはどれか吟味する発問である。算数の時間に学ぶ推論・比較・類推などの力を道徳科の時間に応用し、また道徳科の時間に確かめ身につけた力を算数に応用するという循環である。他の教科でもこのような関連を作ることができると考える。

（5）体験活動との関連で学ぶこと

　子どもたちは、小学校や中学校で様々な体験活動を行う。同年齢集団のこともあるし、異年齢集団のこともある。地域の人々との交流もあるし、修学旅行や遠足で遠く離れた地に住む人々と交流することもある。

　体験活動は人間関係だけではない。キャンプや臨海学校では自然と関わり、工作ではものと関わる。人・自然・ものとの関わりから、子どもたちは自分が何であるかを学ぶのである。自然やものは、子どもの思うようにはならない。子どもは自分のイメージ通りに進めようとして壁にぶつかる。でも自然やものは、なんとも動かない。自然やものは、時間がたっても変わらない。自分が働きかけない限り、何も変わらないのである。子どもは、自分が働きかけて、その結果うまくいかなかったとしても、それを受け入れる力を身につけていく。どうしようもない自然の必然性から、耐えること、結果を受け入れること、もっとよくするために工夫することを学んでいくのである。だから、子どもにとって、自然やものと真正面から取り組むことは大切なことなのである。

（6）日常の振り返り

　道徳授業には、「こうしなければならない」というきまりはない。一般的には、教科書や読み物教材が用いられるが、新聞記事やインターネットで示されている時事問題を取り上げることもできるし、ビデオ、DVD、CD、パワーポイントといった視聴覚教材を用いることもできる。時事問題を取り上げる際には、教師自身がその事実をよく知らないことが躊躇させる一因となっているかもしれない。教師が何もかも教える必要はない。むしろ、時事問題を積極的に取り上げて、子どもとともに学ぶ姿勢が求められているといえよう。

　ビデオ、DVD、CD、パワーポイントといった視聴覚機器も効果的である。中学生の教科書に取り上げられている「6000人の命のビザ」[10]は、杉原千畝の決断を教材にしたものである。第二次世界大戦のさなかの厳しい状況のもとで、杉原は、自己の損得を越えて人道的な決断をし、ユダヤ人にビザを発行した。外務省からの命令と個人の考えとの間で悩み苦しむ杉原に感情移入するのに、DVDは効果的な手段である[11]。DVDには、

杉原が救ったユダヤ人が、実際にオーストラリアに移住し家族を作り、その子孫が日本を訪れたというドキュメンタリーも含まれている[12]。ひとつの決断がその後の時代へとつながっていくことへの感慨もまた、子どもたちの心にふれることと思われる。

また道徳授業の導入や終末で、美しい音楽を聞いたり、絵や詩にふれたりすることも、授業内容によっては大変効果的である。自然を取り上げた読み物教材の終末で、川のせせらぎの音をCDで聞いたり、友情について取り上げた授業の終末で、学級の仲間ががんばっている写真をスライドショーで紹介したり、友だちの歌を歌ったりするのも、工夫のひとつである。

これらにより、児童生徒は道徳授業の中や日常生活で体験したことを思い出し、振り返って考えたり、明日の生活に生かしていこうと考えたりするのである。もちろん、学習したからすぐに行動が変容するわけではない。道徳授業の学習や日常の体験の積み重ねにより、次第に善悪判断や行動基準が形成されていくのである。そのコアとなる時間として、道徳授業があると考えられる。

注と文献

1）ペスタロッチー/長田新訳（1993）.『隠者の夕暮・シュタンツだより』岩波書店、78頁。
2）小学校学習指導要領（平成29年3月告示）、中学校学習指導要領（平成29年3月告示）、参照。
3）「マザー・テレサ」（学研『みんなの道徳6年』（平成30年））
4）「マララ・ユスフザイ －一人の少女が世界を変える－」（光文書院『小学道徳ゆたかな心5年』（平成29年））
5）「電池が切れるまで」（学校図書『かがやけみらい　小学校道徳4年読みもの』（平成30年））
6）「たったひとつのたからもの」（学校図書『かがやけみらい　小学校道徳5年読みもの』（平成30年））
7）「いのりの手」（学研『みんなの道徳4年』（平成30年））
8）2003年2月20日に、宮里智恵教諭（当時）が広島大学附属三原小学校3年6組で行った授業記録による。記録者は鈴木である。
9）『田幸小学校研究紀要』平成22年10月20日（広島県三次市立田幸小学校）参照。算数・数学と道徳の関係については、ジャン・ピアジェ／秋枝茂夫訳（1982）.『教育の未来』法政大学出版局、永瀬美帆・鈴木由美子（2010）.「道徳教育と教科教育との関連づけの可能性と課題－道徳的思考と算数・数学科によって獲得する論理的思考との関連から－」広島大学大学院教育学研究科学習開発学講座『学習開発学研究』第4号、43-52頁。
10）「6000人の命のビザ」（教育出版『とびだそう未来へ　中学道徳2』（平成31年））
11）『日本のシンドラー杉原千畝物語　六千人の命のビザ』よみうりテレビ（DVD）2005年。
12）同上。

コラム①

子ども達が輝く瞬間

　(道徳の時間は、いいなぁ) と感じる瞬間は、子ども達の目が変わり、輝き始める時です。

　今の子ども達は、たくさんの情報の中で、忙しい日々を送っています。忙しさの中で、立ち止まり、じっくり考えるということが少なくなってきているような気がします。

　道徳の時間に資料を聞き、発問をされると子ども達の目は、変わりはじめます。「どうして？」「私だったら……。」と主人公の気持ちを考え、自分との対話を始めるのです。道徳の時間の答えは、一つではありません。自分の考えを否定されることなく、友達の意見を聞き考えることができる。立ち止まって考える時間は、子ども達には宝物のような時間だと思います。

　子ども達が真剣に考え、話し合っている様子を見ると、「もっと考えてごらん。」「心の中にある自分の言葉で話してみて。」と発問をしていきます。語り始める子ども達の言葉に思わず、「なるほど。」と感心してしまいます。

　自分が予想していたことよりももっと深い子どもの言葉に感動してしまうこともしばしばです。そんな時、道徳の時間は素敵だな。と思います。子ども達が立ち止まって内から輝き始めるその瞬間を見たくて、子ども達の心を揺り動かす資料を探し、自分自身も立ち止まり身の周りの人や出来事、自然を見つめる毎日です。

(小原智穂)

第3章
学校教育の中での道徳授業の位置づけ

1．学校教育における道徳教育と道徳科

（1） 学校教育における道徳教育と道徳科の位置づけ

　学校教育における道徳教育は、学校の教育活動全体を通じて行われる。その中でも、道徳の授業を行う道徳科はその中心的な役割を果たすことが期待されている。

> 小学校学習指導要領（平成29年告示）　第1章総則　第1の2の（2）
> 　学校における道徳教育は、特別の教科である道徳（以下「道徳科」という。）を要として学校の教育活動全体を通じて行うものであり、道徳科はもとより、各教科、外国語活動、総合的な学習の時間及び特別活動のそれぞれの特質に応じて、児童の発達の段階を考慮して、適切な指導を行うこと。
> 　道徳教育は、教育基本法及び学校教育法に定められた教育の根本精神に基づき、自己の生き方を考え、主体的な判断の下に行動し、自立した人間として他者と共によりよく生きるための基盤となる道徳性を養うことを目標とする。

　この総則を受けて、道徳科の目標は以下のように記されている。

> 小学校学習指導要領（平成29年告示）　第3章特別の教科　道徳　第1目標
> 　第1章総則の第1の2の（2）に示す道徳教育の目標に基づき、よりよく生きるための基盤となる道徳性を養うため、道徳的諸価値についての理解を基に、自己を見つめ、物事を多面的・多角的に考え、自己の生き方についての考えを深める学習を通して、道徳的な判断力、心情、実践意欲と態度を育てる。

　各教科、総合的な学習の時間、特別活動（小学校ではこれに加え外国語活動）の授業を含め、学校教育全体を通じて行われる道徳教育では、道徳性を養うことが目標とされている。その要として、道徳科では、①道徳的諸価値を理解すること、②道徳的価値を自分のこととして感じたり、考えたりすること、③物事を多面的・多角的に考えること、④それらの過程で、自分の生き方について考えを深めること、といった学習を通して、道徳的判断力、心情、実践意欲と態度を育てることとなっている。

（2） 道徳性の特性と道徳教育

『小学校学習指導要領解説（平成29年告示）特別の教科　道徳編』（以下『解説』）では、我が国の道徳教育で養う道徳性とは、「人間としてよりよく生きようとする人格特性」であり、「道徳的な判断力、心情、実践意欲と態度」はその道徳性を構成する諸様相とされている。

道徳的判断力は「それぞれの場面において善悪を判断する能力」である。的確な道徳的判断力をもつにより状況に応じた道徳的行為が可能になる。道徳的心情とは、「道徳的価値の大切さを感じ取り、善を行うことを喜び、悪を憎む感情のこと」であり、「人間としてのよりよい生き方や善を志向する感情」である。道徳的心情は道徳的行為の動機として強い作用をもつとされている。道徳的実践意欲と態度は、「道徳的心情や道徳的判断力によって価値があるとされた行動をとろうとする傾向性」を意味する。これらの関係を模式的に示したのが図3－1である。

人は何らかの問題場面に直面した時、自らの持つ道徳的価値に基づいて、それが善いことであるか悪いことであるかを判断したり、道徳的価値の大切さを感じたりする（①）。そして、道徳的心情や道徳的判断によって価値があるとされた行動をとろうという実践への意欲を持ち（②）、道徳的行為を行っていると考えられる（③）。また、具体的な行為に至らなくても、道徳的に行動しようとする態度を持つこともある（②）。学校での道徳教育では、特に、道徳性を構成する上記のような諸様相を養うことを目標にしている。これら道徳性の諸様相には深い関連があるので、道徳科においてもこれらが関連するように指導することが求められている。

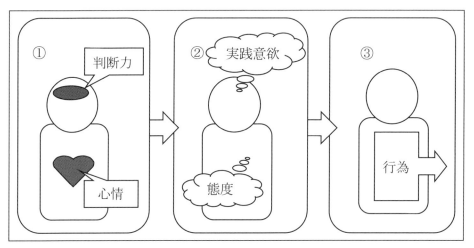

図3－1　学習指導要領における道徳性の模式図

（3） 道徳科の役割

　道徳科では、各教科等における道徳教育と密接な関連を図りながら、計画的、発展的な指導によってこれを補ったり、深めたり、相互の関連を考えて発展させ、統合させたりすることで、道徳性を養うことが求められている。例えば、理科で生き物の生態を学ぶことは、必然的に生命尊重や自然愛護などの道徳的価値の理解につながっている。また、当番活動などを通して、みんなのために役立つことをしようとする道徳的意欲が育まれている。このように各教科等の教育活動の中でも道徳教育は行われているが、それらは系統立っているわけではない。また、日常的な体験だけでは十分に考えを深められないこともある。さまざまな道徳的体験の意味を考え、自己を見つめることも、各教科等だけでは難しいだろう。

　このように、道徳科には各教科等の教育活動だけでは足りない部分を補充したり、各教科等で学んだ価値をさらに深めて理解させたり、関連する部分を統合したりするなどの役割がある。特に、自己との関わりにおいて道徳的諸価値について考えを深めることは道徳科の大切な役割である。つまり、学校における道徳教育の中心となって、教育活動全体を見通した計画的、発展的な指導を行うのが道徳科になるのである。

　道徳的価値の意義及びその大切さの理解に関して、『解説』は次の3点を指摘している。第1に、道徳的価値として挙げられている道徳の内容項目を、人間としてよりよく生きる上で大切であると理解すること、第2に、道徳的価値を実現することの難しさ、つまり、人間の弱さなども理解すること、第3に、道徳的価値を実現したり、できなかったりする際の感じ方、考え方は一つではなく、多様であることを理解することである。

　例えば、嘘をついてはいけない、正直は大切だと学んだとしても、仲良しの友達が誰かに嘘をついた時、注意できるだろうか。道徳的価値は人とのかかわりの中で意味をもつことがあり、道徳的価値そのものの理解はそのような人間理解・他者理解と深く関係している。先ほどの例の場合、「正直であるべきだ」と知っていても、子どもにとって、仲良しの友達に注意することは難しいことだろう。そこで注意できるかどうかは、自分がどうあるべきか・どうすべきかという自己理解に関わってくる。また、たとえその時に注意できなくても、そのことを後悔したり、その後、同じような状況では注意をすることができたりと、自分なりに発展させて考えていけるようになることが大切だと考えられる。

　今回の学習指導要領の改訂では、新しく「物事を多面的・多角的に考える」という文言が加わった。これは、上記のように、道徳的価値の理解や実現の際に、価値そのものの理解だけでなく、人間的な弱さや道徳的価値を実現することの難しさ、他者の考えや思いなど、さまざまな角度から考えたり、自分自身の経験とつなげて考えたりすることが重要だと考えられているからである。特にその際、道徳的価値に関わる事象を自分自身の問題として受け止められるよう指導を工夫することが求められている。同じ事象で

も、子どもによって感じ方・考え方は異なっている。それらを授業の中で共有し、感じ方・考え方の違いを互いに学ぶことが、多面的・多角的に考えることにもつながっていく。

　今回の学習指導要領の改善の方向が示された平成26年の「道徳に係る教育課程の改善等について」答申の中で、「多様な価値観の、時に対立がある場合を含めて、誠実にそれらの価値に向き合い、道徳としての問題を考え続ける姿勢こそ道徳教育で養うべき基本的資質である」と述べられている。道徳科では、発達に応じて、答えが一つではない道徳的な課題を、一人一人が自分自身の問題として捉え、考え、議論することが求められている。道徳性や道徳的価値の理解の特性などを踏まえ、道徳科では計画を立てて効果的な指導の工夫をすることが求められている。

2．学校教育における道徳科の内容と指導計画

（1）　道徳科の内容とその取扱い
　道徳科の内容は4つの視点から構成されている。

A　主として自分自身に関すること
　　自己の在り方を自分自身との関わりで捉え、望ましい自己の形成を図ることに関するもの

B　主として人との関わりに関すること
　　自己を人との関わりにおいて捉え、望ましい人間関係の構築を図ることに関するもの

C　主として集団や社会との関わりに関すること
　　自己を様々な社会集団や郷土、国家、国際社会との関わりにおいて捉え、国際社会と向き合うことが求められている我が国に生きる日本人としての自覚に立ち、平和的で民主的な国家及び社会の形成者として必要な道徳性を養うことに関するもの

D　主として生命や自然、崇高なものとの関わりに関すること
　　自己を生命や自然、美しいもの、気高いもの、崇高なものとの関わりにおいて捉え、人間としての自覚を深めることに関するもの

（『解説』を基に作成）

　この4つの視点は相互に深い関連を持っており、各学年段階ではこれらの関連を考慮しながら指導することが求められている。また、小学校では、児童の発達的特質に応じて2学年ごとに内容項目が示されている。それらもまた相互の関連があるので、内容項目の発展性を考慮した指導を行う必要がある。今回の学習指導要領改訂に伴い、『解説』も子どもの発達の道筋が意識できるよう、内容項目ごとに解説がなされている。

　以上を踏まえたうえで、計画作成や指導の際には、各学校の児童生徒の実態や学校の特色などを考慮して、重点的な扱いをするなどの工夫が期待されている。

（2） 道徳科の指導計画

指導計画の作成にあたっては、まず、各学校の校長の方針の明確化が必要である。学校の教育活動全体を通して道徳教育を行うためには、校長のリーダーシップのもと、全教師が協力して取り組んでいくことが必要となるからである。

そのうえで、前回の改訂より、協力体制の充実を図るために、「道徳教育推進教師」という役割が新たに設けられた。道徳教育推進教師の役割には、道徳科の指導や各教科等における道徳教育を組織的に行ったり、全教育活動の道徳教育の指導計画を作成したり、道徳科の研修を充実させたりすることなどである。各教師がそれぞれに道徳教育を行っていくことはもちろんであるが、道徳教育推進教師を中心に、機能的な協力体制を作ることが求められている。

（3） 道徳科の年間指導計画

道徳教育の全体計画に基づき、道徳科の年間指導計画が作成される。この中では、指導の時期、主題名、ねらい、資料、主題構成の理由、展開の大要及び指導の方法、他の教育活動における道徳教育との関連などが明記される。

主題名とは、教材名ではなく、その教材を通してどのような内容を学ぶかを示したもので、道徳科の内容項目に対応する。2018（平成30）年度から小学校で使われ始めた教科書は、おおよそ、1年間の流れに沿って教材が配列されているが、児童の実態や学校の特性など、それぞれの実情に合わせた効果的な道徳教育を行うために、順番を入れ替えたり、他の教材を使ったりするなど、創意工夫することが求められている。

道徳科の年間指導計画の作成においては、年間授業時間数を確保した上で、主題の設定や配列を工夫し、内容相互の関連や学年段階ごとの発展性を考慮して、計画的・発展的な指導ができるように計画していくことが大切である。児童や学校の実態に応じた重点的な指導、各教科等・体験活動との関連的指導についても工夫が求められる。複数時間の関連を図ったり、必要な場合には他学年段階の内容を加えたりすることも可能である。

年間指導計画がより効果的に実施されるためには、実際に実施した際の評価とそれに基づく改善が必要である。そのためには、普段から実施の際の記録を残し、評価を意識した取り組みをすることが求められる。

（4） 年間指導計画の具体例

年間指導計画の具体例について、宮崎大学教育学部附属小学校（以下、宮大附属小学校）の例を参考に見てみよう。

宮大附属小学校では、道徳教育の全体計画（図1）に則り、各学年の年間指導項目、及び月ごとの主題を設定し、他教科・領域との関連を図りながら計画がなされている。

ここでは第5学年を例にとってみる。

　年間指導計画の主題配列一覧表（表3－1）では、1年間を通して何月にどの項目の授業を行うかが記されている。網掛けは、宮大附属小学校で取り組んでいる重点指導内容に関する項目であり、それが一目で分かるようになっている。また、各内容項目を年間通してバランスよく取り扱うように計画されていることが分かる。表の一番右には行事や他教科との関連が示されており、学校全体を通じて行う道徳教育とのつながりを意識できるようになっている。

　この他に、宮大附属小学校では、ねらいや主題設定、学習過程案を含む学習指導案に近い形の年間計画を作成していたが、教科化に伴い、新しい年間指導計画を作成しているところである。現在はねらいと発問のみとなっている（表3－3）が、年間指導計画は一度作成して終わりではなく、実際に実践して、評価を行い、改善をしていく必要がある。

表3-1　第5学年　主題配列一覧表

第3章　学校教育の中での道徳授業の位置づけ

視点	A						B					C					D						主な行事	他教科との関連
内容項目（網掛けは本校の重点指導内容）	1 善悪の判断、自律、自由と責任	2 正直、誠実	3 節度、節制	4 個性の伸長	5 希望と勇気、努力と強い意志	6 真理の探究（高学年のみ）	7 親切、思いやり	8 感謝	9 礼儀	10 友情、信頼	11 相互理解、寛容（中・高学年のみ）	12 規則の尊重	13 公正、公平、社会正義	14 勤労、公共の精神	15 家族愛、家庭生活の充実	16 よりよい学校生活、集団生活の充実	17 伝統と文化の尊重、国や郷土を愛する態度	18 国際理解、国際親善	19 生命の尊さ	20 自然愛護	21 感動、畏敬の念	22 よりよく生きる喜び（高学年のみ）		

月	週	No.	主題名	1	2	3	4	5	6	7	8	9	10	11	12	13	14	15	16	17	18	19	20	21	22	主な行事	他教科
4	2	1	責任と自由とのかかわり	○																						入学式、音楽会、遠足	特
4	3	2	自然を守る心																				○				特
5	1	3	権利とマナー												○											運動会、いとし子集会、宿泊学習	特
5	2	4	節度ある生活			○																					体
5	3	5	友との絆										○														特
5	4	6	限られた命																			○					理
6	1	7	より高い目標に向かって					○																			体
6	2	8	むかえるやさしさとは							○																水泳指導	総
6	3	9	良心に基づく誇りある生き方		○																						社
6	4	10	異性への理解の深まり											○													国
7	1	11	生きものとともに																				○				理
7	2	12	かけがえのない家族															○									家
7	3	13	追究し続ける心						○																		理
9	1	14	さわやかなマナー									○															図
9	2	15	日本人のあり方																	○						教育実習	総
9	3	16	誠実な生き方		○																						特
10	1	17	親身な対応							○																	特
10	2	18	くじけない心					○																			体
10	3	19	世界とつながるかけ橋に																		○						社
10	4	20	かけがえのない命																			○					家
11	1	21	不正に立ち向かう強さ													○											総
11	2	22	相手の立場を考えて							○																フェスタ、校外学習	特
11	3	23	役割と責任																○								社
11	4	24	自由に、規則正しく	○																							社
12	1	25	命を守る																			○					体
12	2	26	ゆるすことの尊さ											○													特
12	3	27	自分らしさの発揮				○																				図
1	2	28	みんなの力で																○								特
1	3	29	あたたかい心にふれて							○																	家
2	1	30	美しさに感動する心																					○			理
2	2	31	国境をこえて																		○					避難訓練	体
2	3	32	善意に応える								○															公開研究会	特
2	4	33	我が国の文化を愛する心																	○							社
3	1	34	判断に伴う責任の重さ	○																						お別れ遠足	社
3	2	35	心の広がり																						○	卒業式、修了式	家
			配当時間数	3	1	1	1	2	1	3	1	1	2	2	1	1	1	1	2	2	2	3	2	1	2	35	

※いとし子教材については、年間指導計画には含めず、各学年で適宜実施すること。

表3－2　平成30年度　道徳教育の全体計画

憲法・教育基本法
学校教育法・学習指導要領等

保護者の願い
・道徳に関するアンケートから
・日常の連絡から

学校の教育目標
ともだちいっぱい　あせいっぱい　まなびいっぱい
（社会の変化に自ら対応することができる豊かな心をもった子どもの育成）

めざす子どもの姿
明るくやさしい子　元気でたくましい子　深く考え高く伸びる子

研究主題
各教科等の特質に応じた学びの本質に迫る授業の創造

子どもの実態
・心のアンケートから
・日常の様子から
・本校の研究の立場から

各教科及び外国語活動における道徳教育

国語
言語感覚を養い、正確な読解力と豊かな表現力を培い、他人を思いやる心情を育てる。

社会
民主的な社会の一員としてのものの見方や考え方を培い、国民としての自覚をもち、国際社会に貢献しようとする態度を養う。

算数
論理的なものの考え方をおして、物事に対して合理的に追求していく態度を育てる。

理科
自然のあり方について調べることをおして、自然の不思議さに気付き、自然に親しもうとする態度を養う。

生活
具体的な活動や体験をとおして、身近な技能や習慣を身に付けさせ、自立への基礎を養う。

音楽
音楽の美しさを感じ取る心と楽しさを感じ、豊かな情操を養う。

図画工作
造形表現や鑑賞をとおして、豊かな情操を養う。

道徳教育の重点目標
◎健康や安全に気を付け、節度と節制を心がけながら、基本的な生活習慣を大切にして生活しようとする態度を育てる。(A-3)
◎自他の権利や義務を大切にし、生活するうえで必要な約束やきまりの意義を理解し、それらを守って生活していこうとする態度を育てる。(C-12)
◎生命を尊重し、自他の生命を大切にしながら生活していこうとする態度を育てる。(D-19)

各学年における重点内容

【低学年】
(A-3) 健康や安全に気を付け、物や金銭を大切に生活をすること、規則正しい生活をすること。
(C-12) 約束やきまりを守り、みんなが使う物を大切にすること。
(D-19) 生命の尊さを知り、生命あるものを大切にすること。

【中学年】
(A-3) 自分でできることは自分でやり、安全に気を付け、節度のある生活をすること。
(C-12) 約束や社会のきまりの意義を理解し、それらを守ること。
(D-19) 生命の尊さを知り、生命あるものを大切にすること。

【高学年】
(A-3) 安全に気を付けることや、生活習慣の大切さについて理解し、自分の生活を見直し、節度を守り節制に心がけること。
(C-12) 法やきまりの意義を理解した上で進んでこれらを守り、自他の権利を大切にし、義務を果たすこと。
(D-19) 生命が多くの生命のつながりの中にあるかけがえのないものであることを理解し、生命を尊重すること。

特別活動及び総合的な学習の時間における道徳教育
集団活動や学校生活における様々な実践活動は豊かな道徳性を向上を図る場や機会として捉えられ、心身の調和のとれた発達や個性の伸長を図り、集団の一員として自覚を深め、協力してよりよい生活を築こうとする自主的・実践的な態度を育てる。

学級活動
学級や学年の生活の充実と向上を図り、健全な生活態度の育成に資する活動をとおして、希望や目標をもって生きる態度や目標をもって生きる態度の形成、望ましい人間関係の形成、心身ともに健康で安全な生活態度や習慣の形成を図る。

児童会活動
異なる学年や学級、男女が協力し、生活を一層充実させ、自発、自治的な活動をとおして望ましい生活態度を育てる。

第3章 学校教育の中での道徳授業の単位づけ

道徳科の指導方針

道徳的な問題や問題に対する道徳的価値や道徳的問題意識をもち、自己を見つめることをとおして道徳的実践意欲や態度の向上を図る。

「本年度の研究テーマ」～今を見つめ、未来へつなぐ子どもの育成～

1. 自分なりの答えを導き出させるための教材分析
    (1) 教材に含まれる道徳的価値および文章構成の分析
    (2) ねらいの明確化
2. 日常生活や道徳授業の経験を基に、新たな価値観を生み出させるための工夫
    (1) 発問に対する問い返しを含めた応答予想の明確化

学校行事
学校生活の充実と発展に資する体験活動、自立的な態度、学習意欲、責任、心身の健康、協力、公徳心、勤労、社会奉仕などの育成を図る。

総合的な学習の時間
現代社会の課題や自分にとって切実な課題をとおして学習をとおして、自分自身を見つめ、互いに認め合うことの意識に気付き、自分なりの価値観を高める。

家庭
家庭生活についての理解を深め、家族の一員としてのよりよい生活を築こうとする心情を育てる。

体育
健康・安全について理解し、運動を楽しむとともに体力の向上を図り、互いに励まし助け合う態度を養う。

外国語活動
言語や文化について体験的に理解を深め、コミュニケーション能力の素地を養う。

日常的な取組
○ボランティア活動　○あいさつ運動
○縦割り清掃活動　○委員会活動　等

キャリア教育でめざす子どもの姿
将来への夢や希望をもって自ら学ぶことを見つけ、自信をもって学び続ける子ども

年間行事等との関連
5月…いのちと子どもの集会、さつま芋運動会、教育実習 I
7月…水泳大会、1学期前半終了、宮崎市水泳大会
9月…教育実習 II、クリーン作戦
11月…秋の校外学習、附小わんぱくフェスタ、持久走大会
1月…2学期後半開始、CRT検査
3月…卒業式、修了式、離任式

4月…始業式、入学式、春の遠足、1年生歓迎小音楽会、県学力調査
6月…水泳指導開始、宿泊学習、PTA親睦会
8月…夏休み、奉仕作業、1学期終業式
10月…交通教室、1学期終業式、2学期始業式
12月…宮崎市音楽大会、お別れ遠足
2月…公開研究会

附属幼稚園及び中学校との連携

家庭・地域との連携
・家庭と学校が価値観やしつけの方向性に共通性をもたせ、対応の連続性や一貫性を高めるため、豊かな体験ができる場を設定し、仲間関係の在り方や互いの理解を深め、尊重する姿勢などを育てるようにする。
・家庭とともに、地域に様々な活動を展開し、道徳的体験活動を豊かにする。

生徒指導・その他の活動
・教師と子ども及び相互のかかわりを豊かにし相互の理解と信頼関係を深める。
・人権意識の高揚を図り、一人一人が大切にされるよう人権教育を充実させる。
・勤労生産活動をとおして喜びを味わえるようにする。
・掲示教育を充実させ、道徳の実践を促するようにする。

学級・学校環境
・子ども相互の交流を認め合い、コミュニケーション能力を育成するとともに、学級・学年・学校全体での支持的風土を醸成する。
・環境整備に努め、落ち着きのある学習環境を整える。
・学校の歴史や先輩を知り、愛校心を育てる。
・動植物を育て、自然を愛護する心を育てる。

表3-3　第5学年の年間指導計画（一部抜粋）

月	授業No.	教材No.	教材名	主題名	ねらい	学習指導要領との関連	教材類型
4	1	1	人生という教科	責任と自由とのかかわり	社会生活を営む上で、自由と責任について深く考え、規則やルールを守りながら規律ある生活を送ることの意義を理解し、尊重する態度を養う。	善悪の判断、自律、自由と責任	詩
				①国語や算数という教科と、人生の教科の違いは、なんですか。 ②人生の教科では、どんなことを学ぶのでしょうか。 ❸あなたは、何を教科書にしてみたいですか。好きなことから探して書いてみましょう。 ④一人一人が自分の問題の答えを見つけるために、大切なことはどんなことでしょう。			
	2	3	もったいない	自然を守る心	自然破壊と環境保全についての問題と自分との関わりを理解するとともに、自然の共存について考えを深める。	自然愛護	生活文
				①「もったいない」から、どんな大切なことが見えてくるでしょう。 ②「もったいない」を口ぐせにしていた祖母には、どんな思いがあったのでしょうか。 ❸マータイさんは、「もったいない」を合言葉に、どんな思いで砂漠化防止に取り組んだのでしょう。 ④環境を破壊する心と、守る心は、どんな気持ちから生まれるのでしょう。			
5	3	4	お客様	権利とマナー	自分がもつ権利の行使について考えを深めて、よりよい社会生活のために大切なことを守ろうとする態度を養う。	規則の尊重	生活文
				①「わたしも注意ばかりする係りの人を……」ショーが見えないわたしは、どんなことを思っていたのでしょう。・法や決まりは、「だれのため」「なんのため」にあると思いますか。 ❷（何か、変だ。）わたしは何が変だと思ったのですか。 ③ショーが全く見えなくなったわたしはどんな気持ちだったのでしょう。			
	4	2	ぬぎすてられたくつ	節度ある生活	毎日を充実して過ごすためには、健全な生活習慣を守ることが大事であることを知り、節度ある生活を送ろうという心情を育てる。	節度、節制	生活文
				①父に言われた一言と学校での出来事で、誠也は何にモヤモヤしていたのでしょう。・気持ちよく過ごすために、毎日どのようなことを心がけていこうと思いますか。 ❷玄関に自分が脱ぎ捨てた靴を見たとき、誠也は何にハッとしたのでしょう。			
	5	5	友のしょう像画	友との絆	友情について考えることから、どんなときでも互いに信頼することが大切であり、多様な表現で友達関係を深めようとする実践意欲を高める。	友情、信頼	生活文
				①内容を聞いて相手のことを思っている行動はありましたか。・正一君からの返事が来なくなったとき、和也はどんなことを考えていたでしょう。 ❷相手を思う気持ちが一番強いと思う行動はどれですか。自分の考えをまとめて交流しましょう。 ③友達の大切さを強く感じるのは、どんなときですか。			

第4章

子どもの道徳性の発達的特徴

1．道徳性の発達理論

　道徳の授業をより効果的なものにしていくためには、道徳性がどのように発達していくのかを知り、目の前の子どもたちが、今、発達のどの段階にあるのかを意識しておくことも重要である。そこで、本節では、道徳性の発達に関する主要な理論について概観する。これらの研究では、面接を通じて得られた質問に対する回答から思考の特徴を明らかにしていく臨床法と呼ばれる手法が主に用いられている。

（1）　規則への尊敬としての道徳

　ピアジェは、道徳的判断において、その行為が正しいのかそれともまちがっているのかを判断する基準としての「規則」を重視し、道徳性の本質を、規則（ルール）に対する尊敬と捉えた。そこで、まず、マーブル・ゲームという遊びを用いて、子どもたちが規則というものをどのように認識しているのかについて調べ、3つの段階を見出した。第1段階は、規則に無意識的に従っている段階で、ある行為をまるでそれが決まりであるかのように繰り返し行うことはあるが、それは以降の段階で見られるような「規則」とは異なり、規則どおりに振る舞わなくてはならないという義務感をもっていない。第2段階は、規則というものを大人によって示される絶対的なものとして捉えている段階で、規則どおりに振る舞わなくてはならないという義務感をもち、規則を変えることは考えない。第3段階は、規則というものを協同行為を行うために必要な、互いの合意に基づくものとして捉えている段階で、規則を守らなくてはならないという義務感は感じているが、他のメンバーの同意が得られれば変えることもできるものだと考えている。すなわち、規則に対する尊敬は、大人の権威に拘束されている他律の状態から、協同的行為の相手を互いに尊重することで生じる自律の状態へと向かうということを明らかにしたのである。そして、「過失」「盗み」「嘘」「正義感」などに関するいくつかの例話を作成し、それに対する子どもたちの道徳的判断について調べることで、このような発達傾向についてさらに究明することを試みている。

　まず、行為の善悪を判断する際には、その行為を行った動機には関係なく、結果的に引き起こしてしまった事柄の重大さのみによって判断を行う場合（客観的責任）と、そ

の行為を行った動機の善し悪しによって判断を行う場合（主観的責任）の二種類の判断が存在し、おおむね年齢とともに前者は減少し、後者が優勢となることを見出した。前者の判断には大人による懲罰が意識されているが、後者の判断は大人による懲罰の有無とは無関係になされるのである。また、正義の観念については、大人の権威に従うことが正義である段階から、権威よりも平等を重んじるようになり、最終的には公正ということを考慮した上での平等へと至るということが示されている。このように、ピアジェは、他律（拘束）の道徳から自律（協同）の道徳へと向かうことを示したのである。

（2） 正義の原理による道徳とそれに対する批判

ピアジェが12歳頃までの子どもを対象にしたのに対し、コールバーグは、10歳から16歳までの子どもや青年を対象として、モラル・ジレンマ（道徳的葛藤）とよばれる葛藤状況を含むような例話を用いて、道徳的判断とその理由について調べ、正義の原理に基づく3水準6段階の道徳性の発達段階を提唱した（表4－1）。

表4－1　コールバーグの道徳性判断の段階

Ⅰ前慣習的水準	段階1： 罰と服従志向	罰を受けるようなことが悪であると考える段階。罰を避けるために規則や権威に従う。
	段階2： 道徳的功利志向	マイナスの結果を最小限にし、プラスの結果を最大限にすることが善であると考える段階。人がそれぞれ異なる欲求をもっていることを知るようになり、利害が衝突した場合には、物理的平等かギブアンドテイクの原則に従う。
Ⅱ慣習的水準	段階3： よい子志向	関係上期待される役割や、一般に世間で期待される役割に従うことが善であると考える段階。他者を喜ばせるように振る舞って、承認を得ようとする。
	段階4： 社会秩序志向	人間関係を含む社会秩序維持の観点から善悪が判断される段階。自己の義務を果たそうとし、葛藤の解決における規則の必要性も認識するようになる。
Ⅲ後慣習的水準	段階5： 社会契約的遵法志向	社会全体の合意を得た契約や法律に従うことが善であるとされる段階。価値は相対的なものであるという意識を持ち、社会は、自由意志による契約や法律によって成り立つと考える。
	段階6： 普遍的倫理原則志向	普遍的な倫理的原理・原則に従うことが善であるとされる段階。契約や法律の決定手続きにも目を向け、すべての人が、すべての他者の立場に立って考えた上での合意であることを求める。

コールバーグは、当初、発達段階は文化や地域、性別の違いを越えて普遍的なものであると考えていたが、様々な立場から多くの批判がなされ、晩年にはコールバーグ自身、文化的普遍性について疑問の余地を認めている。様々なコールバーグ批判の中でも、ギリガンは、コールバーグの理論が暗に男性的価値観を反映したものであるとして、女性には、「正義の道徳」とは別の、人間関係を重視し配慮や思いやりを基本とする「配慮と責任の道徳」があると主張した。その後、ギリガンが主張したような道徳性の性差については実証されていないが、コールバーグ理論だけでは説明できない側面があること

を指摘し、より包括的な理論の構築の必要性を訴えた功績は大きい。

（3）役割取得能力と道徳性

セルマンは、コールバーグとともに仲間や交友関係に関する研究を行い、役割取得能力の発達を明らかにした。役割取得能力とは、自分と他者の視点の違いに気づいたり、相手の立場にたって考えや気持ちを推し量ったり、推し量った考えや気持ちに基づいて自分の取るべき行動を決めたりできる能力であり、共感性の認知的側面を代表するものと考えられている。役割取得能力によって、他者が困ったり苦しんだりしている状況を正しく認識することができれば、それにより情動も喚起され、援助などの向社会的行動へとつながっていくのである。セルマンは、この役割取得能力の発達を、例話中の複数の登場人物それぞれの視点から話を理解することができたかや、それぞれの立場を考慮して判断することができたかといった点から分析し、社会的視点取得能力の発達段階として示している（表4－2）。

表4－2　社会的視点取得能力の発達段階

段階0	自他の視点が未分化で、自分と他者の視点を区別することができない。他者の表面的感情は理解できるが、自分と他者が異なった見方をすることがあることに気づけない。
段階1	自他の視点が分化し、自分と他者の視点を区別することができる。状況が違えば異なった感情や考えを持つということにも気づくが、他者の視点には立てない。自分と他者の視点を関連づけることもできない。
段階2	自分と他者の視点を区別でき、さらに他者の視点に立って、自分の思考や感情を内省することもできる。ただし、自分と他者の視点を相互に関連づけることはできない。
段階3	自他の視点をともに考慮することのできる第三者的視点をとることができ、さらに、双方の視点を相互に関連づけることもできる。互いに相手の思考や感情を推し量りあって相互交渉していることに気づく。
段階4	社会や集団の視点の存在を理解し、自分の視点をそれに関連づけることができる。他者の主観そのものは経験できないが、互いに思考や感情を推し量りあうことで理解しあえるようになる。

（4）向社会的道徳判断

向社会的行動とは、外的な報酬を期待することなしに、他人や他の集団を助けようとして、あるいはためになることをしようとしてなされる自発的な行為のことであり、いわゆる思いやりや親切さなどといった道徳性のポジティブな側面である。

アイゼンバーグは、実証的な研究によって向社会的な行動が要求される状況での道徳判断について調べ、その発達段階を明らかにした（表4－3）。具体的には、相手のために自主的にある行動をとることが必要とされており、しかもその行動をとることで自分がある程度の損失や犠牲を払わなければならないような向社会的葛藤状況を例話で示し、それに対する反応と理由づけを調べたのである。そして、社会認知的発達理論の立

場から、向社会的行動における社会化経験の重要性を指摘した。さらに、向社会的行動に影響する様々な要因について、複数の理論を取り入れた多次元的アプローチを用いて調べ、文化、個人の特性、情緒的要因、被援助者の特徴なども影響を与えることを明らかにしている。

表4－3　向社会的道徳的判断の水準

レベル1	快楽主義的・自己焦点的志向	行動の結果として得られる自分の利益に関心が向いている段階。
レベル2	他者の要求に目を向けた指向	他者の要求に関心が向くようになる段階。
レベル3	承認および対人的志向、あるいは紋切り型の志向	他者からの承認を得られるかどうかで判断したり、よい行動・悪い行動という紋切り型のイメージにしたがって行動したりする段階。
レベル4a	自己反省的な共感的志向	理由に、同情的応答や役割取得、他者の人間性への配慮、行為の結果についての罪責感などが含まれる段階。
レベル4b	移行段階	理由に、内面化された価値・規範・義務・責任が含まれており、明確にではないが、社会の条件や、他人の権利・尊厳を守る必要性に言及する段階。
レベル5	強く内面化された段階	レベル4bの理由が明確に述べられる段階。

2．子どもの道徳性の発達的特徴をふまえた支援

(1) 子どもの道徳性の発達的特徴

前節で示された道徳性の発達は、大体、年齢に応じているが、ひとつのクラスには様々な考え方や体験を持った子どもたちがいる。したがって教師の役割は、道徳性の発達を念頭におきながら、目の前にいる様々な子どもたちの考え方を導いていくことにある。

鈴木ら（2009）は、セルマンの社会的視点取得理論[1]に基づいて行った研究により、子どもたちの道徳的思考の発達を以下のように整理した[2]。

表4－4　道徳的思考の発達

カテゴリー	子どもの思考の特徴	社会的視点取得理論
【カテゴリー1】自己中心思考	・他者の思考や感情が自分と異なることに気づく。	段階1：分化と主観的な役割取得
【カテゴリー2】他者思考	・他者の視点に立ち、その視点から自分の考えや感情を考えることができる。	段階2：自己内省的/二人称と二者相互の役割取得
【カテゴリー3】自他相互思考	・自己と他者の考えを関係づけることができる。	

【カテゴリー4】 三者的思考	・自己と他者の考えを客観的に見ることができ、第三者の視点から自己と他者の思考を調整することができる。	段階3：三人称と相互的役割取得
【カテゴリー5】 社会的思考	・自己の視点を集団全体や社会全体を見る視点と関係づけることができる。	段階4：広範囲の慣習的－象徴的役割取得

　自己中心思考は、物事を自分中心に見る思考である。自分と相手の考えが違うことはわかるが、相手の立場に立って考えることはできない。自分にとって良いこと、利益になることが良いことである。大人から見ればわがままに見えるが、子どもにとっては自己主張しているにすぎない。こうした道徳的思考は、小学校低学年の子どもに多い。

　他者思考は、相手の立場に立って考える思考である。自分と相手の考えが違うことがわかり、しかも相手の立場に立って考えることができる。この思考では、自分にとって良いことや利益を第一に考えることよりも、相手の立場に立って考えることが良いことだと考える。こうした道徳的思考は、小学校中学年の子どもに多い。

　自他相互思考は、自他相互の考えの違いを調整しようとする思考である。自分にとっても相手にとっても良い考えは何かについて考えることができる。鈴木ら（2009）によれば、自他相互思考は日本の小学校高学年から中学生に特徴的に見られる思考である。セルマンの研究にはこうした特徴を持つ思考は見られない。小学校高学年から中学生にかけて特徴的に見られるこの思考は、どちらを選んで良いかわからない悩みや葛藤をもたらす。それは、日本の子どもたちが、対人関係を良好にすることを価値あることと考えているため、調整しようとする際に人間関係を考慮に入れるからだと考えられる。

　この年齢の子どもには、自分の考えも正しいし、相手の考えも正しい。どちらがより正しいのか判断するときに、公正、正義といった正しさの判断基準ではなく、相手との関係がうまくいくようにするといった人間関係を判断基準とする傾向がある。自他を調整する第三者的視点としての価値基準の獲得と、人間関係の調整との間で揺れ動くのが特徴である。小学校高学年から中学生にかけてこの思考が多く見られる。

　三者的思考は、価値基準で判断する思考である。自他の考えが異なるとき、調整の視点として価値観を示し、それに基づいて判断し行動しようとする思考である。その際、自分の価値観を示すだけでなく、他者との人間関係への配慮を示すのが特徴的である。こうした思考は自他相互思考が始まる小学校高学年ごろから見られ、中学2年生ごろから顕著に見られるようになる。

　社会的思考は、三者的思考によって獲得した価値観を、自分が所属する集団や社会の価値観と照らし合わせて調整していく思考である。第三者的視点を獲得する際に、他者との人間関係への配慮が含まれているので、日本の子どもは比較的容易に獲得できると

考えられる。中学生以降に見られる道徳的思考である。

コールバーグらも指摘しているように[3]、ある年齢になったら思考が変わるのではなく、年齢や体験に応じて道徳的思考は積み重ねられていく。だから、小学校中学年の子どもは、自己中心思考も他者思考も両方持っていて、状況や場面に応じて使い分けていると考えられる。小学校高学年から中学生にかけての子どもは、自己中心思考、他者中心思考を持つだけでなく、調整のための第三者的視点を持とうとしているし、人間関係を良好に保とうとしている。大人のような複雑な思考を持ち、しかも判断基準が揺れ動く難しい時期にある。失敗を繰り返しながら、自分の判断基準を作ろうとしていると考えられる。こうした道徳的思考の特徴を考慮に入れて、子どもたちの道徳的発達を支援するのが望ましい。

(2) 発達的特徴に応じた支援

小学校低学年は、自己中心思考の時期である。こういう思考傾向の時期は、自分にとっての快・不快、好悪などをしっかりと育てる時期である。自分の感情や思いをしっかりと表出することで、他者との違いがわかるようにさせることが必要である。そのために、言語活動、身体表現活動などを通して、表現の手段を持たせることが必要である。また、良いことをしたときにはしっかりとほめ、悪いことをしたときにはきちんと叱って、どんなときに良い気持ちになり、どんなときに嫌な気持ちになるのか感じさせていくようにする。

小学校中学年になると、他者の立場から自分の行動を見つめることができるようになってくる。相手の気持ちを理解するには、相手に感情移入したり共感したりすることが必要である。したがって小学校中学年では、相手の話をしっかり聞く態度を育て、相手に共感できるようにさせることが必要である。また社会見学や地域の人との交流を通して、他者意識を育む体験活動を仕組むことも大切である。それらを通して、相手の立場に立つ経験を積ませるようにする。

小学校高学年から中学生の時期は、道徳教育では難しい時期である。自分の考えもわかる。相手の考えもわかる。でも調整する視点は持っていない。人間関係もうまく保たなければならない。そうした悩みや迷いの時期はまた、様々な葛藤状況の中で何を選ぶのか、それはなぜなのかについて考えをめぐらし、自分と相手との関係を良好に保つ上で大切な価値観を、作り上げていく時期なのである。

したがって小学校高学年から中学生にかけては、葛藤や悩みに共感し、それを解決するよう考えさせることが求められる。中学生ではさらに進んで、解決する際の考え方や方法は様々でも、その根底に価値観が横たわっていることに気づかせる必要がある。できるだけ社会的事実について考えさせたり、自分のこととして考えさせたりすることが必要である。

中学生から大人では、葛藤解決する際に選んだ価値観が、自分の所属する集団や社会と一致するよう調整することが求められる。これらは個々の体験に基づいて行われる。それぞれの集団によって、求められる価値観は異なるので、所属する集団に応じた価値観が形成されていく。価値観の形成は、ある年齢になったら終わるのではなく、一生を通じて形成されていく。「自己中心－他者思考－調整──価値観の獲得」のサイクルが繰り返されていくといってよいだろう。多くの集団に関わり、また年齢とともに様々な体験を繰り返すことで、価値観がより普遍性を増していくと考えられる。この観点からみれば、小中学校では、一生繰り返されていくこのサイクルの、基本を学ぶといってもよいだろう。

（3） 発達の段階を踏まえた道徳科の学び

　学習指導要領には、内容項目の指導の観点が、内容項目の発展性や児童生徒の発達の段階などを考慮して、具体的に示されている（『小学校学習指導要領解説（平成29年告示）特別の教科　道徳編』（以下『解説』とする））[4]。これに則って、小中9年間を見通しながら道徳授業のねらいや評価を構想することで、より児童生徒の道徳性の発達に即した授業づくりをすることができる。例として、「A　主として自分自身に関すること」の「善悪の判断、自律、自由と責任」を取り上げて説明する。

　『解説』においては、これらの内容項目は小中9年間で以下のように整理されている。

学年	内容項目A　主として自分自身に関すること	
中学校	自主、自律、自由と責任	
	（1）自律の精神を重んじ、自主的に考え、判断し、誠実に実行してその結果に責任を持つこと。	
小学校 5・6年	善悪の判断、自律、自由と責任	正直、誠実
	（1）自由を大切にし、自律的に判断し、責任ある行動をすること。	（2）誠実に、明るい心で生活すること。
小学校 3・4年	（1）正しいと判断したことは、自信をもって行うこと。	（2）過ちは素直に改め、正直に明るい心で生活すること。
小学校 1・2年	（1）よいことと悪いこととの区別をし、よいと思うことを進んで行うこと。	（2）うそをついたりごまかしをしたりしないで、素直にのびのびと生活すること。

（筆者作成）

　この表に基づいて、学習指導案に次のような9年間の見通しを入れると、1時間の授業のねらいが明確になる。また、教育課程上のどこに位置づく授業かを教師が意識するようになり、カリキュラム・マネジメントの視点を持つことにもつながる[5]。この表は、10章プログラムタイプの学習指導案の中にある、「うばわれた自由」に関して作成された表である。

表4－5　小中9年間の発達段階における〔自主、自律、自由と責任〕のとらえ

段階	学習指導要領（ねらい）	ポイント	児童・生徒の言葉
中学生	自ら考え、判断し、自分の自由な意思に基づいて決定し、それに対して責任をもたなければいけないことを実感させる。	・自ら考え、判断。自分の自由意志に基づく決定 ・それに対する責任	・判断し、実行する時、よく考え、深く思いをめぐらせる。 ・自律的に判断し、誠実に実行する。
高学年	自由と自分勝手の違いや自由だからこそできるよさ、自由な考えや行動のもつ意味や大切さを実感させる。	・自由な考えや行動のもつ意味	・自由と自分勝手は違う。 ・楽ができるのが自由ではない。 ・とても大切な物、みんなにあるもの ・自分で考え、判断し、行動できるということ。 ・結果に責任をもつこと ・自分を律すること、自分の意思をもつ。
中学年	正しいと判断したことは自信を持って行い、正しくないことは行わないようにする態度を育てる。	・正しい判断で行動する。正しくないことは行わない	・よく考えて行動しよう ・正しいことは勇気を出して言おう ・間違ったことは正しい判断ができるように考えていこう。 ・間違った理由を考えよう。
低学年	積極的に行うべきよいこと、人間としてしてはならないことを正しく判断する力を養う。	・よいことと悪いことを正しく判断する力	・よいことをするのは気持ちがいい。 ・悪いことをすると嫌な気持ちになる。 ・してはいけないことはやめよう。

　このような学びの見通し表を作成しておくと、自分が担任している学年では何を、どこまで、どのようにして、教えるのかが明確になり、より発達に即した授業開発や指導を行うことができる。

　このように、9年間の学びの見通しの中で、個々の児童生徒の道徳性の発達の様相を踏まえながら価値観を育み、次第に自律的に判断し行動できるように育てていくことが望まれる。

参考文献

ジャン・ピアジェ　大伴茂訳（1977）.『臨床児童心理学Ⅲ　児童道徳判断の発達』同文書院。
日本道徳性心理学研究会編著（1992）.『道徳性心理学』北大路書房。
波多野完治（1966）.『ピアジェの児童心理学』国土社。
平井誠也編著（2000）.『思いやりとホスピタリティの心理学』北大路書房。
本郷一夫編著（2007）.『シードブック発達心理学－保育・教育に活かす子どもの理解－』建帛社。
無藤隆　中坪史典　西山修編著（2010）.『発達心理学』ミネルヴァ書房。
ローレンス・コールバーグ　岩佐信道訳(1987).『道徳性の発達と道徳教育コールバーグ理論の展開と実践』広池学園出版部。

注
1）荒木紀幸（1992）．「役割取得理論－セルマン」日本道徳性心理学研究会編著『道徳性心理学　道徳教育のための心理学』北大路書房、173-190頁。
2）『子どもの対人関係認識の発達に即した道徳的判断力育成プログラムの開発』（平成18-20年度科研費研究成果報告書　研究課題番号18530712　研究代表者　鈴木由美子）2009年。
3）コールバーグ／永野重史監訳（1987）．『道徳性の形成　認知発達論的アプローチ』新曜社。永野重史編（1985）．『道徳性の発達と教育　コールバーグ理論の展開』新曜社。
4）文部科学省『小学校学習指導要領（平成29年告示）解説　特別の教科　道徳編』平成29年７月、廣済堂あかつき。
5）宮里智恵・鈴木由美子（2019）「道徳教育を通した学校経営の改善－カリキュラム・マネジメントの視点から－」『教職開発研究』第２号、39－47頁。

コラム②

特別支援と道徳教育

　初めて特別支援学級（自閉症・情緒障害）の担任として、道徳の授業を行うことになった時のことです。特に、「人の気持ちを想像する。」「相手の立場に立って考える。」「ルールを守る。」等は、子どもたちにとって一番苦手な部分です。「さあ、どうするか……。」と考えました。

　そんな時に出会ったのが、「どうせ、ぼくなんか……。」という、ある子どもの言葉でした。まわりの人たちから自分の行動を注意されることも多く、そんなことが続いて、自分自身を否定してしまっています。口では自信満々なことを言いながら、自分に全く自信が持てない状態です。

　この子たちだからこそ、やはり「自分を認める」ことを中心とした道徳が必要であると思い、「自己肯定感を高める」ことを中心に取り組んでいくことにしました。

　「チキンマスク　やっぱりぼくは、ぼくでいい」など、今の自分をありのまま受け止めることができる教材に取り組みました。しかし、子どもたちの心に一番届いたのは、お母さんからの手紙でした。手紙を読んだ後の「お母さん、苦労したんだね。」という言葉は忘れることができません。

　支援の必要な子どもたちだから「自己肯定感が低い」と言ってしまうことは少し違うような気がします。大切なのは、目の前の子どもたちの姿。何が苦手で、何が得意なのか。何が必要で、何を育てたいのか。それは特別支援学級であろうとなかろうと、何も変わらないのではないかと思います。

　生きていくために大切な心の根っこを育てるために、今のこの子たちの心にどうすれば響くかを考えて取り組んでいきたいと思います。

（越智昌博）

第5章
学習指導案作成の考え方

1．学習指導案を書くまで

（1）さまざまな学習指導案が存在する理由

　いざ学習指導案を書こうとすると、どこから手をつければよいか、迷われる方も多いだろう。そこで、他の方が書かれた学習指導案を参考にしようと調べると、いろいろな形式で書かれていることに気づかれると思う。学校や地域によって形式が決まっているところが多いが、なぜこのようにさまざまな学習指導案の形式があるのだろうか。それは、学習指導案が作られるプロセスと深い関係がある。

　学習指導案とは、単に授業の流れを書くものではない。通常、授業1単位時間の学習指導案を書くため、目の前の単元や教材をいかに子どもに理解させるかということに意識が向きがちである。しかし、本来授業とは、学校が目指す教育理念のもとに掲げられている学校の教育目標の達成に向けて計画的に行われるものである。したがって、日々の授業は、その学校で目指す子どもの育成にどのように関わっているのかを常に意識して実施される。

　学校の理念や教育目標は、それぞれの学校により異なっている。そのため、よりよい教育実践を追及していく中で、指導方法へのこだわりや表現への思い入れなどが形となり、学習指導案の具体的な中身に学校ごとの違いが出てくるのである。したがって、「この学習指導案がベスト」という唯一のものはないが、共通して必要な事項、考慮に入れなければいけない事項がある。

　この節では、学習指導案を書く前の、学校の教育理念・教育目標がどのように学習指導案に反映されるのかを具体例を通して示した後、基本的な学習指導案作成の流れと考え方について説明する。その後、道徳科における学習指導案の構成について説明する。

（2）教育理念・教育目標と学習指導案
　　～宮崎大学教育学部附属小学校の学習指導案づくりを参考に～

　学習指導案を作成するということは、どのような授業をするのかという「授業づくり」であると言える。よい学習指導案が書けることとよい授業ができることは相関関係にあり、よい学習指導案を書けるようになることは授業の見方、考え方、分析の仕方、改善

の視点等を学ぶことになり、授業実践力の向上へとつながっていく。
　では、具体的にはどのようにして学習指導案を作っていけばよいのだろうか。学校の教育目標から学習指導案に至るプロセスを、宮崎大学教育学部附属小学校（以下、宮大附属小学校）の研究紀要[1]を参考に見ていこう。

　宮大附属小学校の教育目標は「ともだちいっぱい　あせいっぱい　まなびいっぱい」である。「社会の変化に自ら対応することができる豊かな心をもった児童の育成」を目指し、友達と関わりながら、さまざまな体験を通して学びを深め、社会の変化に主体的に対応できる人間の育成を目指している。平成27・28年度は、「切磋琢磨する子どもの育成」を研究テーマとして、友達との関わりの中で児童を育てることに注目してきたが、より「主体的・対話的で深い学び」を実現するためには、学びの本質に迫る授業を行う必要があると考え、平成29～31年度は、「各教科等の特質に応じた学びの本質に迫る授業の創造」を研究テーマとしていた。そのため、学習指導案では、綿密な教材研究をもとに、本時における「深い学び」を設定し、それをもとに「単元目標」、「単元について」、「子どもについて」、「『深い学び』のある授業を創造するための手立て」を明記している。
　宮大附属小学校の学習指導案はレイアウトに特徴がある。通常の指導案では、横書きで、教材観、児童観、指導観という順番で上から下に書かれている。しかし、宮大附属小学校では、教材解釈と児童理解は同時並行で行われるものであり、相互関係にあることを踏まえた上で、指導観が導き出されること示すため、教材観に当たる「単元について」と児童観に当たる「子どもについて」が2つの枠内に並列に示され、それらから指導観に当たる「『深い学び』のある授業を創造するための手立て」が導き出されていることが図式化されている。このような書式にすることで、教材研究を教材解釈と児童理解の両方を関連付けて行うことの重要性を教師たちが意識することができるようになっている。
　また、道徳科においては、教材分析に関する研究成果を踏まえ、本時の教材を図式化し、教材の重要な場面や子どもに気づかせたい視点などを視覚的に分かりやすく示している。これにより、教師は授業中に何に注意すべきかを明確に意識することができる。
　このように、教育目標から各年度で達成したい具体的な目標（ここでは学校での研究テーマ）が示され、そこから授業が構想され、その授業を成立させるための具体的な手立てが学習指導案に反映されていくのである。

2．基本的な学習指導案作成の流れと考え方

　以上のように、学習指導案作成前に学校の教育方針と授業づくりとの関係を明確にしておくことが学校全体の最初の課題になる。これが明確になったら、次に学習指導案を

作成していくことになる。最終的には各学校の特徴を活かした学習指導案が作られていくが、ここではまず、どの教科の学習指導案にも共通する項目と考え方を示すことにする。

(1) 教材研究と児童・生徒理解

　学習指導案を作成する前に前提となるのが教材研究と児童・生徒理解である。

　教材研究とは、「教材の本質を深く理解した上で、その教材を通して学習者にいかなる能力（自然・社会・文化などに関する知識・技能・態度）を身につけさせるか、そして、そのためにどのような授業を構成していくかを考えること」[2]である。その中に児童・生徒理解や授業展開を考えることも含まれる。

　大学生に授業を考えるようにと資料を渡すと、すぐに「まず、導入では何をさせよう……」と授業過程を考え始める。しかし、授業づくりでは、まずその教材がどのような価値を持ち、何を伝えることに適しているのかなどを考える教材研究が必要である。教材には通常複数の価値が含まれており、その中で何に焦点化するかという教師の視点が重要となる。同じ教材でも、学年や学級が違えば、その扱い方が変わってくる可能性もある。まずはその教材から何を教えることができるのか、子どもが何を学ぶのかを研究する必要がある。

　それと並行して考慮しなければならないのが児童生徒理解である。「発達の最近接領域」理論によれば、人間は自分の既有の知識に近い領域でなければ学ぶことができない。自分の学級の子どもの実態がどのような状態で、どのような課題があるのかを踏まえ、子どもたちが今よりも成長するためには、高い理想を掲げるよりも、現在の子どもたちを一歩高めるような内容を選定することが必要である。

　このような教材研究、児童生徒理解を踏まえ、「教材観」「児童（生徒）観」「指導観」が設定される。

　「教材観」では、その単元や題材のねらいや身につけさせたい内容とともに、この単元や題材の価値付けを明示する。つまり、教材の本質・構造を含めた教育的な価値や学習内容の系統性などに関するその単元・題材の指導者の捉え方を記述する。道徳科の場合は、1単位時間で1教材を扱うことが多い。そのため、教材研究からその時間に何を教えるか、主題を焦点化することが重要になる。そのため、道徳科では「主題観」とすることが多い。

　「児童（生徒）観」では、その単元・題材にかかわる子どもの意欲、知識、技能などの準備状況を記述する。子どもの既習経験やレディネス、子どもの思考の傾向や発達段階などである。単なる子どもの様子ではなく、単元のねらいに関わる実態に焦点化することがポイントである。

　「指導観」では、実際の指導場面での手立てを具体的に記述する。どのように単元を

構成し、具体的にどのような方策を用いて単元や授業を構成するのかを書く。その結果、どのような学習がなされ、子どもがどう高まるかなど、具体的な見通しも合わせて書いていく。

(2) 1単位時間の授業過程の構成

教材研究、児童生徒理解から「教材観（主題観）」「児童観・生徒観」「指導観」が設定できたら、その単元の目標が設定され、その目標を達成するための計画が立てられる。1単位時間の「本時の目標」や授業過程はこの単元の目標・計画に沿ったものとなる。これらに一貫性があることが重要である。

授業過程の構成は「授業の構造化」とも呼ばれる。よく使用されているのが「導入−展開−終末」という3段階である（「終末」を「整理−発展」と分ける場合もある）。学習指導案の書き方によって、「つかむ−みつける−たしかめる−まとめる」などと用語が異なる場合もあるが、基本的には以下のような内容になる。

まず「導入」では、学習課題の設定が行われる。教材への出会いや学習課題への接近も含め、その時間で何を学ぶのかを子どもたちに明確に示す段階である。

次に「展開」と呼ばれる授業の「山場」がある。ここで学習課題が追求されてく。方法は様々であるが、子どもたちが互いの意見を交流し、学習課題を解決していく段階になる。

最後に「終末（整理−発展）」で、その時間で学習したことをまとめ、整理をする。次の課題への発展なども考えられる。

授業過程の構成においては、当然ながら、学習課題の設定が重要になってくる。学習課題はその時間内での学習事項を含むようにし、その学習課題に取り組むことで、「本時の目標」や単元のねらいが達成されるものにすることがポイントである。また、子どもの「学習活動」と教師の「指導上の留意点」は一対一対応するように記述する。子どもたちの活動は教師のねらいのもと展開されるものであるからである。

(3) 評価の観点について

本時の目標が達成されたかどうかを確かめるために、評価の観点を予め設定しておく必要がある。記述の仕方はさまざまであり、「本時の目標」や授業過程の後に記載する場合もあれば、授業過程の表内に欄を作り、授業の中で評価がしやすいように工夫されている場合もある。

大切なのは、「本時の目標」と「学習課題」と「評価の観点」が整合性を持つことである。つまり、本時に到達させたい目標を達成するための学習課題となっているか、目標が達成されたかを適切に評価するための観点となっているか、を確認する必要がある。

また、評価は子どもの学習の到達度を確認するために行うとともに、教師のねらいや

働きかけの有効性を確認するための材料にもなる。子どもがよく理解できていないとすれば、教師の指導法やねらいが子どもの実態からずれていたのかもしれない。適切に授業を振り返るためにも、事前に評価の観点を具体的に設定しておくことが必要である。

道徳科の評価にあたっては、子どもが道徳的価値やそれらに関わる諸事象について他者の考え方や議論に触れ、自律的に思考する中で、①一面的な見方から多面的・多角的な見方へと発展しているか、②道徳的価値の理解を自分自身との関わりの中で深めているか、といった点を重視することが重要とされている（詳細については第6章参照）。この2つの観点を踏まえたうえで、授業ごとに、クラスの実態や教材の内容を踏まえて、具体的な評価の視点を立てることが大切である。

3．学習指導案の構成

以上の基本的な学習指導案作成の考え方を踏まえたうえで、本書では、さまざまなタイプの学習指導案の例を提示している。道徳科は他の教科とは違う特質をもつため、通常の学習指導案にない項目もある。次に道徳科で特徴的な学習指導案の記述項目の解説を行う。

1）教材名と主題名

道徳科は1単位時間で完結する授業が多く、単元がないことが多い。また、今回の学習指導要領改訂に伴い、教科同様、教科書を使用することとなった。道徳が教科になったことで、「教科書通りに教えなければいけない」という誤解をされている人もいるが、教科と同様に、道徳科の教科書も、クラスの子どもの実態に応じて、活用するものである。他教科で教材研究を行い、補助プリントを作ったり、ノートを工夫させたりするように、あるいは、発問を工夫するように、道徳科においても、発問を工夫したり、ワークシートを工夫したりしてよい。また、教師が学級の実態にあった教材を作るなど、教材の開発と活用の創意工夫も求められている。そこで、道徳科では「単元」ではなく、「教材名」として教材のタイトルを示す。

また、教材名とは別に、その授業でどんなことを考え、学ぶのかといった主題（テーマ）を示すことが多い。これを「主題名」という。この主題名（テーマ）は授業中に子どもたちに直接示すこともあるが、教師側が授業中意識するために設定することもある。主題名は内容項目との関連で、教材研究を通して設定される。

2）内容項目

道徳科の授業で扱う教材が、学習指導要領に示された内容項目のどれに該当するのかを明記する。例えば、小学校中学年対象で、内容項目が「B-10　友情、信頼」と記載してある場合は、学習指導要領の〔第3学年及び第4学年〕の「B　主として人との関わりに関すること」の「10　友達と互いに理解し、信頼し、助け合うこと。」の内容項

目に該当することを示している。

また、その教材が複数の価値に関わる場合や、授業の中で扱う内容が複数に及ぶ場合は、「関連項目」として複数の内容項目を示すこともある。

3）主題観

通常の教科で言う「教材観」に当たるものである。この教材がもつ教育的な価値について、教師の捉え方を含めて明記する。

4）児童（生徒）観

児童・生徒の道徳的判断の傾向や道徳的価値の理解の状況、子どもの年齢における道徳性の発達段階などについて記述する。どのように成長してほしいか、どのような価値に気付いてほしいかなど、課題や教師の願いについても書く。

5）指導観

教材研究をもとに、授業の展開、指導法の根拠、具体的な手立てを明記し、その結果見通される子どもの姿なども記述する。

6）本時のねらい

以上の「主題観」「児童（生徒）観」「指導観」を踏まえ、本時のねらいを設定する。

7）評価の基準

子どもの意見や記述、態度などから、道徳的な判断力、心情、実践意欲と態度などの道徳性が高まったかどうか、道徳的な問題状況について多面的・多角的に考えたか、道徳的価値について自分自身との関わりで考えたかどうか等の判断をする基準を策定する。

8）学習過程（指導過程）

道徳科は1単位時間で1つの教材を扱うことが多いため、導入や展開の前半で教材を子どもたちに提示することが多い。授業のタイプにより展開が異なるので、各タイプの特徴を踏まえて授業構成や発問を工夫することが必要である。

学習過程（指導過程）には、子どもの学習活動・学習内容と、教師の働きかけ・支援の2つの内容を書くことが基本であるが、形式はさまざまある。いずれにせよ、具体的な発問と子どもの反応（応答予想）を立てておくことが重要である。道徳科の授業の場合、子どもの意見で授業が左右されることが多い。授業の改善につなげていくためにも、学習過程（指導過程）には子どもの具体的な発言を予測して記述しておくことが望ましい。

9）教材

教材は原典をそのまま利用する場合もあるが、教材研究によって再構成されることも多い。本シリーズでも、教材研究や実践事例をもとに再構成したり、新たに自作したりしたものを掲載している。基本的に教材はそのまま子どもたちに提示できるものとなっているが、提示の方法はお話の形式をとっていたり、必要な部分だけを配布したりする

など、授業の内容によって最も効果的な方法をとる。
10）板書計画
　板書は子どもたちの発言をもとに作成するが、予め授業の流れや方向を考えて計画を立てておくことが重要である。特に小学校では、板書で視覚的にあらわされたものが子どもの認識形式のモデルとなる。問題を比較する観点や根拠などを板書で整理していくことは、目に見えない子どもたちの思考を整理していくことでもある。授業の流れと子どもたちの思考の流れがうまく整理できるよう板書計画を立てておくことは、授業中の子どもたちの発言を拾い上げ、授業の中で位置付けていく際にも有効である。また、授業後の板書と板書計画を比較することで、授業の評価を行うこともできる。

11）その他の資料（ワークシート、ノートなど）
　教材以外に、授業の目標を達成するための手立てとして、補助資料やワークシートなどを使用することがある。特にワークシートは、子どもたちが思考を言語化し、発表につなげていくための方法として有効である。また、他教科のように、市販のノートを使って道徳ノートを作成する場合もある。ノートにワークシートを貼ったり、宿題として持ち帰って記述させることもある。多様な指導の工夫が考えられる。

　道徳の教科化に伴い、評価を行うことになっているので、子どもの記述を残すことは必ず必要である。また、小学校1年生の1学期は記述ができないこともあるため、子どもの発言などを教師の方で記録するなどの工夫が必要である。

注と文献
1）宮崎大学教育学部附属小学校「平成30年度研究紀要」（平成31年2月、未刊行）のほか、宮崎大学教育学部附属小学校ホームページを参考にした。
2）日本教育方法学会編（2004）.『現代教育方法事典』図書文化社、207頁。

コラム③

私と道徳授業

　私は、道徳授業は、そのとき、その場だけのものではなく、人生の時々の何気ない機会にふと思い出されて、改めて考えをめぐらせたり、家族や友人と語り合ったりする契機ともなりうるもののように思う。少なくとも、私にとって、小学校のある保護者参観日に行われた道徳授業は、小学生の私が、そのときその場で感じた以上の深い余韻を残し、この20年余の間、折々にふとしたきっかけで思い出されて、何度か家族の話題にものぼっている。

　家族それぞれの成長やライフステージの変化、社会の移り変わりなどといったものが、その都度、新たな視点をもたらし、家族でのかつての結論に疑問をなげかけたりもする。そうして、それぞれが自身の考えの深まりやまなざしの変化を感じてきた。時には、現実の身近な問題やその時々の社会の出来事にも思いをはせながら、それまでの自分が考えもしなかったような方向から問題を見つめ直すこともあった。そして、現実場面における事態の複雑さや判断の難しさを思い、またしばし忘れて日々を過ごす。しかし、忘れている間も、それはきっと意識しないままどこか心の片隅にずっとあって、ふとしたきっかけでまた意識に上ってくる。

　こうしてみると、子どもたちにとって真に意味のある道徳授業のひとつの在り方は、心のどこかに一石を投じることであり、いつまでも消えない波紋のように、人生の長きにわたって思索を促し続けるものであることなのかもしれない。

　　　　　　　　　　　　　　　　　　　　　　　　　　　　（加藤美帆）

第6章
道徳科の評価の仕方

1．道徳科の評価

　道徳科の目標は、学習指導要領によれば、「第1章総則の第1の2の（2）に示す道徳教育の目標に基づき、よりよく生きるための基盤となる道徳性を養うため、道徳的諸価値についての理解を基に、自己を見つめ、物事を多面的・多角的に考え、自己の生き方についての考えを深める学習を通して、道徳的な判断力、心情、実践意欲と態度を育てる。」である。評価については、「児童の学習状況や道徳性に係る成長の様子を継続的に把握し、指導に生かすよう努める必要がある。ただし、数値などによる評価は行わないものとする。」とある。道徳科の評価は、児童生徒の評価を行うことを通して、児童生徒の実態を把握し、指導の改善へとつなぐように、指導と評価の一体的運用を目指すものでもある。以下、学習指導要領に従いながら、道徳科の評価における留意事項ならびに具体的な評価方法について述べる。

　『小学校学習指導要領解説（平成29年告示）　特別の教科　道徳編』（以下、『解説』）によれば、道徳科の評価においては、「一定のまとまりの中で、児童が学習の見通しを立てたり学習したことを振り返ったりする活動を適切に設定しつつ、学習活動全体を通して見取ることが求められる。」その際に、「個々の内容項目ごとではなく、大くくりなまとまりを踏まえた評価とすることや、他の児童との比較による評価ではなく、児童がいかに成長したかを積極的に受け止めて認め、励ます個人内評価として記述式で行うこと」が求められている。

　評価の観点としては、「特に、学習活動において児童が道徳的価値やそれらに関わる諸事象について他者の考え方や議論に触れ、自律的に思考する中で、一面的な見方から多面的・多角的な見方へと発展しているか、道徳的価値の理解を自分自身との関わりの中で深めているかといった点を重視することが重要である。」（『解説』）とされている。ここから、「自己を見つめているか」「多面的・多角的な見方になっているか」「自己の生き方につなげているか」などが、評価の観点として望ましいと考えられる。

　道徳科の評価は、「道徳性を養うという道徳科の目標に照らし、児童がいかに成長したかを積極的に受け止めて認め、励ます視点から行うものであり、個人内評価であるとの趣旨がより強く要請されるものである。」したがって、評価は個人内評価として行い、

児童生徒を励まし伸ばすものであることが求められる。こうした特徴を踏まえ、評価方法の具体が『解説』に例示としてあげられている。

このように道徳科の評価においては、児童生徒の個々の道徳授業での達成を見取ること、授業評価により指導と評価の一体的運用をめざすこと、授業改善を日々行うことが必要である。

2．評価の実際

これまで、評価について述べてきたが、実際に学校現場では、どのように評価が行われているのか。ここでは、指導と評価の一体的運用による授業評価、校内研修による授業改善、授業での達成度に基づく児童生徒の評価の仕方を取り上げて、具体的な評価の方法や手順について述べることとする。

（1）教師自身による授業評価　（教師の自己評価）

道徳授業に限らず、教師は授業準備には時間をかけるが、授業後の振り返りにはあまり時間をかけないと言われている。しかし、児童生徒が一時間一時間の道徳授業を積み上げ、豊かな道徳性を育んでいくためには、まず、教師自身が日々の授業評価をしっかりと行い、授業力を向上させていく必要がある。

道徳授業において、本時のねらいが達成できたのかどうかを的確に評価するためには、まず、授業のねらいを明確にするとともに、評価が可能になるような基準を設定しておくことが望ましい。そして、どのような方法で何を評価するのか等について事前に計画を立てておく必要がある。ここでは、9章の「つぶれたプリムラ」の道徳授業を例に授業評価の流れを説明することとする。

1）ねらいの明確化

道徳科の時間には、道徳的心情、道徳的判断力、実践意欲や態度に関するねらい（評価規準[1]）を設定することになる。ねらいが抽象的になりすぎると後で授業の評価が難しくなるため、できるだけ具体的なねらいを設定するように心がけるとよい。

「つぶれたプリムラ」の授業で児童に考えさせたい内容項目は、「勇気をもって正直に、A-（2）　正直・誠実」である。この内容項目の場合、「うそをついたりごまかしたりしないで正直に行動しようとする判断力や心情を育てる」のように「A-（2）正直・誠実」に直接関わるようなねらいのみが設定されている指導案もよく見かける。しかし、教師がていねいに児童生徒の様子を見取り、授業評価をしていくためには、より具体的なねらいを設定することが望ましい。

例えば、ねらいの前段に下線部のような内容を加え、「過ちを素直に認めることや過ちを犯した友人に対して助言できる大切さに気付き、うそをついたりごまかしたりしな

いで正直に行動しようとする判断力や心情を育てる」というより具体的ねらいを設定することによって、教師が「つぶれたプリムラ」の教材を通して、児童生徒の心情や判断力をどう高めたいのかがより明確になるであろう。

２）評価基準の設定と評価計画の立案

　本時のねらいが設定できたら、授業評価をするための具体的な評価基準を設定し、授業における評価計画を立てていく。

【本時のねらいに即した授業評価のための評価基準の例】（９章参照）

○　本時のねらい：Ａ－（２）正直・誠実

　過ちを素直に認めることや過ちを犯した友人に対して助言できる大切さに気付き、うそをついたりごまかしたりしないで正直に行動しようとする道徳的判断力や心情を育てる。

○　授業評価のための基準

　　（○は気付かせたい考え、◎はできれば気付かせたい考え）

【児童生徒の今の考え】
・先生に怒られたり、みんなに文句言われたりするから本当のことを言う方がいい。
・ねずみくんがかわいそうだから言う方がいい。
・くまくんに嫌われるから言わない方がいい。

日々の観察やアンケート等をもとに事前に把握した児童生徒の実態や本音を児童生徒の言葉で表したもの。

【授業で気付かせたい考え】
○本当のことを言うとピョンタもくまくんもすっきりする。
○勇気を出して正直に言うことは、難しいけれど大切なこと。
◎正直に言うことは、くまくんにとってもよいこと。
◎正直に言えるのがよい友だち。

本授業を通して気付かせたい児童生徒の姿を児童生徒の考えを児童生徒の言葉で表したもの。

　例えば、上の例のように、本時のねらいに即して、まず児童生徒が今もっている考えや行動の特徴等の実態を日々の観察やアンケート等から事前に把握し（診断的評価[2)]）、「児童生徒の今の考え」として記述する。そして、そのような実態をもとに、本授業を通して最終的に気付かせたい考えを児童生徒の言葉で具体的に考え記述する。この場合、評価基準を「気付かせたい考え（○）」と「できれば気付かせたい考え（◎）」２段階で設定しているが、道徳の時間においては、２段階程度の基準でよいと考える。

　このような作業を通して、教師自身の考えがより明確になり、授業評価がしやすくなるとともに、本時のねらいに迫るための教師の具体的な支援も考えやすくなる。

　次に、そのようなねらいに迫るために、授業のどの場面で何をどう評価し、支援していくのかという評価の視点や評価方法、支援等を学習指導案の「支援と評価」等の欄に

記述していく。

【学習過程に即した評価計画の立案】

本授業では、展開前段（評価①）、展開後段（評価②）、終末（評価③）の３つの場面での評価計画を立てている。教師は、これらの計画に従って授業中や授業後に評価を行うこととなる。（※本実践例は小学校低学年のものであるため、「児童生徒」の部分は「児童」として表記している。）

段階	学習活動	主な発問と児童の心の動き	支援（◎）と評価（★）
導入	1．プリムラを植えた時の気持ちや水やりのときの気持ちを発表し合う。	○植えた時どんな気持ちでしたか？どんな言葉をかけながら水やりをしていますか？ ・早く大きくなってね。 ・きれいな花を咲かせてね。 ・しっかりお世話しよう。	◎児童がねずみくんの思いに共感できるよう、水やりの動作をさせながら思いを発表させる。
展開前段	2．資料前段を聞き、ピョンタはどうするべきか話し合う。	○ねずみくんは、ボロボロになったプリムラを見たときどんな気持ちだったのでしょう。 ・大切にしていたのに、悲しい。 ・だれがこんなことをしたのか。 ・ひどい、あやまってほしい。 ○くまくんが「言わないで」と言った時、ピョンタは、どんな気持ちだったのでしょう。 ・先生やみんなにおこられる。 ・みんなに悪い子だと思われる。 評価①：★のような点について、発言内容や児童生徒の様子をもとに評価する。 ◎ピョンタは、くまくんが花をつぶしたことを言う方がよいのでしょうか、言わない方がよいのでしょうか。それは、なぜですか。 ＜言う＞ ・後でわかると、おこられる。 ・ねずみくんがかわいそう。 ・正直に言うと、すっきりする。 ＜言わない＞ ・くまくんにきらわれる。 ・仲よしのくまくんがかわいそう。 ・くまくんを助けたい。	◎資料の内容を理解しやすいよう、資料は教師の語りとイラスト提示によって進める。 ◎ピョンタの葛藤を引き出すため、吹き出しを使い、ねずみくんとくまくん両者の気持ちを押さえる。 ★ねずみくんとくまくんの立場に立ち、それぞれの思いを考えているか。 （児童の発言内容や児童の様子） ◎児童が意見を出しやすいよう、ワークシートにとるべき行為と理由を書かせてから、発表させる。 ◎机間指導を行い、判断の傾向を把握したり、書きにくい児童への助言を行ったりする。

		【ねらいに迫るための補助発問例】 ○本当のことを言ってすっきりするのは誰ですか？ピョンタだけですか？ ○だまっていることは、くまくんのためになることなのですね？ 評価②：★のような点について、児童生徒の発言内容やワークシートの記述をもとに評価する。	★正直に言うよさや、そのことが2人のためになることに気付いているか。 （発言内容・ワークシート）
展開後段	3．資料の後段を聞き、感想を発表する。	○ピョンタくんは、くまくんにアドバイスして、みんなに本当のことを話しましたが、ピョンタくんのしたことをみなさんはどう思いましたか？	◎資料後段を板書しながら語り聞かせた後、簡単に板書にまとめる。 ◎ピョンタの判断について、自分と比べながら感想を発表させる。
終末	4．今日の学習の感想やピョンタくんへの手紙を書く。	○今日の学習をして、心に残ったことやピョンタくんに伝えたいことをお手紙に書きましょう。 ○書いたら、お友達に教えてあげましょう。 評価③：★のような点について、ワークシートの記述をもとに主として授業後に評価する。「本時のねらい」や「授業評価のための基準」に即して評価を行う。	◎手紙形式にする。手紙形式が難しい場合は感想にしてもよい。 ◎書いた内容をペアで交流してもよい。 ★学んだことをもとに、正直に行動するよさや勇気をもつ大切さについて考えを深めているか。 （ワークシート）

3）授業中の評価（評価①、評価②）

評価①、評価②は、授業中に行う評価、つまり形成的評価[3)]である。

評価①では、まず、児童生徒が教材の内容を理解できているかを確認するとともに、児童生徒がねずみくんとくまくんの両方の立場に立ち、それぞれの気持ちをイメージできているかどうかを児童生徒の発言内容や様子から見取る。もし、計画していた発問で児童生徒のイメージが十分でないと感じられる場合には、「もし、ねずみくんみたいに自分の大切なお花が誰かにぐちゃぐちゃにされていたらどんな気持ちになるかな？」あるいは「もし、くまくんみたいに蹴ったボールで誰かのお花をぐちゃぐちゃにしてしまったらどんな気持ちになるかな？」等の補助発問によって、児童生徒が両者の思いをしっかりと考えることができるよう支援する。

評価②では、児童生徒が正直に言うよさや、そのことが2人のためになることに気付

いているかどうかを発言内容やワークシートの問1の記述から見取る必要がある。そのために、ワークシートを記述している際には、机間指導をしながら記述内容を確認し、その後の意見交流時に生かせるように準備しておくことが大切である。もし、計画していた発問で児童生徒の気付きが不十分だと感じられる場合には、補助発問「本当のことを言ってすっきりするのは誰ですか？ピョンタだけですか？」や「だまっていることは、くまくんのためになることなのですね？」等を行い、正直に言うよさや、そのことが結局は両者のためになることに気付くよう支援していく。

4）授業後の評価（評価③）

評価③は、本授業が本時のねらいを達成できたかどうかを最終的に見取るための評価、つまり総括的評価[4]である。

本授業では、本時のねらいに即して、右のような授業評価のための基準を設定している。したがって、ワークシートの問2の記述をもとに、「学んだことをもとに、正直に行動するよさや勇気をもつ大切さについて考えを深めているか（評価③）」という点について「授業評価のための基準」に照らしながら評価をしていくとよい。

【授業で気付かせたい考え】（評価基準）
○本当のことを言うとピョンタもくまくんもすっきりする。
○勇気を出して正直に言うことは、難しいけれど大切なこと。
◎正直に言うことは、くまくんにとってもよいこと。
◎正直に言えるのがよい友だち。

ワークシートの記述の分析は、授業を行った教師自身が行うのが一般的であるが、可能であれば、同学年の教師等複数の教師で行い、評価の客観性を高めていくのが望ましい。

【ワークシートの記述（ピョンタくんへの手紙）の分析例】

(A児)：ピョンタくんえらいね。だってえらいことをくまくんに、いいことばをいったんだもん。きみってゆうきがあるんだ。ぼくはゆうきがないよ。きみのほうがうえだね。ピョンタくんは、どうしてそんなゆうきもったの。ぼくはそのゆうきの心をみつけてないよ。もっとゆうきの心をみつけたらいい。ピョンタくんきみはとくべつな心をもっているんだね。

(B児)：ピョンタくんじぶんからすすんで、くまくんに「うそはいけないよ。いおうよって。」いうなんてすごいよ。このことでとてもうれしかったことは、じぶんからいうなんてとってもりっぱなことだとおもいます。そのゆうきがすごいよ。くまくんよかったね。でも、いわれず、じぶんからすすんでいったらよかったのにねっておもうよ。

(C児)：ピョンタくんしょうじきにいって、くまくんにいったからえらかったよ。こんどからもしょうじきにいってね。くまくんもわざとじゃないから先生もゆるしてくれたね。せんせいにほめてもらってうれしかった。

　各ワークシートの下線部は、教師が設定した「○」の基準に合致する記述といえる。このような記述が多くの児童生徒に見られれば、本授業は、ねらいに迫る授業であったと考えられる。しかし、そうでない場合には、授業のどの部分に課題があったのかを教師自身が明確にし、今後の授業改善に役立てていく必要がある。評価基準が難しすぎたり易しすぎたりしていなかったか等、基準の妥当性や授業全体の評価計画（評価①～評価③）等についても検討し、より適切な授業評価ができるよう工夫していくことも大切である。

　また、このようなワークシートの他に、「授業がよく分かった」「ためになった」「価値について深く考えた」等の項目について３段階程度で評価するようなワークシートも授業評価には有効な方法である。このように毎時間の授業評価を積み重ねていくことによって、教師の授業力は確実に向上していく。

（２）　複数の観察者による評価（研究授業後のカンファレンス等、教師の相互評価）

　教師自身の自己評価は、大切であるが、授業中の児童生徒の反応等を拾い切れなかったり、分析が主観的になったりすることもある。そのため校内研修等で複数の教師による授業評価を行うことは大変有意義である。このような評価によって、教師自身が気付かない課題や工夫点も明らかになり、より客観的な授業評価が可能となる。

　ここでは、２つの学校の校内研修会の例を紹介する。いずれの例も授業評価には有効な例である。是非参考にしてほしい。

１）学習過程に即した授業評価（広島市立五日市南小学校の例）

授業観察する教師は2色の付箋紙をもち、本時のねらいに即して、効果的であった工夫点（赤）と改善点（青）をメモしておく。

　授業後の協議会では、各教師がメモした付箋紙を持ち寄り、グループ毎に学習過程を拡大した用紙に貼りながら評価していく。

　その後、グループから出された授業の工夫点や改善点等を全体で交流し合い、学習過程に即した授業評価を行っていく。

2）児童生徒側の視点と教師側の視点からの授業評価（広島市立福木小学校の例）

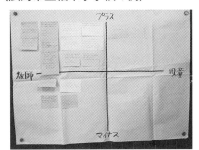

　1）の例と同様に授業観察をする教師は付箋紙をもち、児童生徒の様子と教師の働きかけの両方の視点から、それぞれの工夫点と改善点を授業中にメモする。授業後の協議会では、グループ毎に、縦軸の上下にプラスとマイナス、横軸の左右に教師と児童生徒を表示した模造紙に、メモした付箋紙を貼り、児童生徒側の視点と教師側のそれぞれの視点から授業評価を行っていく。

（3）児童生徒の道徳性の評価

　道徳授業1時間毎に行っていく授業評価に対して、児童生徒の道徳性の評価は、数ヶ月毎の長いスパンで行っていくことが望ましい。ここでは、道徳性の評価の実際として、ポートフォリオによる自己評価の例と道徳性に関するアンケート等を活用した客観的な評価の例を紹介することとする。

1）ポートフォリオによる評価（ワークシートや作文等の活用）

　学習活動において児童生徒のワークシートや作文等をファイルし、活用する評価法をポートフォリオ評価という。

　児童生徒が道徳の時間等に書いたワークシートや作文等をファイリングしておき、数ヶ月毎に振り返ることによって、児童生徒自身が自己の成長を評価することができる。また、教師が児童生徒の道徳性を評価する資料としても活用できる。その際、教師は、児童生徒がしっかりと自己評価できるよう、ワークシートや作文に、肯定的な評価やアドバイスを入れるように心がけることが大切である。

2）道徳性に関するアンケートを活用した評価の例（広島市立五日市南中学校の例）

　個々人の道徳性や学級全体、学校全体の道徳的雰囲気を客観的に評価する方法として、よく実施されているものに道徳性に関するアンケートを活用した方法がある。

ここで紹介するのは、既存の心理測定尺度[5]をもとに、学校が独自に作成したアンケートを活用した評価の方法である。この学校では、年間で数回道徳性に関するアンケートを実施し、各学級担任が集計して道徳性の変容について分析を行っている。このように定期的にアンケートを実施し、児童生徒の道徳的な意識や行為の変容を客観的に見取っていくことによって、多面的に

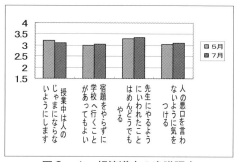

図6-1 規範遵守の意識調査

児童生徒の道徳性を把握でき、日々の指導に生かすことができると考える。

（4）授業での達成度に基づく児童生徒の評価

授業の達成度に基づく児童生徒の評価の仕方について、鈴木（2014）が開発した授業評価のためのルーブリックをもとに説明する[6]。道徳授業においては、多くのことがわかればよいのではなく、児童生徒のそれまでの考え方が変わったり深まったりすることが求められる。児童生徒の思考の変容や深まりを見とる基準が必要であるが、それは授業のねらいと一体的に運用されることが望ましい。そこでここでは、児童生徒の思考の深まりと、授業のねらいがどの程度達成されたかを同時に把握する基準として、基本的理解、主観的理解、客観的理解の3段階を設定して、児童生徒の発言やワークシート、道徳ノートに記入した考えや意見を、段階ごとに分類する方法を示すことにする。3段階は次のように設定する。

基本的理解：資料の内容を理解している。
主観的理解：自分の経験などから、自分の意見を述べている。自分のこととして理解している。
客観的理解：誰もが納得する意見を述べている。価値観として理解している。

授業においては、主観的理解を目指しながら、客観的理解の意見が出るよう導くようにする。

ここでは第10章で取り上げた「うばわれた自由」を使って説明する。この授業のねらいは、「自分勝手な行動から牢に入れられたジェラール王子が、森の門番ガリューに『本当の自由を大切に』と言われた時の心情から『本当の自由』と『うばわれた自由』の違いについて考えさせることを通して、自由と自分勝手の違いや自律した考えに基づく自由の大切さに気付き、自律した考えを持ち責任ある行動をとっていこうとする道徳的実践意欲と態度を養う」ことである。内容項目は、「A善悪の判断、自律、自由と責任」である。まず授業のねらいにしたがって、授業での達成度を見とるためのルーブリック

を作成する。逆にいうと、基本的理解として達成したいこと、主観的理解として達成したいこと、客観的理解として達成したいことを念頭に入れて、授業のねらいを設定する。

基本的理解は、「本当の自由」と「うばわれた自由」の違いについて気付くこととして設定する。

主観的理解は、自由と自分勝手の違いや自立した考えに基づく自由の大切さに気付くこととして設定する。

客観的理解は、自律した考えを持ち責任ある行動をとっていくことの大切さに気付くこととして設定する。

表6-1　授業評価のためのルーブリック

基本的理解	主観的理解	客観的理解
自分勝手に行動し牢に入れられたジェラール王子が、森の門番ガリューに「本当の自由を大切に」と言われた時の心情から「勝手気ままな自由」と「ほんとうの自由」の違いについて考えている。	自由と自分勝手の違いから自律した考えに基づく自由の大切さに気付いている。	自律した考えをもち責任ある行動をとっていくことの大切さに気付いている。

教師は、主観的理解の、自由と自分勝手の違いから、自律した考えに基づく自由の大切さに気付かせることをねらって授業を行う。さらに、客観的理解の、自律した考えとは何か深く考えさせることを通して、自由の奥底にある責任について気付かせ、責任ある行動をとっていこうとする意欲や態度を養うことを目指して授業を行う。

まず、評価材の収集であるが、授業の達成度を見とるために、授業でわかったこと、未来へのヒントなどをワークシートや道徳ノートに記述させておく。次に児童生徒の記述をルーブリックに当てはめていく。ルーブリックに書かれている通りの記述を児童生徒がしているとは限らないので、教師の側で児童生徒の記述を見取るためのキーワードや視点を決めておく。

以下では第10章（p.112）に記述されている児童の感想を使って、このルーブリックに基づいた授業分析の仕方を説明する。説明の必要上、それぞれの意見にＣ１、Ｃ２……と番号を付ける。児童生徒のそれぞれの記述を読んで、それが基本的理解、主観的理解、客観的理解のどこに当てはまるか考え分類する。以下に例を示す。校内研修で複数の教師と意見交流しながら分類すると、共通理解が進みやすい。

　　Ｃ１：自分で考えて行動したり相手の気持ちを考えたりすることで、みんながうまくいく。
　　　　→みんながうまくいくためにはこうしたらいいという自分の意見を述べている→主観的理解

C2：やりたいことをするのではなく、みんながうまくいくようにすることが自由。
　　→みんながうまくいくためにはこうしたらいいという自分の意見を述べている→主観的理解
C3：学習発表会の練習でも勝手な行動をせずに、考えて行動していきたい。
　　→学習発表会がうまくいくためにはこうしたらいいという自分の意見を述べている→主観的理解
C4：したくないことでもしなくてはいけないことをしていくことが大切だと思った。
　　→学習を通して気付いた自分の意見を述べている→主観的理解
C5：私は一人が自由で楽しいと思っていたけど、みんなといても自由だし楽しいのだと思った。
　　→学習を通して気付いた自分の意見を述べている→主観的理解
C6：自由は人のためになったり自分のためになったりするものだと分かった。
　　→学習を通して気付いた自分の意見を述べている→主観的理解
C7：自由は何でも思い通りになることだと思っていたけれど、本当の自由はみんなに平等にあって、みんなが幸せになるものだと思った。
　　→自由の奥底にある責任や義務に気付いている→客観的理解
C8：自由についてもっと考えて、本当の自由を味わうためにもっと責任を持っていきたい。
　　→自由の奥底にある責任や義務に気付いている→客観的理解

表6-2　ルーブリックによる評価の実際

基本的理解	主観的理解	客観的理解
自分勝手に行動し牢に入れられたジェラール王子が、森の門番ガリューに「本当の自由を大切に」と言われた時の心情から「勝手気ままな自由」と「ほんとうの自由」の違いについて考えている。	自由と自分勝手の違いから自律した考えに基づく自由の大切さに気付いている。	自律した考えをもち責任ある行動をとっていくことの大切さに気付いている。
達成した児童生徒：	達成した児童生徒： C1、C2、C3、C4、C5、C6	達成した児童生徒： C7、C8

　この分類によると、8名のうち6名が主観的理解、2名が客観的理解であった。授業は主観的理解を目指して行うので、十分ねらいが達成できたといえる。児童生徒の記述の分類に迷ったときは、上位に分類するのがよい。また、まったく当てはまらない記述があるときは、その他に分類する。その他の記述が多いときは、授業の内容やねらいが

十分伝わっていない可能性があるので、授業改善に努める。

　次に、児童生徒自身が行う自己評価を取り上げる。上述のルーブリックに対応させて、児童生徒が道徳授業での自分の達成度を自己評価するルーブリックを作成し、授業内に評価させる。

　レベル1は、基本的理解に対応して、資料内容が理解できたことを示すものとして、「考えがもてた」と設定している。

　レベル2は、主観的理解に対応して、学習を通して自分の考えを持ったことを示すものとして、「考えをもち、理由も話すことができた」と設定している。

　レベル3は、客観的理解に対応して、他者の意見を比較し総合して自分の考えを深めたことを示すものとして、「友達の意見も聞きながら、自分の考えを広げ、深めることができた」と設定している。

表6-3　自己評価のためのルーブリック

レベル1	レベル2	レベル3
考えをもてた。	考えをもち、理由も話すことができた。	友達の意見も聞きながら、自分の考えを広げ、深めることができた。

　児童生徒は、授業を振り返って自分の理解がどの程度深まったかを考え、自己評価する。このルーブリックは、どの教材内容でも使えるものなので、児童生徒がどの授業でより深く考えたか理解することにも使うことができる。児童生徒がレベル3と自己評価した授業での達成度評価を道徳科の評価とすることで、より児童生徒の理解のありように即した評価を行うことがきる。

　到達度に基づく道徳科の評価を、どのように具体的に記述するかであるが、前述したように、『解説』においては、「自律的に思考する中で、一面的な見方から多面的・多角的な見方へと発展しているか、道徳的価値の理解を自分自身との関わりの中で深めているか」が評価の視点として示されている。これらを、「自己を見つめる（自分の行為・考えの見直しができている）」、「多面的・多角的な考え（一つの事象を多様な視点から考えている、多様な角度に向かって思考できている）」、「自己の生き方（どのように生きるか、どのような生き方をしたいか考えている）」の3観点にまとめ、授業評価の観点とすると記述しやすい。1つの授業に3観点を入れるということではなく、資料内容や児童生徒につけたい力に応じて、発問やワークシート、道徳ノートを工夫して、1年間を通して3観点がバランスよく達成されるようにする。巻末資料の、道徳評価学年別記述例を参考にして、以下に評価文例を示す。

表6-4 道徳評価の記述例

自己を見つめる (自分の行為・考えの見直し)	多面的・多角的な考え (一つの事象を多様な視点から考えている、多様な角度に向かって思考できた。)	自己の生き方 (どのように生きるか。どのような生き方をしたいか。)
自分の行動を振り返り、みながうまくいくように、考えて行動するようにしたいと考えることができました。(C3)	友達の意見から、本当の自由について、なんでも思う通りになることではないことに気付くことができました。(C7)	本当の自由を味わうために、自分の行動に責任を持とうとする実践意欲を持つことができました。(C8)

　巻末資料には、小学校、中学校用の評価文例が掲載されている。教材名は、この評価文例を作成した小学校で使用されている教科書に即して記入されている。それぞれの学校において使用している教科書に即した評価文例を作成するためのヒントにしていただきたい。

　この評価文例の特徴は、指導と評価を一体的に運用する観点から作成されているところにある。児童生徒にとってわかりやすく心に残る授業を行うことが大切で、児童生徒の評価はその授業の結果でもある。児童生徒を評価することが目的ではなく、よい授業を行って児童生徒が多様な価値観に気付き、自らの道徳性を向上するように導くことが目的である。評価はその一助だというスタンスをもっておく必要がある。

　なお、指導要録の記載例について、巻末資料に掲載しているので参考にしていただきたい。

注と文献

1) 評価規準と評価基準：評価規準とは、「何を評価するのか」「何を身につけさせたいか」という目標や行動などの質的な拠り所を示すものである。その拠り所は「指導目標」や「ねらい」等であり、『どのような力を身につけさせたいか』ということを、より具体化した形で記述する必要がある。一方、評価基準とは、設定した評価規準について、達成度や発達の状況の程度を判定するための尺度的、量的な到達度の拠り所を示すものである。したがって、授業の展開に応じてより具体的な子どもの姿を想定しながら、尺度的な表現で基準を設定する必要がある。田中博之「新しい評価Q&A」http://www.shinko-keirin.co.jp/csken/pdf/51_08.pdf。
2) 森敏昭、秋田喜代美編（2000）.『教育評価』明治図書、24頁。
3) 同上、25頁、参照。
4) 同上、参照。
5) 中谷素之（2006）.『社会的責任目標と学業達成過程』風間書房。
6) 鈴木由美子（2014）.「科学的で未来志向的な道徳授業の開発研究を」『道徳教育』2014年4月号、明治図書、68-70頁。鈴木由美子（2017）.「発達段階に応じた道徳の授業づくりと評価」『第32回広島県中学校道徳教育研究大会　平成29年度備北大会集録』8-24頁参照。3つの理解による分類については、瀬川栄志（1984）.『授業分析の技術』（明治図書）を参考にした。

コラム④

K君との出会い

　もうずいぶん前のことになります。担任していた小学3年生のクラスにK君という男子がいました。K君はクラスでもめ事が起きると、なぜかいつも仲裁に入り、もめ事を穏やかにおさめてくれました。K君がゆったりとした話しぶりで話し始めると、もめていた二人はいつの間にか荒ぶった気持ちがおさまり、もつれた気持ちがほぐれてしまうようなのです。まだまだ周りの見えにくい年代の子どもなのに何と不思議な・・と、私はいつも感心していました。

　そんなK君は道徳の時間でも同様でした。友達の発言をよく聞き、発言と発言をつないで「それはこういうことだと思うんだけど……」と、彼なりの言葉でまとめてくれます。クラスの子どもたちはニコニコしながらそれを聞き、「なるほど、よく分かった。」と納得するのです。子どもが子どもの言葉によって納得しながら進む授業は本当に楽しいものでした。

　このころからです、私が道徳の授業を楽しめるようになったのは。道徳の授業では、教師がいくら細かく展開を考えていても、いざ授業を始めると子どもの様々な反応に戸惑うことがあります。子どもの反応が予想を大きく超えるようなことがあると、教師はつい予定していた授業の流れを変えまいとして無理に進めてしまいます。K君に出会うまでの私もそうでした。けれどもK君の、友達の話をじっくり聞き、その思いに共感しながら、進むべき道を共に作り出していく姿を見るにつけ、道徳の時間の教師の役割が分かった気がしたのです。子どもがその気持ちに沿う言葉で話し合う中から、子どもたち自身が進むべき道を見つけられるように支援する、そんなイメージでしょうか。

　道徳の授業を子どもと共に作る楽しさを教えてくれたK君に、私は今でも感謝しています。

（宮里智恵）

第7章

教材研究と教材分析

1．主題解釈と教材解釈 ―教材研究の方法―

　道徳の授業は教科書等に掲載されている教材文を用いて行われることが多い。ここではそうした教材文を用いた授業について、主題解釈と教材解釈の必要性について述べる。

（1）授業づくりと教材解釈

　まず、道徳の授業をつくる際の手順を考えてみたい。

> ① 教材文を読み、主題を焦点化する。（主題設定）
> ② 主題を解釈する。（主題観）
> ③ 主題に照らして子供の実態を捉え、考察する。（児童生徒観）
> ④ 主題に照らして教材を分析し、解釈する。（教材観）
> ⑤ 主題に迫るための具体的な指導の方法を考える。（指導観）
> ⑥ ①～⑤から「本時のねらい」と評価の視点を決める。（本時のねらい）
> ⑦ ①～⑥から「学習過程」を考える。（学習過程）
> ⑧ 学習過程と主題、本時のねらい、評価の視点との整合を確認する。

　およそこうした手順で道徳の授業はつくられる。ここでは、小学校中学年の教材として用いられることの多い「泣いた赤おに」を例にしながら、上記の手順の①～④に関し、教材研究の視点と方法を述べる。

① 教材文を読み、主題を焦点化する。（主題設定）

　「泣いた赤おに」には、人間と友達になりたいと切望する赤おにとその友達の青おにが登場する。赤おにの願いをかなえてやりたい青おには、自らの身体を呈して赤おにと人間が友達になる状況をつくりだす。願い叶って喜ぶ赤おにであったが、その後、自分のために身を隠した青おにの手紙を見て涙にむせぶ。

　道徳の教科書にはここまでが描かれている。内容項目は「友情、信頼」である。教材文を一読した授業者にとってはここからが大切である。この教材文をもとに考えさせたい「友情、信頼」は何だろうか。

　授業者自身が教材文を再度深く読み、考え、主題を設定する必要がある。教科書によっ

ては「本当の友達とは」「大切な友達」などが主題名として示されているが、授業者はその意味を考えながら設定するようにする。

② **主題を解釈する。（主題観）**

主題観とは、授業者自身の「主題の捉え方」であり「主題に対する考え方」である。主題観を持つためには、主題の解釈が欠かせない。『小学校学習指導要領解説（平成29年告示）特別の教科　道徳編』の第３章第２節にある「内容項目の概要」と「内容項目の指導の観点」を参考に、この内容項目で考えさせるべき点やこの時期の子供の発達の段階について捉える。その上で、その主題はなぜ大切なのか、生きていく上でどのような意味を持つと考えるのかなどについて、授業者は自分自身の言葉で表現していく。

「泣いた赤おに」の主題を「本当の友達」と設定したとして、「本当の友達」とはどんな人のことをいうのか。なぜ、この年代の子供に「本当の友達」について考えさせるのか。「本当の友達」がいることは人にとってどのような意味があるのか、など。こうしたことを自分なりの言葉で書いていく。

これにより、授業者は授業のねらいをある程度明確に持つことができる。しかし、まだ焦点化するには至っていない。主題を児童の実態と教材文との関連でさらに検討する必要があるからである。

③ **主題に照らして子供の実態を捉え、考察する。（児童（生徒）観）**

①や②を念頭に置きながら、児童生徒の実態を捉え考察する。「泣いた赤おに」で考えると、広く「友情、信頼」の実態を捉えるのではなく、主題である「本当の友達」に対する実態を捉えるようにする。例えば、この時期の子供は「本当の友達」を持っているのか、「本当の友達」であろうとする上で葛藤している姿はないか、など日ごろの観察やアンケートなどを通して、できるだけ詳しく捉える。また、実態の背景についても考察する。児童（生徒）観には児童生徒の実態だけでなく、主題との関連から、その実態をどう見るのか、授業者の考えを書く。

これにより、授業者は児童生徒のどのような実態に働きかけるのかを明確にすることができ、授業のねらいがよりはっきりとしたものになる。

④ **主題に照らして教材を分析し、解釈する。（教材観）**

教材文を読むにあたり授業者は、主人公は誰か、置かれている状況はどうか、心情や状況は変容しているか、どのように変容しているか、変容のきっかけは何か、など教材分析をしながら読むが、この時主題を念頭に置きながら読むことが大切である。主題について深く考えさせる授業を作るうえで、教材のもつ意味を解釈したり、教材の山場を見定めたりすることは欠かせない作業である。

主題「本当の友達」を念頭に「泣いた赤おに」を再度読むと、子供に考えさせたい箇所が見えてくる。「赤おにと青おには本当の友達なのか」「赤おにはこのままでよいのだろうか」「美しい話だけど、なぜか悲しい」など、授業者の率直な感じ方、考え方は教

材分析の大切なポイントである。児童の中にも同じような感じ方、考え方をする子供がいるかもしれないし、授業者とは異なる感じ方、考え方をする子供もいるだろう。自分のクラスのあの子たちならこの教材をどう捉えるだろうか、どの部分を最も考えたいと思うだろうか、など、③で捉えた実態も参考にしながら教材をくり返し読む。

教材解釈は授業者が考える教材の捉えである。教材を主題の視点から読むことにより、主題の捉えと教材の捉えが同時に明確になる。これらを通して、⑥の「本時のねらい」と評価の視点が明確になるのである。

⑤ 主題に迫るための具体的な指導の方法を考える。（指導観）

指導観は、主題に迫る授業をつくるための具体的な方法を表す部分である。導入のあり方、教材との出会わせ方、中心的な場面の扱いなど、1時間の授業には数多くの工夫を要する場面があるが、重要なことは、指導観には必ずその指導方法の意図やねらいを書き添えることである。これにより、1つ1つの指導方法の意図やねらいが、授業者自身に意識され、主題の達成に向けたぶれのない授業をつくることができる。

以上のように、①〜⑤は授業づくりの手順であるが、②の主題解釈は④の教材解釈と独立して行うことにはならない。教材を分析し解釈を加える中で、考えさせたい主題がよりはっきりするからである。主題解釈と教材解釈を行きつ戻りつしながら⑥の「本時のねらい」が設定されるのである。

2．心情曲線による道徳教材分析　—教材分析の方法—

本書では、教材分析の手法として、心情曲線による道徳教材分析を用いる。これは、鈴木・宮里らが、道徳授業の分析のために開発したものである[1]。わかりやすくするために、小学校高学年でよく使われる「手品師」を用いて説明をしよう[2]。まず、あらすじを簡単に説明する。

「あるところに売れない手品師がいた。いつか大劇場に出る日がくるのを夢見て、練習に励んでいた。ある日、男の子に出会った。寂しそうなその子の前で手品をしてやると、大変喜んでくれた。明日も来るよ、と約束を交わして別れた。その日の夜、友人から電話がかかってきた。大劇場のショーに出演できるチャンスだと言う。その日に発たないと大劇場のショーには間に合わない。手品師は悩んだ末に、きっぱりと友人の誘いを断った。次の日、男の子の前で手品をする手品師がいた。」

読み物教材を一読し、まず主人公を決める。この教材の場合は、手品師である。次に手品師に役割取得する。役割取得するとは、その人の立場に立って考えることを意味する。主人公の立場に立って、プラス（快、嬉しい、楽しい）とマイナス（深い、悲しい、嫌だ）の軸を縦にとり、中間のプラスでもマイナスでもないところに点線を引く。時間の経過

を横軸にとって、主人公の感情の動きを、プラス方向とマイナス方向で分析していくのが、心情曲線による道徳教材分析である。

では、手品師の立場に立って考えてみよう。売れないときには、早く大きな劇場で手品をして有名になりたい、仕事をもって一人前になりたい、夢をかなえたいと思っていた。売れないままで練習しているときは、快でも不快でもない中庸な気持ちである。（①）（最初の心情とその背景の理解1）

寂しい男の子の前で手品をしたら喜んでくれたとき、気持ちは快の方向に動く。男の子が喜んでくれた、明日ももっと喜ばせてあげたい。ここで、主人公の気持ちは向上する。（②）（最初の心情とその背景の理解2）

友人から、大劇場への誘いがあったとき、嬉しい気持ちと困った気持ちとが交錯する。大劇場に出るチャンスはもう二度と来ないかもしれない。行きたい。でも、男の子が自分を待っている。どうしたらいいのだろう。ここで、手品師の気持ちは、マイナスの方向に行く。（③）（外的要因による心情の落ち込み）

男の子の顔が目に浮かぶ。自分は何のために手品師になろうと思ったのだろう。有名になりたいからか、自立したいからか、それとも……。悲しんでいる人、困っている人に笑顔になって欲しいから、手品師になろうと思ったのではないか。男の子よりも大劇場を選ぶことは、本当に自分の夢をかなえることになるのだろうか。（④）（内的要因による葛藤）

心を決めた手品師は、きっぱりと友人の誘いを断った。次の日、手品師は、すっきりとした気持ちで男の子の前で手品をしていた。（⑤）（葛藤を乗り越え心情が高まった理由）

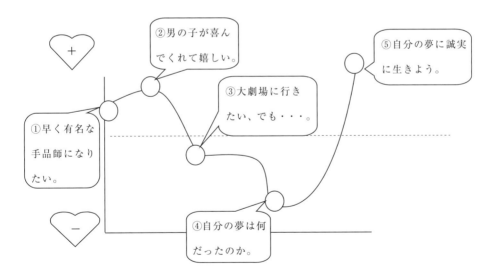

このように心情曲線を使って教材分析をすると、授業でおさえるべきポイントがわかりやすくなる。この場合、①で手品師の現状をおさえ、②で男の子の前で手品をしたと

きの手品師の気持ちを、充分引き出す。③で手品師が何に悩んでいるか、困っているかについて子どもに考えさせる。④で手品師の悩みの根拠について考えさせる。大劇場に行くとしたら何を大切にしているのか、何に困るのか。男の子との約束を守るとしたら何を大切にしているのか、何に困るのか。ふたつの考えを交流させ、両方が納得する考え方はないか、話し合いを深めていく。⑤で手品師が男の子との約束を選んだわけについて考えさせ、誠実に生きることの難しさと大切さに気づかせる。

　この教材分析にしたがえば、授業のヤマ場（中心）は、④になる。一般的に③の場面にしがちだが、そうすると児童生徒は、外的な要因による落ち込みの部分を考えることになり、友人（夢の実現）と男の子（約束）との対立について考えることになる。この場合、価値へと深まりにくい。④を授業のヤマ場とすることで、本当の夢の実現とは何か、手品師は何のためにその仕事を選んだのか（内的要因による葛藤）について、児童生徒が考えることになる。このことは、生きる上で大切にすべき価値について、様々な観点から考えることにつながる。

　最後に、⑤で手品師が男の子との約束を選んだわけを考えることで、子どもたちは、手品師が生きる上で大切にした価値観について学ぶことになる。約束を守ること、自分の夢に誠実であることなど、多様な価値観が示されることだろう。また自分の価値観にもとづいて生きることの難しさも学ぶことになるだろう。

　心情曲線による道徳教材分析は、ほとんどの読み物教材に用いることができる。また、自作教材を検討する際にも、心情曲線を作成してみるとどのように修正すればよいかがわかりやすい。心情曲線による道徳教材分析を行ってみると、教材によって心情が落ち込んで終わるものや、ほとんど心情の変容がないものがあることがわかる。心情が落ち込んで終わるものとしては、「泣いた赤おに」があげられる。青おにがいなくなって赤おにが泣くところで教材は終わっている。こういうマイナスの心情で終わる教材の場合は、マイナスをプラスに変えるためにはどうしたらよいかと考えさせるとよい。一般の教材では最後に心情が上がる場面を、自分で考えさせるのである。赤おにはどうすれば笑顔になるのだろうか。青おにをよびにいくのか、そのまま暮らすのか。何を選ぶのかというところに、価値が含まれているのである。

　心情の変容があまりないものに、郷土愛をモチーフにしたものがあげられる。郷土愛は子どもたちにとって身近であるだけに、教材自体にも大きな変容が含まれない傾向がある。そのようなときは、地域の方や専門家、保護者などをゲストティーチャーに迎えたり、地域の方や家族からの手紙やビデオレターを教材の一部として用いるとよい。

3．心情タイプの道徳授業

　心情タイプの道徳授業は、主人公に役割取得し、主人公の立場に立って考えることを

通して、道徳的価値に気づかせることをねらった授業である。心情教材は、一般的に、主人公の心情が外的要因によって低められ、さらに内的要因によって葛藤に陥るという構造になっている。最後に心情が高まったところに、道徳的価値が示されている。したがって、授業構成は、主人公の（1）最初の心情とその背景の理解、（2）外的要因による心情の落ち込み、（3）内的要因による葛藤、（4）葛藤を乗り越え心情が高まった理由、の4点を押さえればよいことになる。

　第8章でモデルとして示されている「宅配便がついた日に」を取り上げて説明しよう。主人公はヤッ君である。栗ごはんが大好きなヤッ君は、秋になるのが楽しみだった（①最初の心情とその背景の理解1）。おばあちゃんが栗を送ってくれると言ったけど、お母さんが栗をむくのが大変なので断った（②最初の心情とその背景の理解1）。自分のためにわざわざ栗の皮をむいて送ってくれたのに、それが傷んでいた（③外的要因による心情の落ち込み）。（3）おばあちゃんに栗が傷んでいたと言うのがよいか、言わないのがよいか迷った。言うとおばあちゃんを傷つける、言わないとおばあちゃんにうそをつくことになる（④内的要因による葛藤）。（4）おばあちゃんに言うか言わないかではなく、相手を思いやることが大切なんだとわかり、心が安らいだ。（⑤葛藤を乗り越え心情が高まった理由）。これら4点を軸にして構成することで、ヤッ君の心情に共感しながら、人を思いやることの難しさ、思いやりのある行動をとることの大切さ、思いやりの価値について子どもが学ぶことになる。

　この授業の場合、下図のような心情曲線を使った教材分析をして、発問構成や板書構成を考えるとよい。実際の授業については、第8章に詳しく述べられている。

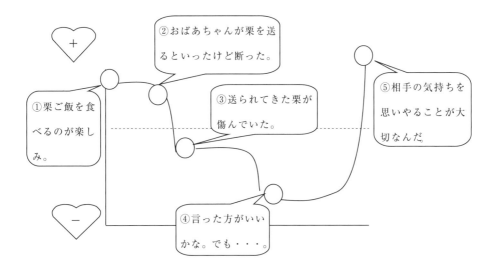

4．心情ジレンマタイプの道徳授業

　心情ジレンマタイプの道徳授業は、主人公に役割取得し、主人公の立場に立って考えるところまでは、心情タイプの道徳授業と同じである。異なる点は、心情ジレンマタイプの教材には、主人公がある行為を選択する際の心情的葛藤が意図的に含まれていることである。心情的葛藤には、「善」と「善」、「善」と「悪」など、いろいろなパターンがある。いずれにせよ、心情的葛藤を乗り越えて、より善い選択をする能力を育成するのがねらいである。したがって、より善い選択はどれか、なぜそのように考えるのか、といった発問が重要な意味を持つ。

　授業構成をする際は、心情曲線を使って教材分析を行い、葛藤場面が「する」と「しない」のように二極化するように工夫する。二極化しにくいと予想される場合は、導入などで子どもたちが反対の意見を出しやすいように工夫する。リラックスして自分の意見を出しやすくするために、ゲームや歌などを取り入れてもよいだろう。

　心情ジレンマタイプの教材では、（1）主人公の最初の心情とその背景の理解、（2）心情的葛藤の理解、（3）複数の選択可能性とその結果についての予想と吟味、（4）主人公が選んだ行為と選んだ理由についての理解、の4点を押さえればよいことになる。とくに大切なことは、(3)のところで、3種類の意見、つまり、「そうする」「そうしない」「どちらにするか迷う」を引き出すことである。そして、選んだ行為の結果について吟味させることが大切である。

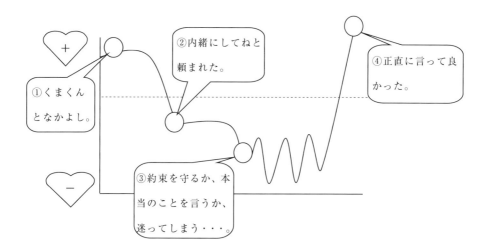

　第9章でモデルとして示されている「つぶれたプリムラ」を取り上げて説明しよう。主人公はピョンタである。（1）ピョンタはくまくんとなかよしである（①主人公の最初

の心情とその背景の理解）。（2）一緒に遊んでいたときに、くまくんがねずみくんのプリムラの鉢を壊してしまった。くまくんから、内緒にしてねと頼まれた（②心情的葛藤の理解）。（3）鉢が壊れてしまったねずみくんは、泣いている。くまくんとの約束を守った方がいいのか、本当のことを言った方がいいのか、悩んだ（③複数の選択可能性とその結果についての予想と吟味）。ここで、「友だちの頼みを聞く（言わない）」「友だちの頼みを聞かない（言う）」「どちらか迷う（友だちも大切、正直に言うことも大切）の3個の意見を引き出し、正直に言うことが友だちを大切にすることにもつながることに気づかせるのが、心情ジレンマ教材のポイントである。（4）くまくんに本当のことを言うようにアドバイスした。くまくんはねずみくんに謝った（④主人公が選んだ行為と選んだ理由についての理解）。これら4点を軸にして構成することで、ピョンタのゆれる心情や悩みに共感しながら、正直であることの価値、友だちとしてのふるまい方について子どもが学ぶことになる。

5．プログラムタイプの道徳授業

プログラムタイプの道徳授業とは、道徳授業で取り上げる価値内容と関連する教科や体験活動を組み合わせ、より効果的になるよう作成した道徳学習プログラムの中の道徳授業のことである。道徳学習プログラムは、子どもたちが教科や体験活動を通して学んだことを統合し、価値づけ、その後の生き方を考えることをねらっている。道徳授業そのものは、心情タイプであったり、心情ジレンマタイプであったりする。違いは、単発の道徳授業が、その時間のねらいである道徳的価値に気付かせることを目指すのに対し、道徳学習プログラムでの道徳授業は、教科の学習や体験活動での学びと関連づけて、子ども自身が、自分はどのように生きたらよいか考えることを目指しているところにある。

道徳学習プログラムとは、子どもたちに特に身につけさせたい道徳的価値に特化して、教科、教科外活動、家庭・地域との関連を緊密にはかったプログラムのことである[3]。道徳授業をコアとして、短期スパンで各教科または体験活動を組み合わせて作成する。教師の側から見たら道徳教育プログラム、子どもの側から見たら道徳学習プログラムである。以下に道徳学習プログラムのモデルを示す[4]。

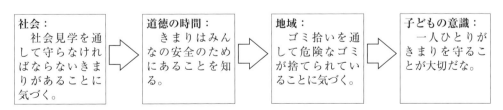

図7－1　「きまりを守る態度を育てる道徳学習プログラム」

矢印は、学習が緊密につながっていることを示している。あらかじめ、道徳学習プログラムとしてのつながりを意識して、教科の学習や体験活動を仕組み、子どもたちの意識が主体的になり行動化しやすくするようにする。

この道徳学習プログラムのつながりを、子どもの活動に着目して表したのが次のモデル図である。

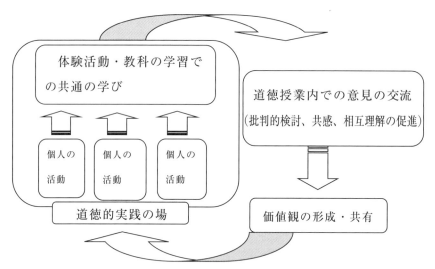

図7－2　体験活動や教科と組み合わせた道徳学習プログラム（集団的構成的体験活動モデル）

道徳学習プログラムでは個人がしっかり活動することで、集団全体も個人も向上するような、集団的構成的体験活動を基盤においている。集団的構成的体験活動とは、個々人が各自の役割を持って、協同しながら何かを作り上げていく活動のことをいう。子ども一人ひとりが、しっかりと学習したり活動したりすることが基本である。子どもたちは学習や体験活動を通じて共通に学んでいく。しかし、共通の学びの場であっても、学び取ることは一様ではない。児童生徒の多様な学びや思いを道徳授業で出し合い、批判的に話し合ったり、共感したりしながら、共通の価値観を形成していく。共通の価値観は、学級の道徳的雰囲気を形成していく。それらを土台として、学習や体験活動の場で道徳的実践を行い、さらに個人の学びを深めていく。こうしたスパイラルな道徳学習が、道徳学習プログラムモデルなのである。

集団的構成的体験活動を、教科や道徳科と組み合わせることにより、道徳科での学びが、よりいっそう自分事として捉えられ、個人の道徳性が育成されていく。それとともに、学級や学校の道徳的雰囲気が醸成されていく。それは保護者や地域にも影響を与えていく。こうした学校、家庭、地域の道徳的雰囲気の中ではじめて、児童生徒の道徳的行為が喚起されるのである。

プログラムタイプの道徳学習指導案は、道徳学習プログラムとそのプログラムに含まれている道徳授業の指導案とで構成されている。詳細は、第10章を参照していただきたい。

注と文献
1）瀬川栄志の授業分析法を参考にして、鈴木の研究グループで検討し、心情曲線による道徳教材分析を開発した（瀬川栄志（1984）．『授業分析の技術』明治図書）。鈴木由美子（2013）．「心情曲線を活用した資料分析」『道徳教育　12月号』明治図書、12－14頁、鈴木由美子（2017）．「研究者×実践者が提言！考え、議論する道徳」の授業づくり」『道徳教育　7月号』明治図書、68－70頁。
2）「手品師」（学校図書『かがやけみらい　小学校道徳5年読みもの』（平成30年））
3）三次市道徳教育推進委員会研修会、2009年9月9日の研修資料として鈴木由美子が配布した資料参照。道徳学習プログラムは、押谷由夫が提唱した総合単元的道徳学習を参考にして考案された（押谷由夫（2002）．『新学習指導要領を生かした道徳の授業　No.1　総合単元的道徳学習を取り入れた授業』小学館、朝倉淳編著鈴木由美子・宮里智恵・竹原市立竹原小学校（2006）．『道徳教育実践力を育てる校内研修』溪水社）。
4）「子どもの対人関係認識の発達に即した道徳的判断力育成プログラムの開発」（平成18－20年度科研費研究成果報告書　研究課題番号18530712　研究代表者　鈴木由美子）、2009年。前述の三次市での研修資料参照。

コラム⑤

心に残る授業、心に響く教材

　道徳の授業研究を始めて間もない時に出会ったのが「お母さんのせいきゅう書」という教材を使った授業である。まだ、授業の作り方も十分理解していない時期であったが、その授業が非常に心に残り、その後、研究の中心教材として取り上げるまでとなった。

　この教材は小学校中学年向きで、概要は次のようなものだ。お手伝いに500円を請求した主人公の男の子がお母さんから請求書をもらう。内容は、食事代、病気の時の看病代などと書かれているが、金額は0円だった。それを見た主人公は泣いてしまう。授業ではお母さんの請求金額を子ども達に予想させた後、お母さんはなぜ0円にしたのか、主人公はなぜ泣いたのかを話し合った。

　3年生の子ども達の予想は「500円以上を請求する」であった。お母さんの仕事量が多いので、子ども達はいくらぐらいだろうと、子ども達なりの金銭感覚で一生懸命予想していた。しかし、先生がお母さんの金額を読み上げると、ざわついていた子ども達の空気が変わり、最後の最後まで0円だったことを聞くと、教室は水を打ったように静まり返った。

　このとき、子ども達の心の中で、確かに何かが変わったのだと思う。私は10年以上経った今でも、その時の情景が忘れられない。私はこの授業を観察して、心に響く教材があること、子ども達がたった1時間の授業の中で変わっていくことを目の当たりにした。道徳授業の奥深さ、面白さを知った瞬間であった。

（椋木香子）

第8章

心情タイプの学習指導案
――価値に深く迫る授業の学習指導案と授業展開――

1．心情教材の特徴とねらい、留意点

　心情教材とは、主人公の心情を中心に描かれている教材のことである。児童生徒には、中心場面における主人公の気持ちに共感させながら、よりよく生きるために大切にすべき価値は何かを考えさせていくことになる。

　「道徳の時間」が「特別の教科　道徳」になったいわゆる教科化の背景の1つとして、授業改善の視点がある。道徳教育に係る評価等の在り方に関する専門家会議（平成28年）は、従前の道徳の授業について「主題やねらいの設定が不十分な単なる生活経験の話合いや読み物の登場人物の心情の読み取りのみに偏った形式的な指導が行われる例がある」と指摘した。

　筆者が、大学の学部生や大学院生数十名に、これまで受けてきた道徳の授業の印象を尋ねたところでも、「登場人物の気持ちを順番に考えるだけの授業が多かった」「すでに知っていることを繰り返し発言する時間だった」「新たな学びは少なかった」などが挙げられた。これらの学生にとって道徳の時間は、それまで持っていた道徳的価値の見方や考え方を「確認する時間」であり、新たな見方や考え方を学ぶ時間にはなり得ていなかったのかもしれない。

　児童生徒は日々様々な経験をし、ものの見方考え方は年齢とともに変化している。幼い時に教えられた道徳的なものの見方考え方はその時には正しかったし、それを信じて生きてきたけれど、長じて様々な経験を重ねるうちに、果たしてそうなのか、いつもそうなのか、という問いを持つことはよくあることである。道徳の授業においては、そうした発達の段階を念頭に置きながら、様々な教材を通して価値に深く迫る授業を創っていかなければならない。小中学校の『学習指導要領解説（平成29年告示）特別の教科　道徳編』（以下『解説』）にも、「多様な価値観の、時に対立がある場合を含めて、誠実にそれらの価値に向き合い、道徳としての問題を考え続ける姿勢こそ道徳教育で養うべき基本的資質である」との答申を踏まえ、発達の段階に応じ、答えが一つではない道徳的な価値を一人一人の児童（生徒）が自分自身の問題と捉え、向き合う「考える道徳」、「議論する道徳」へと転換を図るべきことが示されている。

価値に深く迫る道徳の授業を創るためには、授業においてどの部分で価値を焦点化し、そこからどの方向に向けて深めるのかといった、授業者の確固としたねらいが必要になる。主題のどこを最も深めたいのかについて、児童生徒の実態や教材解釈と関連させながら明確に持ち、授業に臨むことが必要なのである（第7章第1節参照）。この時、最も重要なことは授業者自身が価値を深く理解しておくことである。そして、授業場面では児童生徒の発言に応じながら切り返しやゆさぶりの発問を行い、深めたい価値までの道筋を進んでいく。予想通りの発言が出ない場合は流れに修正を加え、柔軟に、そして絶えずより価値に深く迫る道筋を編むことになる。

2．「B　親切、思いやり」の道徳授業（小学校第5学年）

1）教材名　「宅配便が着いた日に」（宮里智恵作）
2）主　題　相手の立場に立って考える思いやり（B　親切、思いやり）
3）主題観
　人は生涯、他者とのかかわりの中で生きる存在である。他者とかかわる上で自分のことばかりを考えたり、自分の思いだけを主張したりしていては良い関係を築くことはできない。お互いが相手に対して思いやりの気持ちをもって接することが大切である。思いやりとは、相手の気持ちや立場を自分のことに置き換えて推し量り、相手に対してよかれと思う気持ちを相手に向けることである（『解説』）。日々の生活の中で相手の状況や気持ちを理解し、思いやりの気持ちを持って接することができたなら、相手とのかかわりはより深く温かいものとなるだろう。しかし、相手の状況や気持ちに思いをいたし、思いやる気持ちを行動にすることはなかなか難しい。ここではその難しさについて考えた上で、なお相手のことを思いやって行動しようとする態度を養う。

4）教材観
　栗ご飯が好きな小学5年生のヤッ君は、働きに行き始めた母親を思いやり、今年は栗ご飯をお願いすることはもう止そうと考えている。そこで、遠方の祖母から栗を送る電話を受けた時も、「送らないでいいよ」と返答する。数日後、祖母から宅配便で届いたのは皮を剥いたたくさんの栗。母親とヤッ君を思いやり、祖母が剥いたものだった。しかし喜んだのもつかの間、栗は全て傷んでいた。まもなく祖母からヤッ君に電話がかかってくる。教材にはここまでが描かれている。電話に出たヤッ君のその後の行動を考え議論したり、祖母の立場にも立って考え議論する中で、相手に対してよかれと思う気持ちを行動にすることの難しさと大切さを話し合うことが意図された教材である。
　「栗が傷んでいたよ」と伝えることは事実ではあるが、祖母の思いやりの気持ちを傷つけることになりはしないか。一方で、栗が傷んでいたことを伝えずに「おいしく食べるね」と伝えることは、祖母に嘘をつくことになる。一見、祖母の気持ちを思いやった

行動に見えるが、果たしてそれは思いやりの気持ちの表し方としてふさわしいのか。さらに、祖母はヤッ君にどう言ってほしいだろうか、という視点を盛り込むことで、相手のことを思いやって行動することの難しさと大切さを深く考えさせることのできる教材である。

5）児童観

　本学級の児童は、困っている人や助けを求めている人に対して思いやりの気持ちをもって接することが大切であることは理解している。また、実際に困っている人などに出会ったとき、その人の置かれている状況を想像し、思いやりの気持ちをもって行動することができつつある。ただ、思いやりの行動は相手に喜ばれてこそ意味があることから、独りよがりな考えから思いやりを表すのではなく、相手の立場に立ってしっかりと考え、本当に喜ばれる行動をしようとすることの大切さに気づかせる必要がある。

6）指導観

　指導にあたっては、主に次の点に留意する。

①導入部分で「思いやりある行い」についてワークシートに考えを書く活動を入れ、学習の方向性を意識させる。また同じワークシートを授業の終盤でも書き、児童が自身の学びをつかむことができるようにする。

②祖母に対する思いやりの気持ちをどう表すのか、判断を迫られる場面を役割演技で即興的に演じさせ、児童自身の考え方を表出させる。

③役割演技を交流し、それぞれの行動に込められた考え方を話し合う活動により、思いやりの気持ちを表す方法とその理由は、人によって様々であることをつかませる。

④「おばあちゃんはどちらが嬉しいと思うか」「自分ならどちらが嬉しいか」など、視点を転換させる発問により、相手の状況や気持ちを自分のことに置き換えて考え、相手の立場に立って考えることの大切さに気づかせる。

7）本時のねらい

　送られてきた栗が傷んでいたことに気づいたヤッ君が祖母からの電話にどんなことを言うのか、おばあちゃんはどちらが嬉しいと思うか、自分だったらどちらが嬉しいかなどについて、その理由も含めて考え話し合う活動を通して、思いやりの気持ちを行動にすることの難しさと大切さについて考えを深め、相手の立場に立って思いやりある行動をしようとする態度を養う。

8）学習過程

段階	学習活動	主な発問と予想される反応	支援（○）と評価（★）
導入	1.「思いやりある行い」について考えを書く。	○「思いやりある行い」とはどんなことだと思いますか。自由に書きましょう。 ・人にやさしくすること ・困っている人を助けること　　など	○自由に書かせ、各自の捉えを明らかにさせる。また、学習への構えを持たせる。

展開	2.「宅配便が着いた日に」を読んで話し合う。	○おばあちゃんが栗を送ろうか、と言った時、ヤッ君は断りましたね。ヤッ君はどんな考えから断ったのでしょう。またそんなヤッ君をどう思いますか。 ・おばあちゃんの気持ちは嬉しいけど、お母さんのためには送ってもらわない方がいい。 ・お母さん思いでやさしい。 ○おばあちゃんからかかってきた電話にヤッ君はどう答えるでしょう。先生がおばあちゃんになるので、みんなはヤッ君になって考えましょう。 （ア）おばあちゃん、栗を送ってくれてありがとう。おいしく食べるね。 　　：傷んでいた、と言ったらおばあちゃんが傷つくので、言わない方がいいと思う、など。 （イ）おばあちゃん、栗を送ってくれてありがとう。でも栗が傷んでいたよ。 　　：傷んでいたことを言わないと嘘を言うことになるから、言った方がいいと思う、など。 ◎では、おばあちゃんはどちらが嬉しいと思いますか。もし自分がおばあちゃんだったら、と考えてワークシートに書きましょう。 ・傷んでいた、と言ってほしい。その時は悲しいけど、今度から気を付けることができるから。 ・やっぱり言ってほしくない。せっかく頑張って栗をむいたから。 ○思いやりの気持ちを表すとき、よく考えたいな、大切だなと思ったことはどんなことでしたか。これまでの経験なども思い出しながらワークシートに書きましょう。 ・その場その場で相手の立場に立ち、よく考えて行動することが大切だと思った。など	○お母さんのことを思いやって断ったヤッ君の人物像をとらえさせる。 ○自由に演じさせ、各自の考えを即興的に表現させる。 ○役割演技に取組みやすい雰囲気づくりに努める。 ○どちらの考えも、ヤッ君のおばあちゃんへの思いやりの気持ちの表れであることを押さえる。 ○視点を転換して考えるための活動なので、いずれか一方に決着することを意図しない。 ○思いやりを行動にすることの難しさを感じさせる。 ○交流し、相互の学びとする。 ★相手の立場に立って思いやりの行動をすることの大切さに気づいているか。

終末	3. 学習をまとめる。	○今日は思いやりの気持ちを行動に表すときに大切にしたいことを話し合いました。これからの生活に生かしていきましょう。	○静かな雰囲気を作り、しっくりと心に留めさせる。

9）教材

宅配便がついた日に（宮里智恵作）

　ヤッ君は5年生の男の子です。ヤッ君は栗ご飯が大好きでした。毎年、秋になって栗がお店に並び始めると、ヤッ君はお母さんにお願いして栗ご飯を作ってもらいます。お母さんは栗の硬い皮と柔らかい皮を一つ一つ丁寧にむいて、とても時間をかけて作ってくれます。

　この間も、今年2回目の栗ご飯を作ってくれました。でも、栗の皮をむきながらお母さんはこんなことをつぶやいていました。

　「一つ一つむくのは本当に時間がかかるわ。仕事に行き始めて忙しくなってきたから、栗の皮むきもなかなか大変……。」

　実はヤッ君のお母さんは、この間から仕事に行くようになり、毎日とても忙しく働いていたのです。ヤッ君はおかあさんの言葉を聞いて、（お母さん、大変そうだなあ。）と、思いました。

　ところで、ヤッ君には九州の田舎におばあちゃんがいます。よく電話をしてきてくれたり宅配便でいろいろなものを送ってきてくれたりして、ヤッ君とは仲良しでした。

　ある日、いつものようにおばあちゃんから電話がかかりました。

　「もしもし、ヤッ君。おばあちゃんですよ。おばあちゃんね、ヤッ君にいいものを送ってあげようと思っているの。それはね、栗ですよ。ヤッ君、栗ご飯が好きだったでしょう。だから、お母さんに作ってもらってね。」

　それを聞いてヤッ君は

　「ありがとう、おばあちゃん。でもね、僕、もう2回も栗ご飯を作ってもらったし、お母さん、栗の皮をむくのにすごく時間がかかって大変そうだったの。だから、おばあちゃん、栗は送らないでいいよ。」

と、言いました。

　それを聞いておばあちゃんは、

　「あら、そう、そうだったね。ヤッ君のお母さんはお仕事で忙しくなったんだね。じゃあこの栗はおばあちゃんのお友達にあげることにして送らずにいようね。」

　「うん、そうしてね。おばあちゃん、ありがとう。」

　ヤッ君がおばあちゃんと電話でそんな話をした3日後、ヤッ君のうちにおばあちゃんから宅配便が届きました。ヤッ君は、（あれ？）と思いました。（おばあちゃん、栗は送らないって言ってたのに、何を送ってきたのかなあ。）そう思いながら包みを開けたヤッ君は、

　「あっ。」

と、声を上げました。そこには栗が……。それも、茶色くて硬い皮のついた栗ではなく、皮を全部きれいにむいた栗がビニール袋いっぱいに詰まっていたのです。

　お母さんが忙しいと聞いたおばあちゃんは、自分の手で栗を一つ一つむいて、それを宅配便で送ってきてくれたのでした。

　「うわあ、うれしい。」

と、ビニール袋を手に取ったヤッ君は袋を開いてびっくりしました。なんとその栗は全部傷ん

でいたのです。宅配便がクール便でなかったので、このところの温かさで栗が傷んでしまったのでした。お母さんに見せると残念そうに、
「これはもう食べられないねえ。おばあちゃんになんと言おうかねえ。」
と、言いました。ヤッ君も困ってしまいました。
　ちょうど、その時、電話が鳴りました。ヤッ君が出てみると、おばあちゃんでした。

10）板書計画

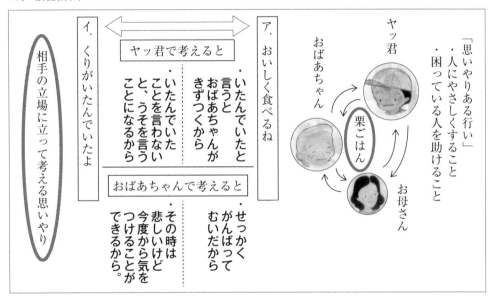

11）授業の実際
　授業の冒頭で、「今日は思いやりについて勉強しましょう」と投げかけ、ワークシート（p.77）の1「『思いやりある行い』について、あなたの考えを書きましょう。」に記入させた。児童は次のような内容を書いていた。
○人のことを思ってするやさしい行い。
○困っている人を助ける。
○何か忘れものをした人に貸してあげる。

　いずれも「思いやりある行い」について、これまでの経験や学習の成果が表れた記述である。ただ、これらはいずれも自分の側から考えた思いやりと考えられる。本時はこの実態に対し、「相手の立場に立った思いやり」を考えさせたい。そこで、授業の中盤に「おばあちゃんはどちらが嬉しいと思いますか。もし自分がおばあちゃんだったら、と考えてみましょう」と視点を相手に転換させて考える場面をつくる。自分の側から見ていた思いやりを、相手の側からも見て考えさせることで、価値に対する見方考え方の幅を広

げたいと考えたのである。
　まず教材提示後、おばあちゃんからかかってきた電話に出たヤッ君がどのように対応するかを役割演技を通して考えた。おばあちゃん役は授業者である。児童からは次の２つの考えが出された。（囲み部分は役割演技）

【１人目】

> T：もしもし、ヤッ君、おばあちゃんですよ。栗が着いたでしょう。おいしい栗ご飯を作ってもらってね。
> A：そのことなんだけど、栗が全部傷んでいたよ。ごめんね。
> T：え？本当に？そうなの……。おばあちゃんの方こそごめんね。
> A：ううん、こちらこそ。おばあちゃん、ごめんね。

T：Aさん、どうして「栗が傷んでいたよ」と言ったの？
A：もし、嘘を言うと、ヤッ君とお母さんの心が痛むから。
T：なるほどね。Aさんと同じで「栗が傷んでいた」と言うけれど、理由が違うという人はいますか。
B：嘘をついて後から本当のことが分かったら、おばあちゃんはもっと辛いと思う。
T：おばあちゃんはどんなふうに辛いの？
B：自分がもっと何か手を加えていれば栗が傷まなかったかもしれないのに、と思って辛い。
T：なるほどね。もっと他の理由はありますか。
C：ヤッ君にとって大切なおばあちゃんだと思うから、大切な人に嘘をつきたくない。
D：他にもあって、ヤッ君が嘘をついたことをおばあちゃんが知ったら、自分のせいでヤッ君に嘘をつかせてしまった、と悲しませるから。
　このように、おばあちゃんに栗が傷んでいたことを伝えないと考えた児童においても、その理由は様々あることをつかませた。嘘をついてはいけないから、という視点に留まるのではなく、嘘をつくことを相手はどのように受け止めるのかまで考えた理由が多かった。

【２人目】

> T：もしもし、ヤッ君、おばあちゃんですよ。栗が着いたでしょう。おいしい栗ご飯を作ってもらってね。
> E：うん、そうするね。おばあちゃん、ありがとう。
> T：良かった。じゃあね。

T：Eさん、「おいしい栗ご飯を作ってもらってね」に対して、どうして「そうするね」と言ったの？

E：本当のことを言ったら、おばあちゃんが悲しむから。
T：なるほどね。同じように「おいしく食べるね」と言うけれど、他の理由がある人はいますか。
F：せっかくヤッ君とお母さんのために皮をむいてくれたおばあちゃんの気持ちや苦労を台無しにしたくなかったから。
G：本当のことを言わなかったのは、思いやりのある嘘。嘘はいけないけど、おばあちゃんの気持ちに応えたいと思ったら、そんな嘘もある。
（あ〜、なるほど。という声が複数聞かれる）

　このように、おばあちゃんからかかってきた電話にどう対応するのかについては２つの考え方が出され、そう考える理由の部分ではさらにいろいろな考え方が出された。そこで、双方の考え方に対する意見交流のタイミングとみて、次の発問を投げかけた。

T：相手のグループに対して何か意見はありませんか。
P：「おいしく食べるね」と言うと言ったグループに質問だけど、もしそう言って後から本当のことが分かったら、余計おばあちゃんを傷つけるのではないですか。
P：せっかくおばあちゃんががんばってくれたから、（傷んでいたのは）おばあちゃんのせいではなく、せめて自分のせいにしたかった。自分を責める方がいいと思った。
T：それは（自分のせいにするというのは）、嘘をつくということね？
P：おばあちゃんの気持ちに応えるために、せめて自分が嘘をついて自分のせいにしたい。
P：（その意見に）反論があって、それだと本当のことが分かったら元も子もないと思います。だから本当のことを言った方がいいと思います。
P：うーーーーん。
P：（付け加えで）おいしく食べるね、と言うということは、お母さんまで嘘をつくことになってしまう。
T：お母さんにも一緒に嘘をつかせることになるということ？
P：そう。
T：だから本当のことを言った方がいい、と言っているんだね。でも、辛くない？先生はさっきおばあちゃんの役になってみんなと会話したけど、「栗が傷んでいたよ」と言われた時、とっても悲しい気持ちになったよ。
P：うーーーーん。たしかに……。

　このようなやり取りをしながら、子供達は２つの考え方の間に明確な区別はつけにくいことを感じ始めていた。そこで、２つの考え方の根底にあるのはいずれもおばあちゃ

んへの思いやりの気持ちであることを押さえるタイミングとみて、次の発問を投げかけた。

T：「栗が傷んでいたよ」と伝える行動と、「おいしく食べるね」と伝える行動は逆の行動だけど、両方に共通しているのはどんな気持ちですか？
P：おばあちゃんに対する思いやりの気持ち。
T：そうですね。どちらの考え方もおばあちゃんへの思いやりの気持ちがあるのに、行動は正反対、ということもあるんですね。

　このように、思いやりの気持ちを表す行動は一見正反対に見えることすらあることに気づかせた。
　こうした話し合いに続き、視点を転換させる発問である「では、おばあちゃんはどちらが嬉しいと思いますか。もし自分がおばあちゃんだったら、と考えてみましょう」を投げかけた。この部分は相手の立場に立って考えさせる本時の重要な部分である。そこでワークシートに書く活動とし、各自の考えをしっかりと持たせることにした。児童は次のような考えを持った。
○事実を伝えてほしい。嘘をつかれてしまったらいい気持ちにはならないから。またヤッ君に辛いような気持ちをさせたくないから。
○本当のことを言ってほしい。また今度栗を送る時に生かせるから。
○本当のことを言ってほしいと思う。もし嘘をついていることが分かったら、自分の孫に嘘をつかせてしまったという気持ちにさせてしまうから。
○おいしく食べるよと言ってほしい。お母さんやヤッ君のために栗の皮を一生けん命にむいたから、その思いを受け取ってほしいから。
○おいしく食べるね、と言われたい。
○おばあちゃんはヤッ君に喜んでほしいから送ったのに、電話で栗が傷んでいたよと言ったら、おばあちゃんがんばってむいたのにひどいと思います。

　おばあちゃんの立場になって考えても「事実を伝えてほしい」という考えと「おいしく食べるね、と言ってほしい」という考えに分かれた。また、それぞれの理由もさまざまあることが交流された。自分がヤッ君になって考えた時とおばあちゃんになって考えた時で、異なる考えに至った児童もいて、「迷った」「相手の立場に立って考えるとどう判断すれば良いのか難しい」などが表された。この授業のねらいはここである。相手の立場に立って考える難しさを感じながらも、なお相手の立場に立って思いやり、その気持ちを行動にすることの大切さに迫りたいと考えた。答えが１つではない思いやりの示し方について、子供自身が考えを深める時間にしたいと考えた。そこで、展開の後半は

思いやりの気持ちを表すとき、よく考えたいな、大切だなと思ったことはどんなことでしたか、と投げかけ、ワークシート３に記入させた。ワークシートには次のような内容が記された。

○思いやりの気持ちを表すときは、相手の立場に立って考えることを大切にしたい。また、相手の立場になって「なやむ」ということもとても大事なことだと分かった。

○迷ってしまった時は相手がどう思うか、受け止めるかを考えて行動することが大切だと思いました。これから電話や手紙を書くときに、どう返せば良いかと思った時には、受け取った時の気持ちを考えて行動したい。

○わたしは今日の授業を通して、前まで自分が思っていた思いやりも大切だと思ったけど、相手の立場にもなって考えながら過ごして行きたいと思いました。

　授業の冒頭で書いたワークシート１の記述と比較すると、思いやりある行いについて、相手の立場から見てみると、難しさのあるものであり、しっかりと考えて行動していくことが大切、という点を多面的・多角的に捉えることができるようになっていることが分かる。このようなワークシートは、道徳の授業１時間の中で、児童生徒の考えがどのように変容したかを見て道徳性の育ちを捉える１つの評価方法としても、また授業者の授業評価の方法としても有効と考える。

12）準備物など
　本時で使用したワークシートの形式は次の通りである。

１．「思いやりある行い」についてあなたの考えを書きましょう。

２．おばあちゃんはどちらが嬉しいでしょう。もし自分がおばあちゃんだったらどうしてほしいかな、と考えてみましょう。そう考えた理由も書きましょう。

３．思いやりの気持ちを表すとき、よく考えたいな、大切だなと思ったことはどんなことでしたか。これまでの経験なども思い出しながら、授業を通して考えたことや分かったことを書きましょう。

３．「Ａ　正直、誠実」の道徳授業（小学校第３学年）

１）**主題名**　真心を持って明るく生活する【Ａ　正直・誠実】
２）**ねらい**　リンカーンが、借りていた大切な本をぬらしたことを正直に伝え、畑仕事を手伝い、本をもらったことを元気な声で伝えたときの心情を考えることを通して、正直であることの快適さや誠実な行動の大切さに気付き、過ちを素直に認め、正直

に真心を持って行動し、明るく生活しようとする道徳的実践意欲と態度を養う。

3）**教材名**　「ぬれた本」（新しいどうとく3　東京書籍）

4）**主題設定の理由**

○**主題観・価値観**

　本主題は、『解説』のA－（2）「うそをついたりごまかしをしたりしないで、素直に伸び伸びと生活すること」をもとに設定した。正直とは、自分に対して偽りのないことであり、自分の良心にきいて、良心に恥じない行動をとることである。人が見ていようと見ていまいと、ほめられようとほめられまいと、自分自身に正直に生活することが快適なことである。うそをつくことやごまかすことは、人間的な弱さに起因するが、過ちを犯しても、そのことを隠したいと思うのは、人間としての本能かもしれない。しかし、他者を欺けたとしても、自分は欺けないし、自分を偽ると、心の暗さ、情緒の不安定となって表面にあらわれてくる。

　また、正直は、他者との信頼と深くかかわってくる。正直であり、真心を持って相手に対することが誠実な行動である。

　3年生のこの時期には、間違いをしたら謝ることはだれでも知っている。しかし、素直に言葉が出てこなかったり、謝る言葉だけで終わったりすることも多い。そのため、過ちを犯したときには素直に反省し、そのことを正直に伝えるなどして改めようとする気持ちを育むことも求められる。その上で、正直であることの快適さを自覚できるようにすることが大切である。正直であるからこそ、明るい心で伸び伸びとした生活が実現できることに気付かせ、この段階の活動的な特徴を生かしながら、児童それぞれが元気よく生活できるようにしていく道徳的実践意欲と態度を育てるために、本主題を設定した。

○**児童観**

　本学級の児童は、明るく元気よく活動する児童が多く、男女かかわらず仲がよい。困っている人がいたり、けんかが起きたりするとみんなで話し合いをすることができる。しかし、人の行為を正すことはできても、自分の行為に関しては怒られることが怖くて、ごまかしたり、正直に言えなかったりする児童もいる。また、大人が間に入らなければ、素直に謝れない児童も多い。

○**教材観・指導観**

　本教材は、リンカーンの生い立ちにまつわる実話である。幼いリンカーンは、生活が貧しいため、学びたい思いを強く持ちながらも学校をやめざるをえなかった。それでも、当時貴重であった本を他の人から借りて勉強をしていた。しかし、雨漏りで借りていた本を濡らしてしまい、悲しさから涙してしまう。悩んだ末、正直に伝え、さらに畑仕事もすることを決断するが、借りた相手から「正直に言ってくれてうれしいよ。はたらかなくてもいいから、ゆっくり遊んでいきなさい。」と伝えられる。ところが、それでも

リンカーンは、畑仕事を一生懸命に行った。その結果、相手からその本をもらえ、それを元気な声で家族に伝えることができた。このようなリンカーンの行動や心情を通して、正直・誠実であることの大切さを考えさせることができる教材である。
　指導にあたり、導入では、紙芝居を見せ、「わざとでないのに相手の物を壊してしまったら、どうすべきか。」という問いにより、道徳的価値への動機づけとさせたい。
　授業展開前段では、リンカーンが、自分の過ちに向き合い、どう行動するべきかを真剣に考え、葛藤するリンカーンに共感させたい。そのために、「本1冊がとても貴重であったこと」や「10歳で働いたこと」などの時代背景をおさえ、リンカーンの心情に共感しやすくする。また、「リンカーンが、許してもらえたのに大人にもまけないくらいよく働いたのは、どんな気持ちからか」を問い、リンカーンの誠実な行動について考えさせたい。
　中心発問では、リンカーンが元気な声で本をもらえたことを伝えることができたのはなぜかを考えさせ、自分のしてしまったことと向き合い、正直に言うだけでなく、自分のできる最善の行いをしたからこそ、正直・誠実であることが明るい心で伸び伸びとした生活につながることをおさえたい。価値に迫る話し合いでは、道徳ノートに自分の考えを記述した後にグループトークさせ、学級全体で話し合うことの中で他の班から出た意見によって、価値を深めたり、より高い価値に気付かせたりしていきたい。
　終末では、児童達の生活につなげ、身近なことでも自分に正直であり、誠実でいることは明るく伸び伸びとした生活につながるということを伝えたい。

5）指導のポイント
① 小中9年間の発達段階における【正直・誠実】のとらえ

段階	学習指導要領（ねらい）	ポイント	児童・生徒の言葉
低学年	うそをついたりごまかしをしたりしないで、素直に伸び伸びと生活すること。	うそをつかない	うそをつくと心が暗くなる。 「ごめんなさい。」と言う。
中学年	過ちは素直に改め、正直に明るい心で生活すること。	正直な心	素直な心 正直に生きる。 正直に言える力があれば明るくいられる。
高学年	誠実に明るい心で生活すること。	自分に対して真面目であること	真面目に考える。 自分のありったけを向ける。 何かに一生懸命取り組む気持ちよさ。 自分の気持ちに向き合う。
中学生	自律の精神を重んじ、自主的に考え、判断し、誠実に実行してその結果に責任を持つこと。	自分で判断し、決めたことに真面目に実行する。	他人のことを考えて判断する。 何が正しいのか、誤りなのか。 誠実に実行してみる。 判断は正しかったのか。 誠実に実行できたのか。 自己中心的ではなかったか。

② 主体的に学び合う授業づくりについて
○導入の工夫
・紙芝居を見せ、「わざとでないのに相手の物を壊してしまったら、どうすべきか。」という問いから道徳的価値への動機づけをする。
○中心発問へのアプローチ
・「借りている大切な本がぬれてしまい、かなしくなってしまったリンカーンはどんなことを考えたのでしょうか。」という問いにより、自分がしてしまったことへの後悔やどうすればよいのか悩むリンカーンの心情を考えさせる。そして、「リンカーンが、許してもらえたのに『大人にもまけないくらい、よくはたらいた』のは、どんな気持ちからでしょうか。」という問いにより、自分のしてしまったことに対して、自分が出来ることを一生懸命に行うリンカーンの誠意ある行動についてとらえさせる。
　中心発問では、「リンカーンが元気な声で本をもらえたことを伝えられたのは、なぜでしょうか。」という問いに対し、リンカーンの心情の変化を心情曲線で視覚的に捉えさせ、正直・誠実への道徳的価値について考えさせる。
○自分の生活へつなげる工夫
・本時の授業で考えたことを、自分たちの日常生活と関連させ、道徳的実践意欲と態度につなげる。
③ 共同的に学び合う授業づくりについて
・道徳ノートに自分の考えを記述させることで、自分の考えを明確にし、グループ学習を取り入れ、価値の深化、統合を図る。
・グループ学習を行い、他者の考えに対して相違点を見つけさせ、友達の意見に問いを見い出し、価値を多角的に考えさせる。
6）評価

表8－1　授業評価のためのルーブリック

基本的理解	主観的理解	客観的理解
リンカーンが、借りていた大切な本をぬらしたことを正直に伝え、畑仕事を手伝い、本をもらったことを元気な声で伝えたときの心情について考えることができた。	過ちを犯したときには素直に反省し、そのことを正直に伝えるなどして改めようとすることの大切さに気づくことができた。	過ちを素直に認め、正直に真心を持って行動し、明るく生活しようとする道徳的実践意欲と態度を養うことができた。

7) 学習展開

	学習活動	主な発問と予想される児童生徒の心の動き（◎中心発問）	T1	T2	指導上の留意点（☆評価の観点）
導入	1 「正直」について考える。	○これから紙芝居をします。みなさんは、この行動をどう思いますか。 ・いけない。 ・相手がかなしい思いをする。 ・正直に言うべきだ。 ・自分がしてしまったことはちゃんと謝らないといけない。	発問	説明・観察	○児童が道徳的価値について考える動機付けとするために、わざとでなく、相手のものをこわしてしまい、だまって返した場合を紙芝居する。 ○「謝らなければならない」ことは分かっている児童の実態から、「わざとではない。」「怒られたくない。」などという自分本位な理由について考えさせる。
展開	2 「ぬれた本」を聞いて話し合う。 （1）借りている大切な本がぬれてしまったのを見たときのリンカーンの心情を考える。 （2）リンカーンが、畑仕事を手伝うことを決めたときの心情を考える。	○借りている大切な本がぬれてしまい、かなしくなってしまったリンカーンはどんなことを考えたのでしょうか。 ・怒られるかな。 ・どうしよう。貸してくださった人がかなしまれるかな。 ・大切な本なのに、なんてことをしてしまったんだ。 ・せっかく貸してもらったのにかなしませてしまう。 ◎リンカーンが、許してもらえたのに「大人にもまけないくらい、よくはたらいた」のは、どんな気持ちからでしょうか。 ・弁償したかったから。 ・本当に申し訳なかったと思い、一生懸命何かしたいから。 ・「もうしないぞ。」と自分で思っているから。 ・自分のできることをしたいと思ったから。 補）本を貸した人はどんな気持ちだったのでしょう。	発問・実態把握 発問・実態把握 発問・実態把握	板書・実態把握 板書・実態把握 板書・実態把握	○本はめったに手に入らない貴重なものであった時代背景を理解させる。 ○本が濡れてしまったのは偶然ではなく、リンカーンの不注意もあったことをおさえる。 ○自分のしてしまったことを真剣に考えているリンカーンの姿をとらえさせる。 ○「弁償」という意見に対し、働いてもお金にはならないし、本も元通りになる訳ではないことをおさえる。 ○リンカーンが濡らしてしまった本の弁償のためでなく、自分のしてしまったことと向き合った誠意のある行動であることに気付かせる。

	（3）リンカーンの元気な姿について考える。【かんがえる】【問いをさがす】	◎リンカーンが元気な声で本をもらえたことを伝えられたのは、なぜでしょうか。・許してもらえて嬉しかったから。・正直に言ってよかったと思ったから。・働いてよかったと思えたから。・気持ちがスッキリしてうれしいから。			○なぜ、リンカーンは許してもらった時には、この時ほど元気になれなかったのかを考えさせるため、心情曲線で視覚的に捉えさせる。○リンカーンが元気なのは、本がもらえたからだけでないことをおさえる。
	3 自分の生活を振り返る。（内省化）【みらいへのヒント】自分の生活を振り返る	○正直であることはどんなよさがあるでしょう。○話し合ったことをもとに、「未来へのヒント」を考えてみましょう。	発問・実態把握	板書・補助発問	○自分の考えをノートに書かせ、班で考えを発表し合い、自分との相違点に気付かせる。☆正直に言うことの大切さに気付き、誠実な行動について考えているか。（ノート・発言）
終末	4 ルーブリックで本時の自己評価をする。	○今日の学習についてルーブリックで振り返りましょう。	態把握・発問・実	実態把握	○学んだ価値について、自分の生活や経験を振り返り、これからの生活に生かす思いを振り返りに書かせる。

※【かんがえる】【問いをさがす】【みらいへのヒント】は学校名にちなんで作成された授業スタイルである。

8）板書計画

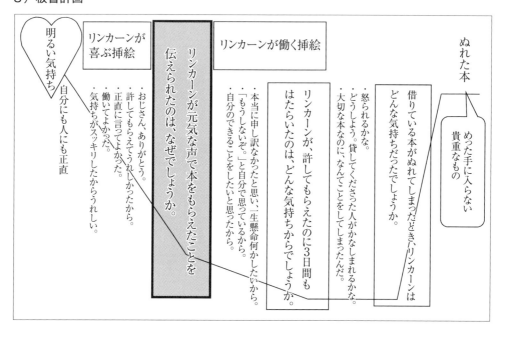

4．「B　相互理解、寛容」の道徳授業（中学校第3学年）

1）教材名　「二人の弟子」（私たちの道徳　中学校　文部科学省）
2）主題名　人間としての成長【B　相互理解、寛容】
3）ねらい　道信や上人の考えが受け入れられなかった智行の心の変化を通して、自分のものの見方や考え方の狭さを脱し、自分とは異なる他者の立場や考え方を尊重していこうとする寛容の心に気付き、謙虚に他に学び、自分自身を高めていこうとする道徳的実践意欲と態度を養う。
4）学習過程

段階	学習活動	主な発問と予想される児童生徒の心の動き (○主な発問、◎中心発問、・予想される児童生徒の反応)	指導上の留意点 ☆評価の観点（評価方法）
導入	1　課題意識をもつ。	○　アンケート結果から何が分かりますか。 ・自分の思いや意見を言える方だと考えていたが、実際の活動では他の人に遠慮して言えないことが分かる。 ・自分は意見を積極的に言う方だが、言えない人もいることが分かる。	○生徒の普段の生活から見える本時の内容項目に係る課題をアンケートとして示す。
	課題「自分の思いを伝えることだけで、人間関係は深まるのだろうか」		
展開	2　資料「二人の弟子」について話し合う。	○　「二人の弟子」を聞き話し合いましょう。	○自分や周囲を裏切った道信やそれを受け入れる上人に対する怒りや努力して修行をしているやるせなさに共感させる。
	（1）道信や上人の考え方が許せない智行の思いについて考える。	○　智行は何に怒っているのだろう。 【道信に対して】 ・ずるい、せこい、甘い。 ・止めたのにも関わらず、なぜ帰ってこれるのか理解できない。 ・辛い修行に耐えてきた自分や他の僧の努力が馬鹿馬鹿しい。 ・真面目にしている者が損をしている。 【上人】 ・優しすぎる。厳しさが必要。 ・自分達の努力を分かっていない。 ・道信をなぜ受け入れるのか分からない。	
	（2）上人の言葉の意味を推し量る智行の思いを考える。	◎　『人は皆、自分自身と向き合って生きていかねばならないのだ。』という上人の言葉を智行はどのように受け止めただろう。 補助発問）この言葉から智行はどのようなことを考えたでしょう。	○智行に向けられた、新たな考えと自分の考えの中で生まれた葛藤について考えさせる。

		・上人が言おうとされている意味が理解できず苦しい。 ・やはりおかしい、納得できない。 ・道信がした行いではなく、自分と向き合うとはどういうことか。 ・人を責めるだけでは何も生まないのかもしれない。	
	（3）寛容の心がもたらす、人間としての成長について考えさせる。	◎ あふれ出る涙と共に湧き上がってきたのは、どのような思いだろう。 【葛藤】 ・完全に許すことは難しいが、道信を受け入れていかなければならないのかもしれない。 ・悔しさもあるが、受け入れなければ、これからの修行も苦しいものになる。 問い返し）道信を受け入れることで、智行が得られるものがあるのだろうか。 【考え方の広がり】 ・これまでの自分の狭い考え方だと自分の過ちに気づけない。 ・受け入れることで、狭い考えから脱し、より広い考え方を得る手掛かりになる。 【高める】 ・相手を受け入れるということは、相手の良さも認めることになる。 ・相手を受け付けない姿勢は、自分の成長を止めてしまう。 ・受け入れることは、相手を大切にすることである。その姿勢は互いの理解につながる。 問い返し）智行の全てがいけないことだったのだろうか。 ・思いや考えを伝えることは大切。 ・自分の考えを伝えないと何も始まらない。 ・伝えることは大事だが、一方的であるのはいけない。 ・自分の考えの押しつけはいけない。相手の考えを推し量ることが大切。	○グループや学級で交流した意見を問い返し、ねらいに迫らせる。 ○交流後に生じた疑問や対立点等を問いとして広げ、深まる中で「相互理解、寛容」を生徒の言葉で捉えさせる。 ○問い返しにより、「許す・許さない」という議論から、許そうとする姿勢が得るものについて考えさせる。 ○「許す＝過ちを見逃す」ではなく、自分の考えを発信すると共に、他者の立場や考え方を尊重し、相互に理解し合っていくことに気づかせる。
展開	3 自分の生活を振り返る。（内省化）	○ 学習を振り返りながら、課題に対する自分の考えを書きましょう。 課題「自分の思いを伝えることだけで、人間関係は深まるのだろうか」	○導入でもたせた課題に対する自分の考えを書かせる。 ☆自分のものの見方や考え方の狭さを脱し、自分とは異なる他者の立場や考え方を尊重していこうとする寛容の心に気づき、謙虚に他に

展開			学び、自分自身を高めていこうとする道徳的実践意欲と態度を養うことができたか。（発言、道徳ノート）
終末	4 学校生活と本時の学習を関連づけながら振り返りを行う。	○ 最高学年として臨んだ運動会での振り返りを紹介します。	○運動会後の生徒の振り返りをもとに、「相互理解、寛容」の思いを自分の生活に重ねて深めさせる。

5）板書計画

```
二人の弟子

道信                                          上人
 ずるい                                        「智行、私はもう一度
 せこい                                         修行をやり直したいんだ。」
 なぜ戻ってこれる？
 真面目にしている者                            「優しすぎる
 がバカバカしい                                  どうして許せるのか
                                               もう一度この寺で修行したい
                                               というのなら、ここで暮らせばよい」    智行

◎あふれ出る涙と共に湧き上がってきたのは、どのような思いだろう。

・完全に許すことは難しい                       「人は皆、自分自身と向き合って
・悔しさもあるが、受け入れなければ、これ         生きていかねばならないのだ。」
 から一緒にいるので苦しくなる                 ・やはり納得できない
                                             ・ただ責めるだけの自分も変わらないとい
広がり                                          けないのかもしれない
狭い考え＝自分の間違いに気づけない             ・自分の行いにも目を向けよう
高める                                        ・道信の良さにも目をむけなければいけない
受け入れる＝相手の良さを認める
           互いの理解につながる
           大切にするということ
智行の全てがいけないのか？
・一方的、押しつけ×                            自分も成長
・思いを伝えることは必要                        相手を尊重
```

6）授業後の生徒の感想

○自分の思いを伝えることだけではなく、その思いを通してこれからどうすべきかを共に考え、その目標に向かって頑張ることで人間関係が良くなると思う。二年生の文化祭の時は、それができたからよいものができたのだと思う。
○自分の意見を言うだけでは、人間関係の深まりにならない。意見を言うだけというのは意見を押し付けているだけ。他の人の意見を受け入れて、より良くしていこうという気持ちがないと深まらない。「自分は正しい」という思いを持たず、人を疑う前に自分を疑うことが大切だと思った。
○自分の思いを相手に伝えるだけではなく、相手の思いを受け止め、自分の考えとの違いなどを理解することで、人間関係は深まっていくのだと思います。
○相手の悪いところばかりではなく、自分と相手のどちらとも向き合ったうえで、思いを伝えるべき。人それぞれの考えには、正解も不正解もないのでそれぞれの意見を受け入れるべき。
○思いを伝えるだけではなく、そのあとにお互いがこれからどうしていくかを考え認め合っていけば成長できると思いました。
○自分の思いをただ伝えるだけではだめで、相手の考えも尊重しなければ深まらないと思う。
○自分の思いだけでは伝わらないものがある。お互いが思いを聞き、お互いで考え直す、または、新しい考えを見つけることで本当のお互いの思いは深くなるのだと思う。自分だけでは成り立たない。
○人は自分自身と向き合っていくことが大切。日々反省し、また新たに向き合っていかないといけない。

第9章

心情ジレンマタイプの学習指導案
―多様な考えを生かす授業の学習指導案―

1．心情ジレンマ教材の特徴とねらい、留意点

　心情ジレンマ教材とは、主人公の心情的な葛藤が含まれている道徳教材である。「善」対「善」の価値葛藤を含むモラルジレンマ資料とは異なり、児童生徒に気付かせたいより質の高い考えや方向性を含んだ教材である。そのため、授業では主人公の葛藤場面を中心に扱い、児童生徒の本音をしっかりと出させながら、道徳的判断力を養ったり、より質の高い考え方に気付かせていったりすることがねらいとなる。

　心情ジレンマ教材では、主人公の葛藤を中心的に扱う。そのため、教材提示においては、黒板に絵を貼りながら教師が語り聞かせたりするなどし、話の状況設定や主人公の葛藤状況が児童生徒にしっかりと理解できるようにする。

　中心発問の部分では、主人公のとるべき行動とその理由を考えさせたり、主人公が悩む理由を考えさせたりしながら、児童生徒の考えを深めていくようにする。その際、児童生徒が建前の発言だけでなく本音を語ることができるようにするとともに、今の考えをより高めることができるよう、教師自身が児童生徒の発言を共感的に受け止めながら開かれた雰囲気をつくったり、切り返しやゆさぶりの補助発問を行ったりするようにする。

　教材後半に主人公の変容や決断が描かれている場合には、後半を提示した後に、主人公の心情や決断についての自分の考えを発表させながら、より高い考え方への気付きを促すようにする。

2．「A　善悪の判断」の心情ジレンマ（小学校低学年）

1）**教　材　名**　「つぶれたプリムラ」（森川敦子作）
　　　　　　　（※本実践例は小学校低学年のものであるため、「児童生徒」の部分は「児童」として表記している。）
2）**内容項目**　勇気をもって正直に　A－(2)正直・誠実
　　関連項目　B－(9)友情・信頼、A－(1)善悪の判断
3）**主題観**
　　物事の善し悪しを的確に判断し、正直で誠実な行動をしていくことは、人として生き

ていく上で非常に大切なことである。また、自分自身の行動に対してだけでなく、友だちの行動についても善悪を見極め、誠実な行動をしていくことは、よりよい交友関係を築いていく上でも大切なことである。そのため、低学年のうちから、正直に生きることの大切さやすばらしさについては、繰り返し取り上げ、児童に実感させることが必要である。

4）児童観

　低学年の児童は、入学以来、徐々に交友関係も広がり、複数の友だちと仲よく遊んだり勉強したりできるようになってくる。しかしその反面、仲のよい友だちの影響を受けやすく、友だちにつられて決まりを破ってしまったりするなど、友だち関係が道徳的判断に影響を与える面も見られる。

　この時期の児童の道徳的判断の傾向としては、教師や親の言うことに敏感で「先生が怒るから」「親に言われたから」という段階の児童が大半と考えられる。したがって、「正直に言うとお互いに気持ちがすっきりする」、「正直に言うことは自分のためにも友だちのためにもなる」等、より自律的な判断ができるようにしていく必要がある。

5）指導観

　本教材は、友だちの過ちを知った主人公のピョンタが「正直」と「友情」の価値間で葛藤する話である。授業では、2つの気持ちの間で悩む主人公の葛藤を考えさせることを通して、児童の本音をしっかりと出させるようにする。そして、葛藤を乗り越え正直に行動した主人公の姿を通して、誠実に生きることのすばらしさを実感させるとともに、誠実な判断や行為によってこそ、よりよい友だち関係をつくることができることに気付かせたい。

6）本時のねらい

　過ちを素直に認めることや過ちを犯した友だちに対して助言できる大切さに気付き、うそをついたりごまかしたりしないで正直に行動しようとする判断力や心情を育てる。

7）授業評価のための基準

　（○は気付かせたい考え、◎はできれば気付かせたい考え）

【児童生徒の今の考え】
・先生に怒られたり、みんなに文句言われたりするから本当のことを言う方がいい。
・ねずみくんがかわいそうだから言う方がいい。
・くまくんに嫌われるから言わない方がいい。

⇒

【授業気付かせたい考え】
○本当のことを言うとピョンタもくまくんもすっきりする。
○勇気を出して正直に言うことは、難しいけれど大切なこと。
◎正直に言うことは、くまくんにとってもよいこと。
◎正直に言えるのがよい友だち。

8）学習過程

段階	学習活動	主な発問と児童の心の動き	支援（◎）と評価（★）
導入	1．プリムラを植えた時の気持ちや水やりのときの気持ちを発表し合う。	○植えた時どんな気持ちでしたか？どんな言葉をかけながら水やりをしていますか？ ・早く大きくなってね。 ・きれいな花を咲かせてね。 ・しっかりお世話しよう。	◎児童がねずみくんの思いに共感できるよう、水やりの動作をさせながら思いを発表させる。（板書①）
展開前段	2．資料前段を聞き、ピョンタはどうするべきか話し合う。	○ねずみくんは、ボロボロになったプリムラを見たときどんな気持ちだったのでしょう。 ・大切にしていたのに、悲しい。 ・だれがこんなことをしたのか。 ・ひどい、あやまってほしい。 ○くまくんが「言わないで」と言った時、ピョンタはどんな気持だったのでしょう。 ・先生やみんなにおこられる。 ・みんなに悪い子だと思われる。	◎資料の内容を理解しやすいよう、資料は教師の語りとイラスト提示によって進める。（板書②） ◎ピョンタの葛藤を引き出すため、吹き出しを使い、ねずみくんとくまくん両者の気持ちを押さえる。（板書③） ★ねずみくんとくまくんの立場に立ち、それぞれの思いを考えているか。 （発言内容・児童の様子）
展開前段		◎ピョンタは、くまくんが花をつぶしたことを言う方がよいのでしょうか、言わない方がよいのでしょうか。それは、なぜですか。 ＜言う＞ ・後でわかると、おこられる。 ・ねずみくんがかわいそう。 ・正直に言うと、すっきりする。 ＜言わない＞ ・くまくんにきらわれる。 ・仲よしのくまくんがかわいそう。 ・くまくんを助けたい。 【ねらいに迫るための補助発問例】 ○本当のことを言ってすっきりするのは誰ですか？ピョンタだけですか？ ○だまっていることは、くまくんのためになることなのですね？	◎児童が意見を出しやすいよう、ワークシートにとるべき行為と理由を書かせてから、発表させる。 ◎机間指導を行い、判断の傾向を把握したり書きにくい児童への助言を行ったりする。（板書④） ★正直に言うよさや、そのことが2人のためになることに気付いているか。（発言内容・ワークシート）
展開後段	3．資料の後段を聞き、感想を発表する。	○ピョンタくんは、くまくんにアドバイスして、みんなに本当のことを話しましたが、ピョンタくんのしたことをみなさんはどう思いましたか？	◎資料後段を板書しながら語り聞かせた後、簡単に板書にまとめる。（板書⑤） ◎ピョンタの判断について、自分と比べながら感想を発表させる。

終末	4．今日の学習の感想やピョンタくんへの手紙を書く。	○今日の学習をして、心に残ったことやピョンタくんに伝えたいことをお手紙に書きましょう。 ○書いたら、お友達に教えてあげましょう。	◎手紙形式にする。手紙形式が難しい場合は感想にしてもよい。 ◎書いた内容をペアで交流してもよい。 ★学んだことをもとに、正直に行動するよさや勇気をもつ大切さについて考えを深めているか。 （ワークシート）

9）資料

つぶれたプリムラ　（森川敦子作）

＜前半＞

　キンコンカンコーン。ここは、山の動物小学校、大休憩がはじまりました。うさぎのピョンタは、くまくんと一緒にボールを持って、外にとび出しました。ピョンタとくまくんは、大のなかよし。ピョンタくんは、自分が困っている時にいつも助けてくれるやさしいくまくんが大好きなのでした。

　「くまくん。ぼく、朝水やりしてないから先にプリムラの水やりするね。」

　ピョンタが水やりをしていると、後ろの方で「わあー。ドン！」叫び声と音がしました。ピョンタが振り返ると、くまくんのけったボールがねずみくんの鉢に当たり、プリムラの花がぐちゃぐちゃにつぶれています。

　「ピョンタくんどうしよう。ぼくのせいでこんなになっちゃった。」くまくんが、真っ青な顔で言いました。まわりには、誰もいません。くまくんがしたことは誰にも見られていないようでした。

　「ねずみくんと先生にちゃんとわけを話してあやまろうよ。」ピョンタは言いました。するとくまくんは「うーん。でも、こんな所でボールけりしていたから、先生にすごくおこられちゃう。ねずみくんだってきっとおこるよ。ああ、どうしよう・・。そうだ、誰も見ていないから、ピョンタくん、ぼくがやったこと、お願いだからだまっていてくれないか。ねえ。頼むよ。ぼくの一番の友だちでしょう。」くまくんは、泣きそうな顔でピョンタに頼みました。

　そのうちに、子どもたちが集まってきました。「ねずみくんの鉢がぼろぼろだ。ひどい。だれがやったの？」「上級生かな。」周りは大騒ぎになりました。「毎日大切に育ててきたのに・・ひどい。」ねずみくんは、とうとう泣き出してしまいました。

　「ねえ、くまくん、だれがやったかしらないの？」子どもたちが言いました。くまくんは、「知らないよ。見たらこんなになってたんだよ。」ととぼけました。すると今度は、ピョンタに尋ねました。「ねえ。ピョンタくんは、本当のこと知っているんじゃないの？」

　ねずみくんは、鉢の前で泣いています。くまくんは、（お願い、言わないで）という顔をしてピョンタを見ています。ピョンタは、くまくんがやったことを言おうか、だまっていようか、まよってしまいました。

＜後半＞
　ピョンタは、しばらく考えていましたが、くまくんの所に行くと、「くまくん、ちゃんと本当のことを言って、ねずみくんにあやまった方がいいよ。ぼくとくまくんは、友だちだよ。だからこそ、正直に言ってほしいんだ。」とくまくんの肩をたたきながら言いました。それを聞いたくまくんは、しばらく考えてからねずみくんのところへ行くと「ねずみくん、さっきは嘘ついて、ごめんね。本当は、ぼくがボールを当てちゃったんだ。大切にしていた花をだめにして本当にごめんね。」とあやまりました。
　その話を聞いた羊先生は、「2人とも、よくごまかさないで本当のことを言えましたね。とてもりっぱですよ。」と2人をほめてくださいました。そして、ねずみくんのプリムラを新しく植えてあげました。「ピョンタくん、どうもありがとう。」くまくんは、にっこりと笑ってピョンタに言いました。それから、ピョンタとくまくんは、前よりもっとなかよしになりました。

10）板書計画

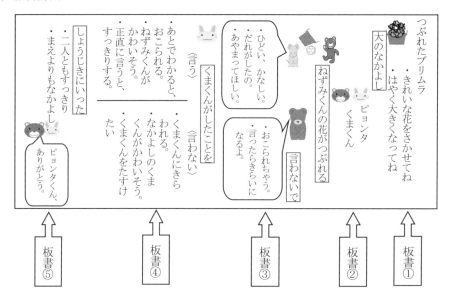

11）授業の実際

導入：水やりの時の気持ち

資料提示：語り聞かせ

語り聞かせを真剣に聞く児童　　主人公への手紙を書く児童

【児童の感想（ピョンタくんへの手紙）】

> ピョンタくんへ
> 　ピョンタくんえらいね。だってえらいことをくまくんに、いいことばをいったんだもん。すごくいいね。きみってゆうきがあるんだ。ぼくはゆうきがないよ。きみのほうがうえだね。ピョンタくんは、どうしてそんなゆうきもったの。ぼくはそのゆうきのこころをみつけてないよ。もっとゆうきのこころをみつけたらいい。ピョンタくんきみはとくべつなこころをもっているんだね。　（小学1年　男児）

> ピョンタくんへ
> 　ピョンタくんじぶんからすすんで、くまくんに「うそはいけないよ。いおうよって。」いうなんてすごいよ。このことでとてもうれしかったことは、じぶんからいうなんてとってもりっぱなことだとおもいます。そのゆうきがすごいよ。くまくんよかったね。でも、いわれず、じぶんからすすんでいったらよかったのにっておもうよ。（小学1年　女児）

（2）　その他の資料例

【ワークシート】

3．「C　規則の尊重」の心情ジレンマ（小学校第6学年）

1）主題名　規則を守り、よりよく生活する　【　内容項目　C　規則の尊重　】
2）ねらい　掃除時間に掃除をしないクラスメイトに、罰を与えるきまりを作るかどうかを話し合うそれぞれの理由を考えることを通して、きまりの意義を理解することの大切さに気付き、進んできまりを守り自他の権利を大切にし、義務を果たそうとする道徳的実践意欲と態度を育てる。
3）教材名　「クラスのきまり」（生きる力　日本文教出版）
4）主題設定の理由
○主題観・価値観
　社会生活は遵法の精神のもとに成り立っている。自分一人くらいはきまりを守らなくてもいいだろうと、自分の権利ばかりを主張して、義務を果たそうとしない態度が、他者に多大な迷惑をかけることになるということを考えなければならない。
　学校生活においても同様で、個性を主張することや自分で考えて判断することをはき違えて、ルールやきまりを守ることができなくなってしまうことがある。その結果、周囲の人と協力することができなくなり、様々な問題を生じることにつながっている。また、ルールやきまりを守れていない人に対しては、厳しく指摘することがあるが、自分のルール違反に対しては都合のいいように解釈し、他の人に与えてしまった影響を軽く扱ってしまうことがある。
　6年生の段階においては、社会生活を送る上で必要なきまりなどを進んで守り従うという遵法の精神をもつところまで高めていく必要がある。そして、社会生活においては、自分自身の自由を追求したり、社会の秩序を維持し、互いの生活や権利を守ったりするために、規則やきまりは不可欠なものであることについて深く考えさせる必要がある。同時に、公徳心をもって他人の権利を尊重し、自己の権利も正しく主張できる態度を養わなくてはならない。こうした規則やきまりの意義を理解し、尊重することによって、よりよい社会をつくっていこうとする遵法の精神を育んでいるものと考える。
　気持ちのよい社会生活を営むには、何が大切なのかを話し合い、道徳的価値の自覚を深めさせ、規則やきまりは自他の権利を守るためにあることに気付き、公徳心を持って主体的に規則やきまりを大切にする態度を養っていきたい。
○児童観
　本学級の児童は、クラスをよくしていきたいという思いを持つ児童が多い。最高学年となり、学校行事などに意欲的な姿を見せたり、低学年のお手本になるように気を付けて生活したりする児童が増えた。その他にも、学級をよりよくするための係活動に意欲的に取り組んだり、新たな活動を提案したりすることができるようになってきている。

○**教材観・指導観**

　指導にあたっては、まず、学校のきまりについてどのようなものがあるのかを想起させ、守れているきまりと守れていないきまりがあることに気付かせる。

　展開前段では、掃除をさぼる児童を見逃してはいけないという共通の意見を持たせた上で、さとるとひろみのそれぞれの考えを確認し、その考えに対して自分はどのように考えるのか、立場を明らかにし理由を考えさせたい。その際に、罰が必要か必要ではないかを数直線上に表し、自分の考えに応じてネームプレートを貼らせることで、考えの細かな違いを明らかにさせ、理由を挙げながら考えを交流させたい。

　中心発問では、きまりの意義について考えさせたい。基本発問で活用した罰が必要か不必要かを考えさせた数直線に、「罰を与えることは良い事なのか悪い事なのか。」という縦軸を加え、図をマトリックスへと発展し考えを表現させることで、思考を深めさせたい。新たに加えた縦軸は、罰を与える側や与えられる側の心情に触れるもので、罰を与えられた劣等感や罰を与える優越感などの思いから、人としての弱さに気付かせながら、きまりの意義を考えさせたい。この時、罰があると確かにきまりや規則は厳守されやすくなるが、罰があったとしてもきまりを完全に守られるわけではないことに気付かせたい。きまりの意義を考える上で必要なのは、きまりは自分たちを拘束するものではなく、自分たちの生活を守るもの、よりよくするためのものであることに気付かせ、個々に課せられた責任を果たすように努力していこうとする気持ちを持たせるようにしていきたい。

5）**学習展開**

	学習活動	主な発問と予想される児童生徒の心の動き （○主な発問、◎中心発問、・予想される児童生徒の反応）	指導上の留意点 ☆評価の観点（評価方法）
導入 (2)	1　学校にあるきまりについて思い出し、それを守りきることができているかを考えることで、規則について課題を持つ。	○　学校には、どんなきまりがありますか。 ・時刻を守る。 ・学校に不必要なものを持ってこない。 ・廊下を走らない。 ・制服を着てくる。 ・8時15分までに登校する。	○　自分たちの身近な規則について思い出させ、自分がそれを守りきることができているか振り返り、きまりの意義について課題を持たせる。
展開 (40)	2　教材「クラスのきまり」について話し合う。 （1）さとるとひろみのどちらの立場に近いかを考え、その理由を交流する。	○　「クラスのきまり」を聞き、話し合いましょう。 ○　みんなは、さとるとひろみのどちらの考えに近いですか。また、それはどんな理由からですか。 【共通】 ・掃除の時間にさぼる人は居残りしないとずるい。 ・自分はがんばって掃除しているのに掃除をしない人がいることは納得できない。	○　このクラスで論点になっている2つの意見について明確にしておく。 ○　自分の立場を明確にするためにきまりはいるかいらないかを数直線上に表す。 ○　本学級の児童にもありがちな事例なので、発問に配慮する。

展開(40)		【さとる】・罰を設けることで、掃除をするようになる。【ひろみ】・気分が悪くてできなかった場合とさぼった場合の判断が難しい。・掃除をさぼることはいけないけど、罰を与えることは根本的な解決につながらない。	○「このままではいけない」という2人の共通する考えを押さえ、きまりについて考えさせていく。
	（2）罰は何のためにあるのか考える。【かんがえる】【問いをさがす】（個人→グループ→全体）	◎ きまりに罰は必要なのでしょうか。【懲罰として】・罰があるとそれが怖くてきちんと掃除をするようになる。【気付かせるため】・罰は懲らしめる為にあるんじゃなくて、その人がきちんと掃除できるようになるためにある。・掃除をしている人の気持ちに気付かせるためにある。【予防のため】・同じ過ちを繰り返さないため。補助○もし、罰のあるきまりばかりだったらどう思う？・ルールやきまりをみんなが守るようになる。・だけど、面白くなくなる。・息苦しくて気持ちよく生活できない。○全てのきまりに罰がなかったらどうだろう。・守らなくても損をすることはない。・誰も守らなくなるかもしれない。・困る人が増える。↓○きまりや規則とは……。・罰がなくても守れないといけない。・自分やみんなを守るもの。・自分たちが安心して生活するためのもの。・お互いに気持ちよく生活するためのもの。・そのために、自分（一人一人）が守っていかなければならないもの。・守る責任・義務がある。	○ 前段に表した数直線上に縦軸を書き加え、罰はよいか悪いかを考えさせ、マトリックスに表し、考えを交流させることで、きまりにはどのような意義があるのか考えさせる。○ 自分の考えを道徳ノートに記述させ、グループで考えを交流させる。○ 友達の意見は、「問い」を考えながら聞き、「問い」を生かしながら考えを深めさせる。○ グループで考えをまとめるのではなく、互いの意見を交流する。交流の中で生まれた新たな問いについても全体交流する。○ 机間指導を行い、児童の考えを把握する。
	3　自分の生活を振り返る。（内省化）【みらいへのヒント】	○ きまりについて考え、自分の考えが変わったことや新しい気付きをもとに、「未来へのヒント」を考えてみましょう。	○ 学んだ価値について、自分の生活や経験を振り返り、これからの自分に生かす思いを道徳ノートに記入させる。☆ きまりが自分たちの生活を気持ちよくするためのものであることを再確認し、個々に課せられた責任を果たすように努

展開(40)			力していこうとしているか。(発言、ノート)
終末(3)	4　小中合同運動会や普段の学校生活と関連付けながら本時の内容を振り返る。	○　運動会で学級テーマ「HERO」を目指し活動した姿を振り返りましょう。	○道徳学習プログラムの関連を生かし、「規則の尊重」の価値を自分の生活に重ねて深めさせる。
	5　ルーブリックで本時の自己評価をする。	○今日の学習の価値や学び方について、振り返りを書きましょう。	

※【かんがえる】【問いをさがす】【みらいへのヒント】は学校名にちなんで作成された授業スタイルである。

6）板書計画

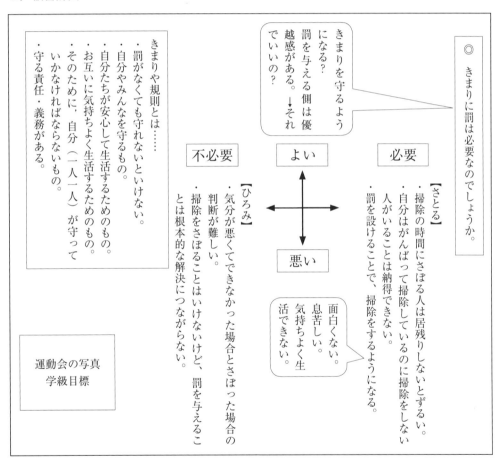

7) マトリックスを活用した授業展開の在り方
工夫1）2択から4択への広がりを生かす

① まず、きまりに対して罰は必要か不必要かの判断をさせ、その理由を考えさせる。
② 次に同じ図に縦軸を入れ、罰は「よい」か「悪い」か、を入れて判断をさせる。

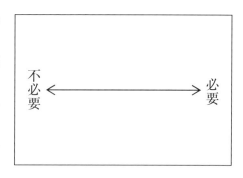

児童の意識を罰が「必要」「不必要」とした場合は、罰というもの自体に視点が集まり、

必要……罰があれば掃除をする。罰が歯止めになる。

不必要……かわいそう。罰がないと掃除をしないというのは情けない。

などの「罰」そのものの効果や弊害を考える意見が多かった。

しかし、罰は「よい」「悪い」という判断は、罰を与える側や与えられる側の心情を踏まえた意見になってくる。

必要でよい
・罰によって自分のしていることが悪いということに気付ける。
・やっている人から見るとやってない人はずるい。
・遊ぶ時間が平等になる。

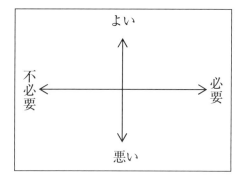

必要で悪い
・効果はあるが、罰を与えてもやらない人はやらない。

不必要だがよい
・罰はいやな気持ちになるものだが、悪いことに気付かせることができる。

不必要で悪い
・罰の重さは平等でなければならない。罪が1なのに罰が2になることもあるから。

このように必要か不必要という2択では考えが限定されがちであるか、良いか悪いかという選択肢を増やすことで、自分の感情を出しやすく、より生活に近い段階で考えることができた。この意見の中で「罪が1なのに罰が2」と発言した児童は、具体的な例を挙げながら説明をしていた。

工夫2）考え議論できる場の設定＝マトリックス表の活用方法＝

マトリックス表を黒板に掲示し、学級全体の意見を視覚化していく前に、グループごとにマトリックス表を渡し、グループ協議に活用させる。グループ協議に活用することで、少人数で自分の考えを表で視覚化し   ながら立場を明らかにできる。さらになぜそう思うのかをグループで討議させることで、より深い考えに導いたり違う考えを知り考えを広げたりすることができた。

グループの討議の中で出た問いや考えを学級全体で交流することで、意見を深めることができた。

8）授業の実際　－児童の感想－

- 罰が必要な時と不必要な時があるが、きまりはきまりとして守るべきだと思った。
- 今までやらない人には罰が必要だと思っていたけれど、罰のような強いものがなくてもきまりを守ることを大切にすればいいと思った。
- きまりはみんなが幸せな気持ちになるためのものだと分かったから、意識していきたいです。
- 今までは罰や怒られることが恐いからきまりを守ってきたけど、今日の授業できまりがあるからみんなが頑張れるし、みんなが頑張るためにきまりをあるんだと気持ちが変わりました。
- 今まできまりを守りたくないと思っていたけど、今日の授業を通して、一人一人が少しでも心がけることで全体の人の気持ちが一つになり、きまりを守れると思った。
- きまりは主体的に行動し守ることで、きまりが当たり前のことになっていくのだと思った。
- きまりは主体的に良い方向に導くものだと思った。

4．「D　生命尊重」のジレンマ（中学校第2学年）

1）**教材名**　「『生命の選択』は許されるのか」（モラルジレンマ教材でする白熱討論の道徳授業　中学校編　明治図書）
2）**主　題**　生命の選択をせまられる場面で葛藤し、自分で判断する（D　生命の尊さ）
3）**主題観**

生命は尊いものであり、生命の重さに大小をつける行為は許容できるものではない。しかし、戦時中のように、人間は差し迫った状況に追い込まれると、生命に重さをつけて、どちらかの生命を選び取ったりすることがある。生命が尊いことは当たり前であるからこそ、その尊さについて議論するには工夫がいる。あえて、人間が生命を軽んじる

こともあるという認識が働く状況を設定することが、その具体の１つである。
４）教材観
　生徒一人ひとりのためにある道徳科授業という理念にたつ場合、自らの価値観に変容を生じさせる授業にこそ意義があると考える。そこで、生徒全員が自分の価値観の変容を記述することを目的として、モラルジレンマ教材を扱って価値観を交流する授業を行う。
　「『生命の選択』は許されるのか」は、結合双生児の生命を扱った題材である。この題材において、分離手術をすべきか否かという判断をせまることで、モラルジレンマから生徒の価値観に変容を生じさせることができる。結合双生児の生命については、医学の立場では分離手術をする必要性が示されている。また、親の立場として選択することは非常に困難である。世論としては生命の選択をすべきでないというのが一般的だろう。さらに、忘れてならないことは双生児の立場であるが、現時点で自分の意思を表明できないところに難しさがある。
　授業はオープンエンドでよいが、子供の命の話題である以上、できれば親の愛情という視点には触れたい。手術をするという判断は少なくとも一人の命を救えるという点で合理的であるが、それはもう一人の命の尊さから目をそらす判断でもある。既に生を受けた命であり、一人の人間の存在がそこにある。その存在の尊さを何よりも優先する理論の源は、両親の子供に対する愛情である。それは例えば、子供の成長や幸せを望む親の心情である。その視点に気づいた生徒がいるならば、時間をとって全員に共有したい。
５）生徒観
　中学２年生は、数学科において論証が導入されるように、前提となる条件をふまえて論理を組み立てることができる発達段階にある。言い換えると、相手がどのような立場で意見を述べているのかを理解したうえで交流することができる。２年生は、価値観を交流するための十分な素地ができあがる発達段階といえる。
６）指導観
　指導にあたっては、主に次の点に留意する。
①価値観を交流する前に、生徒全員が自分の意見と根拠を明確にするために、ジレンマを生じさせる要素を教員が簡潔に分類・整理する。
②①により、生徒の意見の多様性を担保しながら、教員が話す時間を最小限におさえることで、生徒が価値観を交流する時間を十分に確保する。
③自分の意見を記述する際は、判断の背景となる自身の価値観を表出させるために、「判断にあたって大切にしたこと」を記述させる。
④交流を終えた後に、自身の価値観の変容を表出させるために、「交流によって得た新たな視点」を記述させる。
⑤教員が率先して多様な価値観を受容する態度を示す。

7）本時のねらい

ジレンマを抱きつつも自身で判断を下し、他者の多様な価値観に触れ、自身の価値観の変容に気づく。

8）学習過程

段階	学習活動	主な発問と予想される反応	支援（○）と評価（★）
導入	1．資料を読む。	○「『生命の選択』は許されるのか」を読みましょう。	
展開	2．判断の視点を得る。	○分離手術すべきかどうか、現時点での判断とその根拠を聞く。 ・手術すべきでない。片方の赤ちゃんの命を奪ってしまうことになるから。 ・手術すべき。医者が指摘しているようにリスクが高いから。 ○分離手術をすべきかどうか判断する視点として、以下の3つの立場を知る。 ①医師　　手術すべき ②世間　　手術すべきでない ③双生児　確認することができない	○可能な範囲で生徒の発言から視点をひろいあげ、不足するものは教員から提示する。
	3．自己の判断を行い、根拠を記述する。	○自分の判断を挙手により表明して下さい。 ・意見が一方に偏る場合は、交流の必要性を生じさせるために、教員から視点を示して、できる限り意見を均等にする。 ○判断の根拠として、判断する際に自分が大切にしたことを書いて下さい。 ・交流中に意見が変化してもよいので、記述する時間は必要最小限にとどめる。	○価値観を表出させるため「大切にしたもの」を記述させる。
	4．価値観を交流する	○判断の根拠を交流して下さい。 ・1対1で、相手の意見を受容する姿勢で交流する。 ・自由に立ち歩いてできるだけ多く交流する。	○価値観の異なる相手との交流を推奨する。
終末	5．自己の価値観の変容を記述する。	○交流をへて、新たに得た視点を記述して下さい。 ・感想ではなく、あくまで価値観の変容について記述するよう強調する。	★交流から得られた新たな視点を記述することができているか。

9）教材

「『生命の選択』は許されるのか」のあらすじ

　結合双生児（上半身は2人に分かれているが、下半身は1人分しかなかい）の誕生に、両親は苦悩する。医師によると、1人は結合しているところ以外は正常だが、もう1人には臓器が不足しており、分離手術をすればすぐに死ぬ。分離手術をしないと、2人とも命を失う可能性が高い。いずれ子供が意思を持った場合の難しさもふまえて、医師は両親に早期の判断を促す。両親はどうすべきか。

10）板書計画

分離手術を 　すべき　・　すべきでない Aくん　手術すべきでない 　片方の赤ちゃんの命を 　奪ってしまうことになる Bくん　手術すべき 　医者が指摘するリスク	視点 ・医師 ・世間　・双生児 交流が終わったら出席番号に○ 1　2　3　4　5　6　7　8　9　10 11　12　13　14　15　16　17　18　19　20 21　22　23　24　25　26　27　28　29　30 31　32　33　34　35　36　37　38　39　40

11）授業の実際
（1）交流を行う際の留意点
　交流の場面をうまく進めるための留意点を以下に示す。交流では、1対1の形を大切にするよう呼びかける。また、全体交流に入る前に、隣同士の席で次の①、②のように交流の練習をさせると、見通しがわかった生徒は安心して全体交流に入れる。
　　①1分間で1人が話し、もう1人は黙って聴く。その後、聴いた人が今聴いた内容を繰り返して相手に30秒程度で伝える。
　　②役割を交代して、もう1人の人も同様に行う。
　次に全体交流に入る。先に①〜⑤の留意点を伝える。
　　①立ち歩いて自由に相手を決めて良い。
　　②話す時は1対1で相手を受容する態度で臨もう。
　　③男女1人ずつを含む4人以上と交流したら、黒板の出席番号に○をつけよう。
　　　（板書参照）
　　④全員が4人以上と話せるように工夫しよう。
　　⑤できるだけ自分と価値観の違う人と交流しよう。
　何回も授業を繰り返すうちに生徒は交流が上手になっていく。③や④の条件を、学級の状況にあわせてアレンジするとマンネリ化しにくい。
（2）生徒の不適切な表現への対処
　生命を扱う教材であるので、「殺す」などの不適切な表現が出てくることがままある。その際は、意見を否定しないようにしつつも、逐一適切な表現に訂正するとよい。そうすることで教師の意図が伝わり、生徒も表現に配慮するようになる。安心して学習できる雰囲気と、多様な意見を受容する雰囲気を両立させたい。
（3）生徒記述の評価
　ここでは、ワークシートの生徒記述に対する評価方法の一例を示す。本授業の目的は、生徒が自己の価値観の変容について記述できることであるから、生徒記述の評価の結果、十分に変容が記述できていない場合には、教材、授業展開、ワークシート等を再検討して改善を試みればよい。

評価基準として、縦軸の4段階（主観、第三者視点、社会的視点、良心からの視点）を設定した。コールバーグの道徳性発達理論を参考としたもので、下にいくほど、より高次の視点から判断していると捉える。横軸の、手術すべきか否かは、評価の対象としない。根拠に加えて共感の欄を設けているのは、交流により他者の価値観に共感したことにより、より高次の視点を獲得する兆しが読み取れるからである。以上の観点から、生徒の記述を分類したものを以下に示す。

　なお、表中の"S1前"、"S1後"とは、それぞれS1の生徒が交流前と交流後に記述した意見を意味する。

評価基準		手術すべき 根拠	共感	手術すべきでない 根拠	共感
第1段階	私（主観）	・一緒に命を失うくらいなら、1人だけでも生き残る方がいい。 ・長く生きた方がうれしいと思う。 ・手術をせずに成長したら、2人とも生きたいという思いを持ってしまうから、今しか判断できない。		・誰かが誰かを生かすために死ぬのは嫌だ。 ・片方が死んでしまうくらいなら、2人とも死んだ方がましだ。（S1前）	
第2段階	世間（第3者）	・周りはできるのに自分達だけできないことが増えてしまって、もし自分がこの子供だったらつらいと思うから、手術をして、みなと同じように暮らさせてあげたい。	・命は大切だから、手術すべきかも。（S1後） ・世間から差別を受けるかもしれない。	・生き残ることができる可能性もある。（S3前） ・手術をして、後に精神的においつめられると悲しい（S3前）	・手術をすると親として罪悪感を感じる。
第3段階	医者（社会）	・手術をしなければ危険が多い。手術をして、大きくなったときにきちんと説明する。	・一人分の臓器で成長するのは難しいかもしれない。 ・2人とも死んでしまったときに、後悔する可能性もある。（S2後）		・自分は手術しないデメリットばかりを考えていたが、それぞれのメリットに目を向けて考えることで見方や考え方が変わった。
第4段階	良心	・どれだけ罪悪感があっても、2人を失うよりも、1人生きれなかった子の分まで愛情を注いで、大切に育てたほうがいいと思う。	・手術せず大きくなったとして、2人の希望する職業が違ったら、叶えてあげられない。（S3後）	・生きるために人は生まれてきた。必ず成長はある（ママ！パパ！）。（S2前） ・子供は全員大人になる権利があり、大人は子供を大人にする義務がある。（S2後） ・どちらも大切な命だから、少しでも長い人生を楽しんでほしい。（S3後）	・その子たちの成長を感じるということはたとえ命が短くても「生きた」ことは変わらない。（S3後） ・人の生死だと手術をすべきだが、人の心情だと手術すべきでない。

○評価の具体
- Ｓ１は交流前に「片方が死んでしまうくらいなら、２人とも死んだ方がましだ（手術すべきでない）」と記述している。主観（第１段階）で判断していた。しかし、交流で命の大切さについての他者の意見に共感しており、第３者視点（第２段階）から考えようとする兆しが読み取れる。第１段階から第２段階に向かう兆しがあると評価できる。
- Ｓ２は交流前に「生きるために人は生まれてきた。人から見たらわからないかもしれないが、必ず成長はある（ママ！パパ！としゃべったり、歩いたり）。」と良心に従って判断している。交流後は、「２人とも死んでしまったときに、後悔する可能性もある。しかし、子供は全員大人になる権利があり、大人は子供を大人にする義務があり、それを見る権利がある。」と記述している。他者の価値観に共感しつつも、最後まで良心に従って判断するために、権利や義務という言葉を用いて新たな根拠を示した。第４段階と評価できる。
- Ｓ３は交流前に「生き残ることができる可能性もある。手術をして、後に精神的においつめられると悲しいから手術すべきでない。」と記述している。医者の意見を軽視して第２段階で判断していた。交流後は「迷っていたけど、完全に『すべきでない』になった。その子たちの成長を感じるということはたとえ命が短くても『生きた』ことは変わらない。どちらも大切な命だから、少しでも長い人生を楽しんでほしい。ただ、手術せず大きくなったとして、２人の希望する職業が違ったら、叶えてあげられないという意見には納得した。」と記述している。交流でＳ２の価値観に触れ、人生という言葉を用いて、良心から判断するための根拠を示した。Ｓ２への共感によって第４段階まで引き上げられたと評価できる。

12) 準備物など

本時で使用したワークシートの形式は右の通りである。

13)「価値観構成型ジグソー法」について

本実践で用いた手法を「価値観構成型ジグソー法」と呼ぶこととし、以下の要素を持つものとして定義する。

価値観構成型ジグソー法のねらいは、生徒の交流を通して、一人一人が多様な価値観を獲得することにある。手法としては、モラルジレンマ教材を用いた正解の無い問いを設定して、学習の前後で問いに対する答えを三回求めるなどの特徴を持つ。具体的な授業展開は以下である。

STEP 0　問いを設定する

　例えば「安楽死を肯定するか否か」などの、立場によって答えの異なる問いを教員が設定する。複数の立場が想定される問いを設定し、それらを短時間で整理・共有できるようにキーワードとして準備する。安楽死の是非に対する立場ならば、当事者、当事者の家族、法律（社会）などがありうる。

STEP 1　自分の考えを持つ

　問いを受け取ったら、はじめに一人で今思いつく答えを考えて、隣の人と発表しあう。

STEP 2　様々な立場を知る（エキスパート活動）

　問いに対してどのような立場がありうるか、教員が板書等により短時間で整理する。できるだけ生徒の意見から拾い上げたいが、後の議論に不足が出ると思われる場合は教員が紹介して差し支えない。

STEP 3　価値観を交流する（ジグソー活動）

　現時点での答えをメモして、隣の人に説明する。問いは同じでも人生経験が異なるため、問いをどう解釈するか、どの立場を重視するか等の価値判断に差が生じる。だからこそ、この活動により自身の価値観が意識化・相対化される。同時に、他者からの説明を聞き、自身の価値観と問いとの関連を考えるなかで、自身の価値観への理解が深まっていく。

STEP 4　根拠を吟味する（クロストーク）

　自分の答えがある程度固まったら、その根拠もあわせて、より多くの人と交流する。それぞれの答えは同じでも根拠の説明は異なるだろう。互いの答えと根拠を検討し、その違いを通して、一人ひとりが自分なりの根拠の示し方を吟味する機会となる。また、他者の意見に共感することで、道徳的価値観が高まることが期待される。

STEP 5　一人に戻る

　最後は一人で問いに対する答えをまとめる。交流で生じた自身の考えの変化についても書く。自身の価値観の変化を意識化させることで、価値観の再構成を促す。

「価値観構成型ジグソー法」の名称は、東京大学CoREFが提唱する「知識構成型ジグソー法」と共通点があることから付けた。CoREFの知識構成型ジグソー法では、問いの解決に必要となる資料を教員があらかじめ準備し、生徒はその資料を用いて答えを出し、根拠の説明を交流する中で自発的に知識を構成していく。価値観構成型ジグソー法において、この資料に相当するのが、生徒一人ひとりの人生経験に基づく多様な価値観である。多様な価値観に触れ、問いに対して何らかの答えを出し、根拠の説明を交流する部分は共通している。この際、構成されるのが知識ではなく価値観である。
(参考：https://coref.u-tokyo.ac.jp/archives/5515（2019年9月4日取得））東京大学CoREF「知識構成型ジグソー法」

コラム⑥

私と道徳授業〜「できない理由」を大切に！私のターニングポイント〜

　私は道徳授業が苦手だった。読み物教材を読み、主人公の気持ちを次々問う。「正直は大切」「きまりは大事」等、正しいことは言うのだが、どこか空々しい。高学年ともなると、発表する子も少なく、手応えも今一つ。何ともいえない重い空気が教室を覆う。

　その頃の私は、善い行いや道徳的価値の大切さをどう子どもに伝え、どう理解させるか、そればかり考えていた。そう思えば思うほど、子どもは自分の中にある弱さや醜さ、疑問等の本音を素直に出せなくなり、授業が硬直化してしまうことに気付いていなかったのだ。

　道徳について勉強するようになって、本音の中にこそ、道徳性を高める鍵が隠されていることに気付いた。特に、「できない理由」を大切にする姿勢は、私の授業を劇的に変えた。子どもの「できない理由」に耳を傾け、教師も友だちもその思いにしっかりと共感していく。子どもの考えは「なるほど。そう考えたんだね」と受け止め、「今の考えを他の人はどう思いますか」と、子どもたちに戻していく。教師は自分の考えを一方的に押し付けるのではなく、子どもの考えを引き出し、繋いでいくのである。本音を出し合う中で「自分も同じだ」と、出された本音に寄り添う雰囲気ができてくるにつれ、子どもは安心して自分の思いを語り、道徳授業を楽しみにするようになった。

　不思議なことに、授業では、本音とともに、よくなりたい自分、目指したい自分の姿も多く語られるようになり、子どもの考えが自然と高まっていった。「できない理由」を大切にし、子どもと一緒に自分の生き方について考えていく、そんな道徳授業を楽しめる教師になってほしい。

（森川敦子）

第10章

プログラムタイプの学習指導案
――教科や体験活動と連携した道徳学習プログラムの展開――

1．道徳学習プログラムの特徴とねらい、留意点

　学習指導要領において、道徳科と教科や体験活動との関係は次のように示されている。「学校における道徳教育は、特別の教科である道徳（以下「道徳科」という。）を要として学校の教育活動全体を通じて行うものであり、道徳科はもとより、各教科、外国語活動、総合的な学習の時間及び特別活動のそれぞれの特質に応じて、児童の発達の段階を考慮して、適切な指導を行うこと。」（「第1章　総則」）

　もともと子どもは一個の全体である。小学校や中学校では、国語、算数（数学）、理科、社会、生活、体育、図工（美術）、音楽、技術・家庭、外国語といった教科や、特別活動、総合的な学習の時間、外国語活動といった教科外活動を、カリキュラムにしたがって学んでいく。それらは、ばらばらな内容のように見えるが、一個の子どもの中では密接につながり、子どもの知識・技能として蓄えられていく。中心は「生きること」である。子どもが幸せに豊かに生きるために、教科の学習や体験活動がカリキュラムとして作成されているのである。したがって、子どもの生きる意欲に関連づけながら、カリキュラムを構成することは当然のことであり、これまでの学校教育で行われてきたことである。これからは、それを意識的に計画し、子どもたちが、学習したり体験したりしたことがらを、自分の中でつなぎあわせることができるように、支援することが求められる。そのために、道徳学習プログラムは効果的な方法である。

　道徳学習プログラムにおいては、似たような価値内容を持つ教科や体験活動を単に組み合わせるだけではなく、児童生徒の思考の深まりを促すように組織することが必要である。本章では、児童生徒の思考の流れ図と道徳学習プログラムの全体図を示す。それとともに、道徳学習プログラムを構成する道徳授業の学習指導案を示す。

2.「レインボープログラム」の学習指導案（小学校第5学年）

　道徳学習プログラムは、児童生徒が共通する体験的な活動を含む学習と道徳科の学習を計画的に関連させて、道徳的価値の補充、深化、統合を進めるものである。

　レインボープログラムは、児童生徒と共に創るプログラムである。虹の架け橋のように、他教科領域と道徳で心をつなぐ、小学校と中学校で心をつなぐという意味を込めて名づけられた。運動会（体育祭）や学習発表会や文化祭など児童生徒がステップアップする行事で、その活動の中で生じるであろう課題を指導者が予測し、道徳科の学習と意図的に関連させていく。児童の意識の流れに沿って関連させることで、効果的に児童生徒の道徳的価値の補充、深化、統合を進めることができる。さらに道徳科で学んだことを実践できる場がすぐにあり、児童生徒も実感をもって価値を考え、価値の再構築をすることができる。

　指導者が意図的に仕組みながらも、児童生徒が次のステップに自ら進めていけるプログラムになるとき、指導者と児童生徒の意識の一体化を感じることができる。また、発達の段階に応じながら、全学年が同時期に実践することで、すべての指導者が道徳的な視点で児童生徒の変容を伝え合うことができる。

　ここで紹介するレインボープログラムは、3つの段階から構成されている。第1段階は生命尊重の価値への意識付けの段階で、年度初めに実施し、話し合ったことや教材の挿絵などを学級掲示し、児童の年間を通して学級で大切にしたい思いを共有化すると共に、指標となるように掲示しておく。

　第2段階は学期の中心となる学校行事や総合的な学習の時間など活動を伴う体験的な学習活動と関連する内容項目の道徳科の授業、2～3時間程度を1つのユニットにして構成する。

　第3段階は、各学期のユニットを総括し、生命尊重の価値を児童生徒がよりよく生きるために深化させる段階である。年間のまとめとして「生命尊重」を道徳科の授業で実施し、年間を通して考えた「いのち」を深め、自己の生き方につなげ、さらに次の学年のめあてとしていく。

　本節では、第1段階、第2段階の学習指導案を示すことにする。

（1） 児童の思考の流れとプログラム構成

（2） レインボープログラム構成図

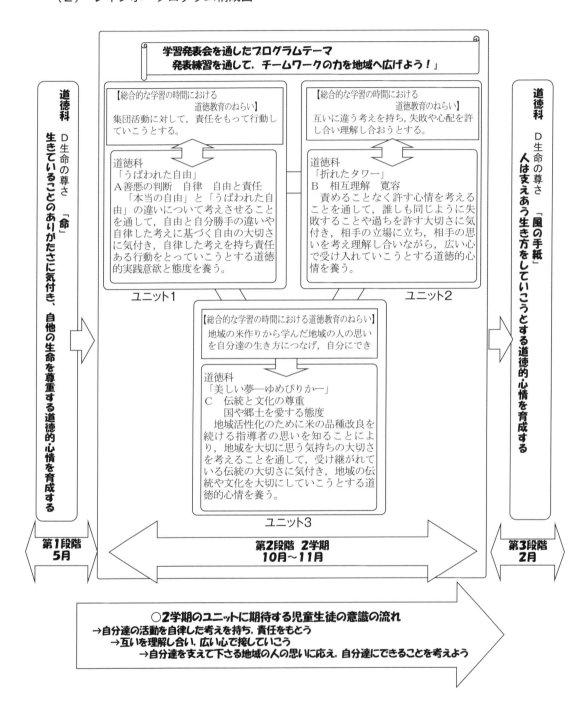

（３） 道徳科の学習指導案

■第１段階：生命尊重の価値への意識付け

１）対象学年　小学校５年生

２）教材名　「命」（生きる力　日本文教出版）

３）主題名　今を大切に生きるために（D　生命尊重）

４）ねらい　命の詩に込められた思いを考えることを通して、命の大切さに気付き、命はかけがえのないもので、命を尊重していこうとする道徳的心情を培う。

５）学習展開

	学習活動	主な発問と予想される児童生徒の心の動き（○主な発問、◎中心発問、・予想される児童生徒の反応）	指導上の留意点 ☆評価の観点（評価方法）
導入	1　「命」のイメージをとらえる。	○　命に色があるとしたら何色でしょう。	○抽象的な「命」を色に例え、生命観への動機付けをさせる。
展開	2　教材「命」について話し合う。 （1）「精一杯生きよう」という香澄さんの思いを考える。 （2）香澄さんは、詩を読んだ人にどんな思いを伝えたかったかを考える。 3　自分の生活を振り返る。（内省化）	○「命」を聞き、話し合いましょう。 ○「精一杯生きよう。」という香澄さんの思いについて考えましょう。 ・生きている時間が大切だと思った。 ・病気でもできることがある。 ◎香澄さんが、伝えたいのは、どんな思いなのでしょう。 ・自分と同じ病気の人に頑張ってほしい。 ・病気ではなくてもつらい思いをしている人に精一杯生きて欲しい。 問い返し発問 ○みんなは、この詩から、命についてどんな思いをもちましたか。 ・命は一つしかないし、自分の命も無くなるかもしれない。 ・自分が生きている時間が大切だと思った。 ・自分が生きているのは当たり前じゃないと思った。 ○５年生の学年を過ごしていくために、大切にしたい思いを考えましょう。 《児童の感想に記載》	○　香澄さんの詩から思いを考えさせる。 ○　自分自身はどのように受け取ったかを考えさせる。
終末	4　道徳学習プログラムの学習との関連を考えさせる。	○　１年間の行事を考え、どのような思いで頑張るのか考えてみましょう。	○　道徳学習プログラムの関連を生かし、これからの学校生活に意欲を持たせる。

6）板書

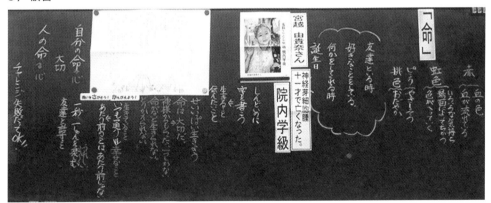

7）児童の感想

・一日一日を大切に生きたい。自分が生まれてきたことも奇跡。感謝したい。
・命を大切にしたいと思いました。自分だけじゃなくて人の命も大切にしたいです。
・友達が言った「生きていることは当たり前じゃない。」という言葉が心に残りました。
・いつも通りの生活できることは幸せなこと。一日一瞬を楽しんでいきたい。
・命は一つしかない。私たちの命もいつなくなるのか分からない。だから大切に生きたい。
・精一杯頑張っていきたい。失敗してもチャレンジしていきたい。

■第2段階：ユニットごとの学習指導案

　総合的な学習の時間で学習した米作りをまとめ、発表できるようにする学習活動と道徳科の学習を関連させ、A善悪の判断、自律、自由と責任、B　相互理解、寛容、C伝統と文化の尊重、国や郷土を愛する態度の道徳的価値を深め、自分の生き方につなげていくユニット。

①ユニット1
1）教材名　「うばわれた自由」（生きる力　日本文教出版）
2）主題名　ほんとうの自由（A　善悪の判断、自律、自由と責任）
3）ねらい　自分勝手な行動から牢に入れられたジェラール王子が、森の門番ガリューに「本当の自由を大切に」と言われた時の心情から「本当の自由」と「うばわれた自由」の違いについて考えさせることを通して、自由と自分勝手の違いや自律した考えに基づく自由の大切さに気付き、自律した考えを持ち責任ある行動をとっていこうとする道徳的実践意欲と態度を養う。

4）学習展開

	学習活動	主な発問と予想される児童生徒の心の動き (○主な発問、◎中心発問、・予想される児童生徒の反応)	指導上の留意点 ☆評価の観点（評価方法）
導入	1　自由について考える。	○　「自由」とはどんなことでしょう。「自由」ならいいと思うことは、どのようなことでしょう。 ・好きなようにできる。 ・自分の思い通りの時間	○　「自由」について、自分や友達の考えを知り合い、価値への動機付けとする。
展開	2　教材「うばわれた自由」について話し合う。 （1）ジェラールが自由をどのようにとらえているか考える。	○　「うばわれた自由」を聞き、話し合いましょう。 ○　森の番人ガリューに「自分だけに都合のよいようにするのはほんとうの自由ではない。」と言われた時、ジェラールは「自由」についてどう考えていたでしょう。 ・自分がしたいようにすることが自由。 ・したいことをするのが自由 ・みんな自分のしたいようにできる自由を望んでいる。	○　王子であるから自由にしてもかまわないというだけでなく、王子のわがままの原因となる心の弱さに気付かせるともに、人間には誰しも持っている弱さであることに気付かせる。（人間理解）
	（2）牢に入れられたジェラールは自分の行動をそのように振り返ったか考える。	○　牢に入れられ、ガリューと再会したジェラールは、自分の行動をどのように振り返ったでしょう。 ・自分の思い通りにしてはいけなかった。 ・わがままな心を正すべきだった。	○　ジェラールは、自分自身を振り返ってどのように思うかを考えさせる。
	（3）「うばわれた自由」と「ほんとうの自由」の違いについて考える。	◎　ジェラールが言う「本当の自由」には、どのような違いがあるのでしょう。 ・わがままをしないこと ・きまりを守る。 ・自分のしたいことをするのが自由ではない。 ・自分勝手とは違う。 ・考えた行動、正しい行動を選ぶ→判断 ・自分のことだけを考えない→他者 ・自分のしたいことを我慢する。→自律	○　中心発問の心情から価値に迫るために、問いが児童から生まれなければ、指導者から問いを提示しながら価値に迫らせる。
	3　学習発表会に向けた取組を振り返る。	○　学習発表会に向け、米作りについて発表していく内容や方法を話し合う活動を振り返りましょう。 （自分達で自由に考え発表内容を決めていく過程の様子を振り返らせ、価値について自分達の学習活動との関わりで深めさせていく。）	○　道徳学習プログラムの関連を生かし、「自由と責任」の価値を自分の生活に重ねて深めさせる。
	4　自分の生活を振り返る。（内省化）	○　学校や集団について考え、自分の考えが変わったことや新しい気づきをもとに、未来へのヒントを考えてみましょう。	○　学んだ価値について、自分の生活や経験を振り返り、これからの自分に生かす思いを道徳ノートに記入させる。
終末		《児童の感想に記載》	☆本当の自由とは、正しい判断をし、責任を持って行動していこうとする道徳的実践意欲と態度を養うことができたか。（発言、ノート）

5）板書

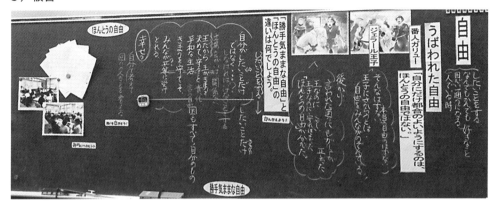

6）児童の感想

- 自分で考えて行動したり相手の気持ちを考えたりすることで、みんながうまくいく。
- やりたいことをするのではなく、みんながうまくいくようにすることが自由。
- 学習発表会の練習でも勝手な行動をせずに、考えて行動していきたい。
- したくないことでもしなくてはいけないことをしていくことが大切だと思った。
- 私は一人が自由で楽しいと思っていたけど、みんなといても自由だし楽しいのだと思った。
- 自由は人のためになったり自分のためになったりするものだと分かった。
- 自由は何でも思い通りになることだと思っていたけれど、本当の自由はみんなに平等にあって、みんなが幸せになるものだと思った。
- 自由についてもっと考えて、本当の自由を味わうためにもっと責任を持っていきたい。

②ユニット2

1）教材名　「折れたタワー」（生きる力　日本文教出版）
2）主題名　許すということ（B　相互理解、寛容）
3）ねらい　給食当番の時マスクを忘れ友達から責められた主人公が自分の工作の作品を壊しうつむく友人の姿を見て、自分と同じだと感じる気持ちを考えることを通して、自分を責めた相手でも責められた時の自分と重ね合わせ理解し、許すことの大切さに気付き、互いに理解し合おうとする気持ちを持ち、他者の過ちを許していこうとする道徳的心情を養う。

4）学習展開

	学習活動	主な発問と予想される児童生徒の心の動き （○主な発問、◎中心発問、・予想される児童生徒の反応）	指導上の留意点 ☆評価の観点（評価方法）
導入	1　自分の失敗を責められる時の気持ちを振り返る。	○　失敗をした時責められるとどんな気持ちになりますか。 ・腹が立つ　・悲しくなる。 ・自分の思い通りの時間	○　失敗をした時の自分の気持ちを振り返らせ、教材への動機付けをさせる。
展開	2　教材「折れたタワー」について話し合う。	○　「折れたタワー」を聞き、話し合いましょう。	
	（1）マスクを忘れたひろしの気持ちを考える。	○　マスクを忘れたことを責められるひろしはどんな気持ちだったでしょう。 ・悲しい。 ・自分がうっかりしたせいで迷惑をかけた。	○　マスクを忘れて責められる側と責める側、両方の立場の気持ちを考えさせる。
	（2）ひろしを責めるのりおの気持ちを考える。	○　ひろしを責めるのりおは、どんな気もちなのでしょう。 ・自分の仕事が増えるから腹が立つ。 ・しっかりして欲しい。	
	（3）「あの時のじぶんと同じだと思うひろしの気持ちを考える。	◎　ひろしが、（あの時のぼくと同じだ）と思ったのは何が同じだと感じたのでしょう。 気持ち⇒責める方も悲しい。 ・責められて悲しい思い。 ・失敗して悪かった気持ち。 何も言えない⇒人間は完ぺきではない。 ・謝るしかない ・自分の行動がなさけない。 ・同じだから責めることはできない。 ・人間は誰でも失敗をするんだ。だから許す。 ・許さなければ自分も悲しい。	○　「同じ」だと思う理由を考えさえると共に、状況が違うこともおさえる。
終末	3　自分の生活を振り返る。（内省化）	○　学習発表会に向け練習している自分達を振り返りましょう。 （学習発表会に向けた練習の中で起こる失敗やトラブルを想起させ、価値について自分達の学習活動との関わりで深めさせていく。） ○　今日の学習の価値や学び方について、未来へのヒントを書きましょう。	○　道徳学習プログラムの関連を生かし、「相互理解、寛容」の価値を自分の生活に重ねて深めさせる。 ○　学んだ価値について、自分の生活や経験を振り返り、これからの自分に生かす思いを道徳ノートに記入させる。 ☆　互いに理解し合い、失敗を受け入れていこうとしているか。

5）板書

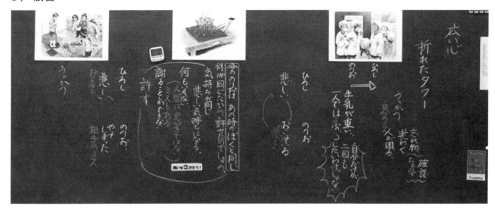

6）児童の感想

- 人間は完璧ではない、ミスをするのだから怒ってもどうにもならないし、広い心で許すことの大切さが分かりました。そして、相手を責めてもいいことはないことに気付きました。
- 人を責めた後、自分もいやな気持ちになっていくと思いました。責め続けたら自分を嫌いになると思います。
- 自分もみんなも失敗することがあるから、相手を責めるのではなく自分はどうなのかを考えていきたい。
- 相手が失敗してうまくいかない時に相手を責めたら、自分を責めているのと同じことになると思う。相手の失敗を責めずに許せるようになりたい。
- 自分は今まで、失敗をした色々な人に怒ってきたけど、その時は自分のことしか考えていなかったから、今度からは、考えて行動していきたい。

③ユニット３
1）教材名　「美しい夢－ゆめぴりか－」（生きる力　日本文教出版）
2）主題名　地域のすばらしさ（C　伝統と文化の尊重、国や郷土を愛する態度）
3）ねらい　寒い北海道に合う米を作るために品種改良を行い、できた米に「美しい夢－ゆめぴりか－」と名付けた思いを考えることを通して、郷土の素晴らしさや人の思いに気付き、自分達の郷土のすばらしさを再認識し、郷土の発展に尽くす人の思いを大切にして、自分達にできることで郷土を大切にしていこうとする道徳的心情を養う。

4）学習展開

	学習活動	主な発問と予想される児童生徒の心の動き (○主な発問、◎中心発問、・予想される児童生徒の反応)	指導上の留意点 ☆評価の観点（評価方法）
導入 (2)	1 「コシヒカリ」の名前の由来を想起する。	○ 「コシヒカリ」の名前の由来はどんな意味だったでしょう。	○ 学習発表会の発表内容を想起させ、米の名前に込められた思いを考えさせる。
展開 (40)	2 教材「美しい夢―ゆめぴりか―」について話し合う。 （1）品種改良を続ける12年間の思いを考える。 （2）「ゆめぴりか」の名前に込められた思いを考える。	○ 「美しい夢―ゆめぴりか―」を聞き、話し合いましょう。 ○ 米の品種改良を続けた12年間はどんな思いだったのでしょう。 ・地域のために頑張りたい。 ・きれいな水を生かしたい。 ・地域の特産物を作りたい。 ◎ 「ゆめぴりか」の「夢」とはどんな夢なのでしょう。 ・農家の人の生活を守る。地域の豊かさ ・米を作り続ける。⇒農家の人の希望につながる。 ・立ち向かう⇒不利な自然条件にも ・これからも追い続けるもの	○ 12年という歳月を児童の年齢に重ねて時の長さを実感させる。 ○ 米の名前から価値につなげて考えさせる。
	3 自分の生活を振り返る。（内省化） 4 学習発表会に向けた取組を振り返る。	○ 学習発表会に向け、米作りを指導して下さった方の思いを考えてみましょう。 （米作りに取組み、調べ学習を進めた内容を伝えるだけでなく、これまでの活動を支えて下さった地域の人の米作りに対する思いを振り返らせ、価値の深化につなげる。）	○ 道徳学習プログラムの関連を生かし、「郷土を愛する態度」の価値を自分の生活に重ねて深めさせる。
終末 (3)	5 自分達の活動を振り返る	○ 学校や集団について考え、自分の考えが変わったことや新しい気づきをもとに、未来へのヒントを考えてみましょう。	○ 学んだ価値について、自分の生活や経験を振り返り、これからの自分に生かす思いを道徳ノートに記入させる。 ☆ 郷土のために自分にできることをしていこうとする徳的実践意欲と態度を養うことができたか。（発言、ノート）

5）板書

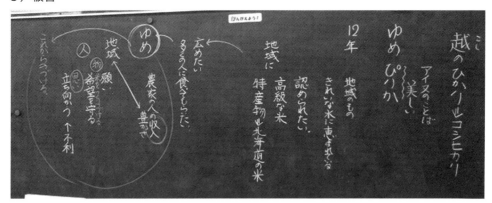

6）児童の感想

- 三良坂でできた米作りをしていこうとする希望を伝えていきたい。
- 私達にもつなげていかなければならない伝統がある。それを地域の人の希望にしていきたい。
- 米作りの大切さを伝えていきたい。
- 米作りの発表で地域の人に米作りの苦労や喜びを伝えていきたい。
- 地域で米を作っている人が、おいしいお米を食べて欲しいという願いをもっていることを、たくさんの人に伝えていきたいと思います。
- 自分も将来、自分の夢をみんなの夢につなげていけるようにしたいです。
- 地域の人に喜んでもらえるよう米作りをしている人の思いや願いを伝えていきたい。

3．特別活動とのユニットによるプログラムの学習指導案
（中学校第3学年）

　道徳学習プログラムは、児童生徒が体験する共通的な活動を道徳科の学習と計画的に関連させて道徳的価値の補充・深化・統合を進めるものである。特別活動における文化祭をプログラムの中心的な活動に設定したものを例に、主に生徒の意識の変化から解説したものが下の表である。

(1) 生徒の思考の流れとプログラム構成

ユニット1

文化祭を通したプログラムテーマ
「クラスで団結した力を全員の進路実現につなげよう」

【特別活動における道徳教育のねらい】
自分自身の課題と向き合い，強い意志を持ち目標実現のために努力しようとする。

道徳科
「風に立つライオン」（あかつき）
A 希望と勇気，克己と強い意志

> 3年生として文化祭でまとまる姿は，進路に向けてまとまる姿と関係しているはずだ！
> 日々の姿が，文化祭の姿に現れる。

今年の文化祭は，今までと何が違うのだろう？

ユニット2

【特別活動における道徳教育のねらい】
クラスの一員としての自覚を持ち，よりよい集団をつくるために自分にできることを考え行動しようとする。

> クラス，学校が一層良くなるには，「反対」も必要。一人一人の存在意義を誇れるものにしていきたい！

道徳科
「心がひとつに」（あかつき）
C よりよい学校生活，集団生活の充実

三年生としてどのような姿を示すことが，学級目標にある「最高のゴール」になるのだろう？

【共通する体験的な学習活動】

文化祭

> 「良い文化祭にしたい」と中心的に動いた生徒となかなか自分の思いを出せない生徒とのトラブルが発生！

ユニット3

【特別活動における道徳教育のねらい】
他者の姿勢や多様な考え方から学び，自分自身を高めていこうとする。

道徳科
「山寺のびわの実」（あかつき）
B 相互理解，寛容

頑固さと優柔

授業後の生徒の感想
○環境が変わったとしても人は急に変われない。自分が変わろうという思いが必要だと思いました。
○性格の違いから生まれるものもあるのだなと思いました。
○相異なる物は，それぞれにないものをお互いもっているので，その良さが二つそろって人間関係になるのではないかと思いました。
○クラスでも対立が起きた時には，他の人の悪いところを探すのではなく，自分の悪いところを考え変えていくことが必要だと思いました。
○極端，頑固さも時には必要なのかもしれないが，バランスや柔軟性をもって関わっていくと関係がよりよくなると思う。

（2）道徳学習プログラム構成図

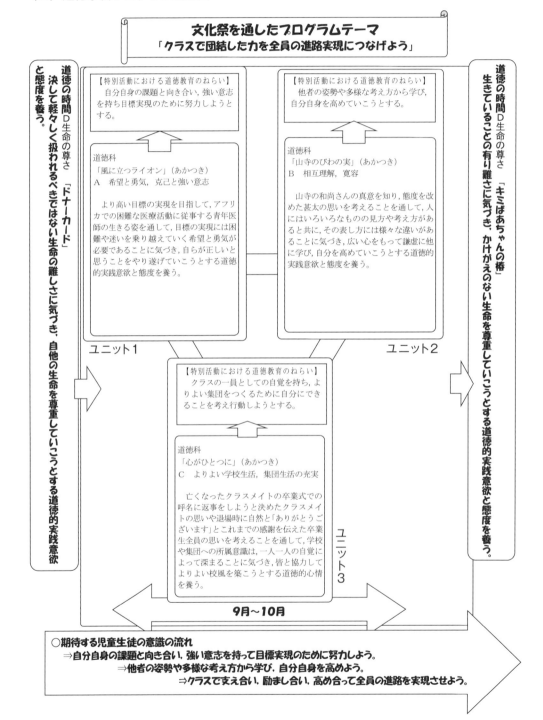

（3）特別活動とのユニットによる学習指導案
①ユニット１

【特別活動における道徳教育のねらい】
　自分自身の課題と向き合い、強い意志を持ち目標実現のために努力していこうとする段階

【道徳科の学習指導案】
1）対象学年　中学校第３学年
2）教材名　「風に立つライオン」（中学生の道徳３　あかつき）
3）主題名　やり遂げる強い意志【A　希望と勇気、克己と強い意志】
4）ねらい　より高い目標の実現を目指して、アフリカでの困難な医療活動に従事する青年医師の生きる姿を通して、目標の実現には困難や迷いを乗り越えていく希望と勇気が必要であることに気付き、自らが正しいと思うことをやり遂げていこうとする道徳的実践意欲と態度を養う。
5）学習過程

段階	学習活動	主な発問と予想される児童生徒の心の動き（○主な発問、◎中心発問、・予想される児童生徒の反応）	指導上の留意点☆評価の観点（評価方法）
導入	1　教材に含まれる主人公の葛藤について、自分ならどう行動するか考え、教材への課題意識をもつ。	○　あなたは医師で恋人もいる。そこに幼い頃からの目標であったアフリカでの医療支援の話が舞い込んだ。行くとなると単身だが、あなたならどうしますか。 【行く】 ・必要とされている所に行きたい。 ・目標を叶えたい。 【行かない】 ・危険な目に遭うのが嫌。 ・恋人と離れたくない。	○自分の目標であっても様々な状況により迷いや困難が生じることに気づかせる。 ○赴任地（アフリカ）の実態にふれる。
		課題「目標（理想）を実現するために必要なものは何か」	
展開	2　教材「風に立つライオン」について話し合う。 （1）辛いが、幸せであると言い切れる主人公の心情、生き方について考える。	○　「風に立つライオン」を聞き、話し合いましょう。 ◎　辛いのに、なぜしあわせと言い切れるのだろう。 補助発問）恋人から結婚したという報告が来たら、辛さしかないように思うけど。 ・辛いけど充実感がある。 ・元恋人が幸せになってくれることに喜びを感じているから。 ・辛さを乗り越え、自分の選択は間違っていなかったと思えるから。 ・自分の意志で選んだ納得のいく生き方ができているから。	○資料は恋人の結婚報告に対する返答であることを押さえる。

展開	（2）現状に満足せず、より高い目標の実現を目指す主人公の心情について考える。	○「現在（いま）を生きることに思い上がりたくないのです」には主人公のどのような思いが込められているのでしょう。 ・今の自分に満足せず成長していきたい。 ・もっと自分を高めていきたい。 ・より高い目標を実現していきたい。	
	（3）目標を実現する際に生じる困難や迷いに立ち向かう態度について考える。	◎困難に立ち向かうには、（風に立つ）ライオンのどの部分が大切だろう。 ・足……苦しさから逃げ出さないため困難に耐えていくため。 ・目……目標をしっかり見据えていくため。力強い意志を表す。 ・鬣……困難にも負けない颯爽とする強さ。 ・牙……迷い苦しみを噛みしめる強さ。 ・爪……自分の道を切り拓いていく。 ・最後は一人で立ち向かうしかない。 問い返し）どうしてライオンに例えたのだろう。 ・最後は、結局一人で実現していかなければならない意志の表れ。 ○今日の課題「目標を実現するために必要なもの」について、自分自身は何だと思いましたか。 ・迷いや悩みがあってもそれを支える目標とあきらめない力。 ・実現したいという強い思いだけでなく、叶えたいという希望。	○丘の上に凛と立つライオンを提示することで自我関与させ、その姿から困難に立ち向かうために必要な価値について考えさせる。 ○他の意見を聞いた上で、どの考え方が今の自分にとって必要か、ネームプレートを貼り出させ理由を発表させる。
	3 自分の生活を振り返る。（内省化） 学期初めに立てた目標と関連させながら、本時の振り返りをする。	○2学期の初めに立てた進路実現への目標を再確認し、今日の学習を通して、思ったことを振り返りましょう。	○学んだ価値について、自分の生活や経験を振り返り、これからの自分に生かす思いを道徳ノートに記入させる。 ☆自らが正しいと思うことをやり遂げていこうとする道徳的実践意欲と態度を養うことができたか。 （発言・道徳ノート）
終末	4 進路に向けた姿と文化祭での姿の関連を考える。	○進路実現を目指す姿と文化祭で示せる3年生の姿はつながるだろうか。	○道徳学習プログラムの関連を生かし、文化祭の取組に対して、「希望と勇気、克己と強い意志」の価値を自分の生活に重ねて深めさせる。

6）板書計画

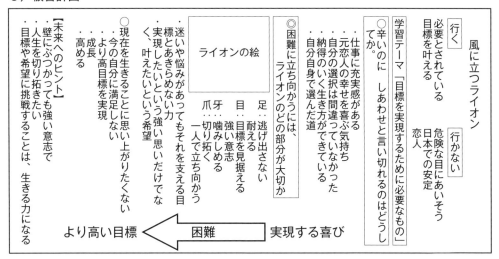

（7）授業の振り返り

○困難から逃げず立ち向かう姿は、これからの人生にとても大切なことなのではないかと思った。
○人は、自分でゴールを決めてしまうからいけないと思った。また、自分のことばかりではなく、相手も優先できてこそゴールが近づくと思った。これが真の強さと優しさだと思う。
○自分が行く道に何があるか分からない。だから何にでも立ち向かえる強い芯を持っておく。
○どこか一つが大事なのではなく、全てがある（兼ね備えている）からこそ強くなれるのだと思った。
○今の私たちは、テストの結果や成績でどの高校に行けるかを決めていると思うけど、自分はどこに行きたいか、何をしたいか、そのために何をしたら良いかを考えていくことが大切だと思った。
○もし自分に対してこれからの人生で何か困難があっても、自分の「心」の中にある強い逃げないという気持ちをまず大切にしようと思いました。

②ユニット2

【特別活動における道徳教育のねらい】
　クラスの一員としての自覚を持ち、よりよい集団をつくるために自分にできることを考え行動していこうとする段階

【道徳科の学習指導案】
1）**対象学年**　中学校第3学年
2）**教 材 名**　「心がひとつに」（中学生の道徳3　あかつき）

3）主題名　愛校心【C　よりよい学校生活、集団生活の充実】
4）ねらい　亡くなったクラスメイトの卒業式での呼名に返事をしようと決めたクラスメイトの思いや退場時に自然と「ありがとうございます」とこれまでの感謝を伝えた卒業生全員の思いを考えることを通して、学校や集団への所属意識は、一人一人の自覚によって深まることに気付き、皆と協力してよりよい校風を築こうとする道徳的心情を養う。

5）学習過程

段階	学習活動	主な発問と予想される児童生徒の心の動き (○主な発問、◎中心発問、・予想される児童生徒の反応)	指導上の留意点 ☆評価の観点（評価方法）
導入	1　昨年度と今年度の文化祭の違いについて考え、教材への課題意識をもつ。	○　今年の文化祭は、これまでと何か違うものがありますか。 ・三年生としてまとめなければいけない。 ・後輩へのメッセージを大切にしないといけない。（三年生としての役目）	○導入で出てくる最高学年としての姿を終末に向けて深めていく。
展開	2　教材「心がひとつに」について話し合う。 （1）クラスメイトのために全員で返事をしようと決めたクラスの思いについて考える。 （2）これまでの努力によって培われてきた校風や学級風土の良さに気づいた主人公の心情について考える。	○　「心がひとつに」を聞き話し合いましょう。 ○　全員で返事をしようと決めたのはどうしてでしょう。 ・木村さんもクラスの仲間だから。 ・全員で卒業したい。 ・木村さんもクラスの一人だから。 ◎　主人公がこのクラスで良かったという思いになったのはどうしてだろう。 【クラスについて】 ・誰も呼名に反対しなかった。 ・誰もが必要とされていることを実感した。 ・クラス全員が一人一人を大切に思っていると感じたから。 ・みんなで呼名の返事や感謝を伝える思いをひとつにできた。 ・皆が同じ方向、思いになれた。 【その他】 ・生きているのは当たり前ではないと再認識できた。 問い返し）クラスが一つになるには、誰も「反対」をしないということだろうか。 ・「反対」によって話し合いが生まれ、より良い意見が出てくる。 ・「反対」も時には必要。その「反対」は、クラスをより良くするためのもの。それだけクラスや学校を何とかしようという表れ。 ・全員で意見を出し合い、「反対」もする。それでも認め合い、高め合うことでクラスができていく。 ・クラスがより一層良くなるために、そして一人一人の存在意義が誇れるものに	○クラスを形成するのはそこに所属する全員であるという考えをもたせる。 ○協力して思いを一つにできた良さやその理由について、出てきた意見をもとに問い返しを行い、ねらいを深めていく。 ○本教材で行われた呼名に対する返事や卒業式終了後のあいさつは、阪神淡路大震災の影響が大きいが、震災が無くても築いてきたこの学校やクラスの良さについて考えていけるように問い返しを行う。

展開	3 自分の生活を振り返る。（内省化） 学級目標と文化祭を関連させながら、本時の振り返りをする。	なっていくのなら反対することも必要だと思う。 ○ これから始まる文化祭に向けて、今日の学習を通して、感じたことを振り返りましょう。	☆学校や集団への所属意識は、一人一人の自覚によって深まることに気づき、皆と協力してよりよい校風を築こうとする道徳的心情を養うことができたか。 （発言・道徳ノート）
終末	4 文化祭の取組に向けて大切にしたい思いを考える。	○ 文化祭で、三年生としてどのような姿を示すことが、学級目標にある「最高のゴール」となっていくのでしょう。	○道徳学習プログラムの関連を生かし、文化祭の取組に対して、「よりよい学校生活、集団生活の充実」の価値を自分達の生活に重ねて深めさせる。

6）板書計画

```
心がひとつに

今年の文化祭
・三年生としてまとめる
・後輩へのメッセージ

○全員で返事をしようと決めたのはどうしてでしょう。
・木村さんもクラスの仲間 一員
・全員で卒業したい

◎主人公がこのクラスで良かったという思いになったのはどうしてだろう。
・誰も反対しなかった
・誰もが必要とされていると実感
・全員が一人一人を大切に思っている
・みんなで思いを一つにできた
・生きているのが当たり前ではないと実感

クラスがひとつになるには
「反対」をしないということなのか？

「反対」により
話し合いが生まれる
全員で意見を出し合う
           ↓
認め合い        よりよい意見
高め合い        クラスを良くしたいという思い
           一人一人の存在意義
誇れるクラス・学校に
```

7）授業の振り返り

○最高のゴールは全員でやるだけではなく、成功させようという強い気持ちで臨んだ結果だと思います。また、成功するだけが最高のゴールではないので、思いの部分を強くしていきたいです。
○クラス全員で努力や協力をし合ったりすることができれば最高のゴールなのではないかと思いました。これまでの経過と結果が大切だと思います。

○一人一人が学校やクラスに対する意見をもち、素直に言うことができれば自分たちなりの最高のゴールが見えてくると思う。
○一人一人の思いがクラスであり、全校へとつながっていく。
○反対意見も言えるような雰囲気は良いなと思います。「学校のリーダー」というものの意味をもう一度考え直すことが大事だと思う。リーダーは皆の上に立って一人でやっていくのではなく、皆の意見をまとめていくという思いでやっていけば良い雰囲気が作れると思う。

③ユニット３

【特別活動における道徳教育のねらい】
他者の姿勢や多様な考え方から学び、自分自身を高めていこうとする段階

【道徳科の学習指導案】
１）対象学年　中学校第３学年
２）教材名　「山寺のびわの実」（中学生の道徳３　あかつき）
３）主題名　謙虚な心【B　相互理解、寛容】
４）ねらい　山寺の和尚さんの真意を知り、態度を改めた甚太の思いを考えることを通して、人にはいろいろなものの見方や考え方があると共に、その表し方には様々な違いがあることに気付き、広い心をもって謙虚に他に学び、自分を高めていこうとする道徳的実践意欲と態度を養う。
５）学習過程

段階	学習活動	主な発問と予想される児童生徒の心の動き （○主な発問、◎中心発問、・予想される児童生徒の反応）	指導上の留意点 ☆評価の観点（評価方法）
導入	1　教材「山寺のびわの実」について話し合う。 2　教材を聞いて感じた感想を話し合う。	○　「山寺のびわの実」を聞き話し合いましょう。 ○　教材からどのような感想をもちましたか。 【甚太について】 ・なぜここまで怒るのか。 ・和尚さんをすごく嫌っている。 ・どうしてこんなに気持ちが変化するのか。 ・改心が早過ぎる。 【和尚さん（おっさん）について】 ・すごく良いお坊さん。優しい。 ・甚太の方が悪いのに、どうしてここまでできるのか。	○導入の感想をもとに展開を考えるが、予め感想を予想し、展開を組み立てておく。

展開	（1）甚太の生き方を変えたものについて考える。	◎ 甚太の生き方を変えたものは何だろう。 【和尚さん】 ・和尚さんの器の大きさや優しさ。 ・和尚さんは誰に対しても平等で優しい。 【甚太】 ・和尚さんが娘のためにしてくれていたことを知り、自分の愚かさに気づいた。 ・性格が違い過ぎて恥ずかしくなった。 ・全く異なる性格をもつ和尚さんの中身を知り衝撃を受けた。 ・甚太は、本当は優しいと思う。 【とめちゃん】 ・死んだとめちゃんの存在が甚太を変えた。 ・和尚さんも甚太もとめちゃんのことをとても可愛がっていた。とめちゃんが二人の思いをつないでくれた。 問い返し）甚太は本当に優しいのだろうか。 ・すぐ怒るところもあるが、根は優しい。甚太は頑固なだけ。 ・和尚さんも実は頑固なのではないか。 ・甚太の方が悪いのに、自分の方が悪いと譲らない頑固さがある。 ・お互い頑固という共通点がある。 ・和尚さんも頑固だが、反省したり、周りの思いを聞く心の広さがある。それを甚太は学んだと思う。	○甚太の変化に影響を和尚さんの思いと対比して考えられるように板書を行う。 ○甚太と和尚さん共に、亡くなった甚太の娘への思いは変わらないことに気づかせる。
	3 自分の生活を振り返る。（内省化） 文化祭の中で生じた課題と本時の学習を関連させながら本時の振り返りをする。	○ 皆で作り上げた文化祭の中で感じた思いを今日の学習につなげて振り返りましょう。	○道徳学習プログラムの関連を生かし、文化祭で生じた課題と本時の学習を関連させ、「相互理解、寛容」の価値を自分の生活に重ねて深めさせる。 ☆人にはいろいろなものの見方や考え方があると共に、その表し方には様々な違いがあることに気づき、広い心をもって謙虚に他に学び、自分を高めていこうとしているか。 （発言・道徳ノート）
終末	4 甚太の呼び名の変化を知る。	○ 甚太のその後の呼び名の変化に気づいた人はいますか。 ・甚太さん→とめのお父→荷馬車のお父	○甚太を取り巻く人々の関係性の広がりに気づかせる。

６）板書計画

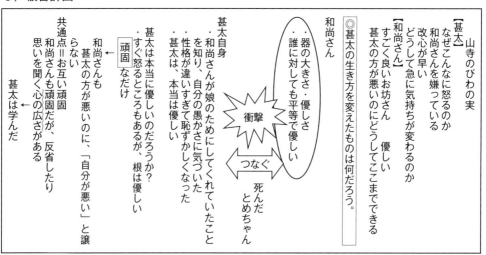

７）授業の振り返り

○環境が変わったとしても人は急に変われない。自分が変わろうという思いが必要だと思いました。
○性格の違いから生まれるものもあるのだなと思いました。
○相異なる物は、それぞれにないものをお互いにもっているので、その良さが二つそろって人間関係になるのではないかと思いました。
○クラスでも対立が起きた時には、他の人の悪いところを探すのではなく、自分の悪いところを考え変えていくことが必要だと思いました。
○極端さ、頑固さも時には必要なのかもしれないが、バランスや柔軟性をもって関わっていくと関係がよりよくなると思う。

第11章

発問構成の工夫

「○○さんはどんなことを考えているでしょう。」「○○さんは何を思っているでしょう。」……同じような心情を問う発問でも、微妙に児童の思考の流れは変わる。また、「○○さんは、心の中で何と呟いているでしょう。」と問うことで、より児童が深く自分に問いかけていくことにつながる場合もある。それだけ教師による発問は、児童の思考の流れをつくる重要な要素であり、話合いを深める重要な鍵となる。発問によって児童の問題意識や疑問などが生み出され、多様な感じ方や考え方が引き出される。そのためにも、児童の意識の流れを予測し、それに沿った発問や、考える必然性や切実感のある発問、自由な思考を促す発問などを心掛けることが大切である。その際、授業での発問は重要なものに絞られていくことになる。

1．学習指導過程の構想

学習指導過程の構想に当たって、『小学校学習指導要領解説（平成29年告示）特別の教科　道徳編』によると、「ねらい、児童の実態、教材の内容などを基に、授業全体の展開について考える。その際、児童がどのような問題意識をもって学習に臨み、ねらいとする道徳的価値を理解し、自己を見つめ、多様な感じ方や考え方によって学び合うことができるのかを具体的に予想しながら、それらが効果的になされるための授業全体の展開を構想する。」とある。また、「指導の流れ自体が、特定の価値観を児童に教え込むような展開となることのないよう、児童が道徳的価値に関わる事象を主体的に考え、また、児童同士の話合いを通してよりよい生き方を導き出していくというような展開も効果的」と記述されている。

道徳科の学習指導過程については、特に決められた形式はなく、一般的には導入、展開、終末の各段階を設定することが広く行われているが、「主体的な学び」になるよう各段階の工夫が求められている。

導入の段階では、具体的には本時の主題に関わる問題意識をもたせる導入、教材の内容に興味や関心をもたせる導入などが考えられる。

展開は、ねらいを達成するための中心となる段階であり、中心的な教材によって、児童一人一人が、ねらいの根底にある道徳的価値の理解を基に、自己を見つめる段階であ

る。そこでは、教材に描かれている道徳的価値に対する児童一人一人の感じ方や考え方を生かす、物事を多面的・多角的に考える、児童が自分との関わりで道徳的価値を理解する、自己を見つめるなどの学習が深まるように留意する必要がある。例えば、児童生徒の考えの根拠を問う発問や問題場面を自分に当てはめて考えてみることを促す発問など、発問の工夫が必要となる。

　終末では、ねらいの根底にある道徳的価値に対する思いや考えをまとめたり、道徳的価値を実現することのよさや難しさなどを確認したりして、今後の発展につなぐ段階であると言える（以上、広島県教育資料、2018年、102頁）。

　各段階の工夫を行う際には、児童生徒が道徳的な問題を自分事として捉え、議論し、探究する過程を重視し、道徳的価値に関わる自分の考え方、感じ方をより深めるようにするために、児童生徒の実態やねらいに応じた適切な指導方法も工夫する必要がある。

　永田（2016）は、道徳の授業をつくる手順を次のように提案している。発問構成を考える際、参考としたい。

①教材での話合いの中心的な発問や中心テーマをどうするか。
②その中心的な発問・テーマを生かすための問題追及の流れをどう描くか。
③自分たちの問題を考える発問をどうするか。（置くのか置かないのか）
④問題意識をもたせるための授業全体への導入はどうするか。
⑤終末におけるまとめ方や今後へのつなげ方はどうするか。

（永田繁雄「心を育てる道徳教育の具体的展開」2016年度 道徳教育指導者養成研修講話用補助教材より一部抜粋。）

2．「考え、議論する道徳」の指導方法と発問づくり

　「道徳教育に係る評価等の在り方に関する専門家会議」が2015（平成27）年6月に設けられ、2016（平成28）年7月に協議内容が『『特別の教科　道徳』の指導方法・評価等について（報告）」としてまとめられた。そこで検討・確認されたのが「質の高い多様な指導方法」であり、「読み物教材の登場人物への自我関与が中心の学習」・「問題解決的な学習」・「道徳的行為に関する体験的な学習」の3事例が示された。

　それらの指導方法は、それぞれに様々な展開が考えられ、教材に応じて効果的な学習を設定するとともに、学校の実態や児童生徒の実態を踏まえて、授業の主題やねらいに応じた適切な工夫改良を加えながら柔軟に指導方法を選択することが大切である。それらの方法を取り入れることそのものが目的ではないことを十分に踏まえたい。そして、道徳科の目標の実現や道徳の時間のねらいに達成するための方法として、授業者が主体的にそれらの方法の取り入れ方を検討する姿勢が大切であろう。

　多様な方法を活用して授業を構想しつつ、発問の仕方を工夫する試みを意欲的に積み

重ねることが、道徳の授業の改善・充実につながると思われる。

以下に示す１）〜３）の具体例は、道徳教育に係る評価等の在り方に関する専門家会議による「『特別の教科　道徳』の指導方法・評価等について（報告）」に記載されたものの転載である。

（１）「質の高い多様な指導法」
１）読み物教材の登場人物への自我関与が中心の学習

> ねらい
> 　教材の登場人物の判断や心情を自分との関わりで多面的・多角的に考えることなどを通して、道徳的価値の理解を深める。

　多くの道徳授業では、道徳的諸価値の理解に読み物教材を活用している。この指導方法は、読み物教材の登場人物に自分を投影して、自分との関わりで道徳的価値の理解を深めることに効果的である。

　登場人物の心情理解のみに偏った授業展開とならないように発問構成を工夫することが、「考え、議論する道徳」の授業を目指す上で重要である。

【「読み物教材の登場人物への自我関与が中心の学習」の展開例】	
導入	道徳的価値に関する内容の提示 　教師の話や発問を通して、本時に扱う道徳的価値へ方向付ける。
展開	登場人物への自我関与 　教材を読んで、登場人物の判断や心情を類推することを通して、道徳的価値を自分との関わりで考える。 　【教師の主な発問例】 　・どうして主人公は、○○という行動をとることができたのでしょう。 　・主人公はどういう思いをもって△△という判断をしたのだろう。 　・自分だったら、主人公のように考え、行動することができるでしょうか。 振り返り 　本時の授業を振り返り、道徳的価値を自分との関係で捉えたり、それらを交流して自分の考えを深めたりする。
終末	まとめ ・教師による説話。 ・本時を振り返り、本時で学習したことを今後どのように生かすことができるかを考える。 ・道徳的諸価値に関する根本的な問いに対し、自分なりの考えをまとめる。 ・感想を聞き合ったり、ワークシートへ記入したりして、学習で気付いたこと、学んだことを振り返る。
指導上の留意点 ・教師に明確な主題設定がなく、指導観に基づく発問でなければ、「登場人物の心情理解のみの指導」になりかねない。	

2）問題解決的な学習の工夫

> ねらい
> 問題解決的な学習を通して、道徳的な問題を多面的・多角的に考え、児童生徒一人一人が生きる上で出会う様々な問題や課題を主体的に解決するために必要な資質・能力を養う。

道徳科において問題解決的な学習を取り入れた場合には、その課題を自分との関わりで見つめたときに、自分にはどのようなよさがあるのか、どのような改善すべきことがあるのかなど、考え、話し合うことを通して、児童生徒一人一人が課題に対する答えを導き出せるようにしていく。例えば、児童生徒の考えの根拠を問う発問や、問題場面を自分に当てはめて考えてみることを促す発問等を通じて、問題場面における道徳的価値の意味を考えさせたりすることが可能になる。

【「問題解決的な学習」の展開例】

導入	問題の発見や道徳的価値の想起など ・教材や日常生活から道徳的な問題を見つける。 ・自分たちのこれまでの道徳的価値の捉え方を想起し、道徳的価値の本当の意味や意義への問いを持つ。
展開	問題の探究（道徳的な問題状況の分析・解決策の想起など） ・道徳的な問題について、グループなどで話合い、なぜ問題となっているのか、問題をよりよく解決するためにはどのような行動をとればよいのかなどについて多面的・多角的に考え、議論を深める。 ・グループでの話合いなどを通して、道徳的問題や道徳的価値について多面的・多角的に考え、議論を深める。 ・道徳的な問題場面に対する解決案を構想し、多面的・多角的に検討する。 【教師の主な発問例】 ・ここでは、何が問題になっていますか。 ・何と何で迷っていますか。 ・なぜ、□□（道徳的価値）は大切なのでしょう。 ・どうすれば□□（道徳的価値）が実現できるのでしょう。 ・なぜ、自分はそのように行動するのでしょう。 ・よりよい解決方法には、どのようなものが考えられるでしょう。 探究のまとめ ・問題を解決する上で大切にした道徳的価値について、なぜそれを大切にしたのかなどについて話合い等を通じて考えを深める。 ・問題場面に対する自分なりの解決策を選択・決定する中で実現したい道徳的価値の意義や意味への理解を深める。 ・考えた解決策を身近な問題に適用し、自分の考えを再考する。 ・問題の探究を振り返って、新たな問いや自分の課題を導き出す。

終末	まとめ ・教師による説話。 ・本時を振り返り、本時で学習したことを今後どのように生かすことができるかを考える。 ・道徳的諸価値に関する根本的な問いに対し、自分なりの考えをまとめる。 ・感想を聞き合ったり、ワークシートへ記入したりして、学習で気付いたこと、学んだことを振り返る。
指導上の留意点 ○明確なテーマ設定のもと、 ・多面的・多角的な思考を促す「問い」が設定されているか。 ・上記「問い」の設定を可能とする教材が選択されているか。 ・議論し、探究するプロセスが重視されているか。 といった検討や準備がなければ、単なる「話合い」の時間になりかねない。	

3）道徳的行為に関する体験的な学習等を取り入れる工夫

　例えば、実際に挨拶や丁寧な言葉遣いなど具体的な道徳的行為を通して、礼儀のよさや作法の難しさなどを考えたり、相手に思いやりのある言葉をかけたり、手助けをして親切についての考えを深めたりするような道徳的行為に関する体験的な学習を取り入れることが考えられる。また、読み物教材等を活用した場合には、その教材に登場する人物等の言動を即興的に演技して考える役割演技など疑似体験的な表現活動を取り入れた学習も考えられる。

【「道徳的行為に関する体験的な学習」の展開例】	
導入	道徳的価値を実現する行為に関する問題場面の提示など ・教材の中に含まれる道徳的諸価値に関わる葛藤場面を把握する。 ・日常生活で、大切さが分かっていてもなかなか実践できない道徳的行為を想起し、問題意識を持つ。
展開	登場人物への自我関与 　教材を読んで、登場人物の判断や心情を類推することを通して、道徳的価値を自分との関わりで考える。 【教師の主な発問例】 ・どうして主人公は、○○という行動をとることができたのでしょう。 ・主人公はどういう思いをもって△△という判断をしたのだろう。 ・自分だったら、主人公のように考え、行動することができるでしょうか。 振り返り 　本時の授業を振り返り、道徳的価値を自分との関係で捉えたり、それらを交流して自分の考えを深めたりする。
終末	まとめ ・教師による説話。 ・本時を振り返り、本時で学習したことを今後どのように生かすことができるかを考える。 ・道徳的諸価値に関する根本的な問いに対し、自分なりの考えをまとめる。 ・感想を聞き合ったり、ワークシートへ記入したりして、学習で気付いたことや学んだことを振り返る。

> 指導上の留意点
> ・心情と行為との齟齬や葛藤を意識させ、多面的・多角的な思考を促す問題場面が設定されているか。
> ・上記問題場面の設定を可能とする教材が選択されているか。
> といった検討や準備がなければ、主題設定の不十分な生徒指導・生活指導になりかねない。

(2) 多様な感じ方や考え方を引き出す発問づくり

『小学校学習指導要領解説　特別の教科　道徳編』によると、指導方法の工夫として、「教師による発問は、児童が自分との関わりで道徳的価値を理解したり、自己を見つめたり、物事を多面的・多角的に考えたりするための思考や話合いを深める上で重要である。発問によって児童の問題意識や疑問などが生み出され、多様な感じ方や考え方が引き出される。そのためにも、考える必然性や切実感のある発問、自由な思考を促す発問、物事を多面的・多角的に考えたりする発問などを心がけることが大切である。」と示されている。

また、解説には「発問を構成する場合には、授業のねらいに深く関わる中心的な発問をまず設定し、次にそれを生かすためにその前後の発問（基本発問）を考え、中心的な発問を軸にして、全体を一体的に捉えながら組み立てるようにすることが大切である。」と記述されている。中心発問と基本発問だけでは、授業はうまく展開できない。中心発問に対する補助発問を準備した上で、授業に臨みたいものである。そして、中心的な発問を軸にして一体的に捉えながら組み立てることが重要である。

次に、多様な感じ方や考え方を引き出す発問をつくる上での参考となる永田（2014）の提案を示す。

①着眼点別の発問

永田（2014,2016）によると、発問は「場面に着眼するかテーマに着眼するかで変わる」と述べ、次のように「テーマ発問」と「場面発問」を提案している。

場面発問	教材中のある場面に即して、そこでの登場人物の心情や判断、行為の理由などを問うたり、気付きを明らかにしたりする発問。ある場面での人物の内面を掘り下げることが多い。
	【発問例】 ・〜のとき○○の気持ちはどんなだろう。 ・〜のところで○○はどう思っただろう。 ・〜するときの心の中はどんなか。など
テーマ発問	教材のもつ主題やテーマそのものに関わって、それを掘り下げたり、追求したりする発問。人物の生き方や教材の全体や変化などに着眼して子供自身の考えを問うことが多い。「主題発問」ともいえる。
	【発問例】 ・〜には、どんな意味があるのか。 ・○○が大切にしていることは何だろう。 ・〜はどんなことが問題なのか。など

（永田（2014）、5ページより転載。）

この両者は、厳密に分けられるものではないが、「場面発問」だけで構成する授業では、多面的・多角的思考を促すのは難しく、「テーマ発問」を織り込んだ授業にも挑戦していきたいものである。加藤（2017）は、「テーマ発問を行う際に重要な要素が『問い返し』である」と述べている。また、「テーマをもとに話合いが始まってから適切な問い返しをするためには、教師自身が『授業で何をしたいのか』を明確にもっている必要がある。」とテーマ発問型の難しさ、指導力の必要性を述べている。

②発問の大きさ

　永田（2016）は「発問の大きさ・4区分」を示し、発問の大きさを意識して大きな発問も授業に織り込むよさを述べている。

発問の大きさ		
小↓大	①場面を問う	【人物の気持ちや行為の理由など】 例・○○はどんな気持ちか。 　・その時○○は何を考えているか。
	②人物を問う	【主人公の生き方など】 例・○○はどんな人か。 　・○○について自分はどう思うか。
	③教材を問う	【教材の意味や持ち味など】 例・この話にどんな意味があるか。 　・この話をどう思うか。
	④価値を問う	【主題となる価値や内容など】 例・友情についてどう考えるか。 　・自分の友情はどうか。

（永田（2016）、5ページより転載。）

　永田は、「問いかける対象がこの①から④へと大きくなっている。①は、多くが『場面発問』であるが、②から④は『テーマ発問』の性格が強い。」と述べている。このように、問いかける対象の大きさを意識することで、発問に力強さが生まれると思われる。

③発問の種類

　永田（2016）は、様々な「立ち位置」をもつことにより、発問構成の工夫を図ることができると述べ、次頁のように「発問の立ち位置・4区分」を示している。発問を柔軟に広く発想するための参考図として活用できる。

　発問区分はこの4つに限らないが、多くの発問がこのどれかに入るであろう。その中

でAの共感的な「場面発問」が授業で多くなるかもしれないが、D→A→B、A→C→B、A→B→Dといった発問の組み立てにより、問題解決的な授業を生み出すことも可能になると考えられる。

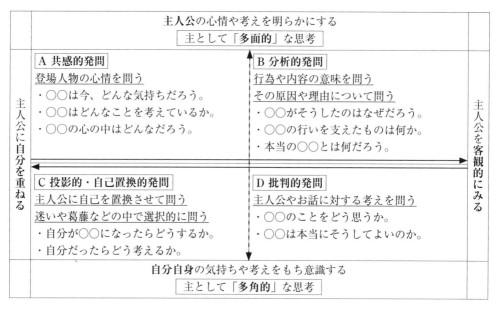

(永田 (2016)、5ページより転載。)

一般に、ねらいにせまる中心発問では、単に心情を共感的に問うだけでは、ねらいに深くせまることは難しい。そこでは、「なぜ〜」「〜とは何だろう」といったように、子供の考えの根拠や教材のテーマ性を問う必要があるであろう。それが「補助発問」という手立てになると考えられる。そうなると、「場面発問」が中心の授業であれ、「補助発問」を用意しておくことで「テーマ発問」的な活力ある授業になり得るのではないかと思われる。

「テーマ発問」か「場面発問」かという問題ではなく、目の前の子供たちの思考を促すにはどのように発問を構成すればよいのかを模索することが大切である。

3．教材の活用と発問構成

(1)「活用類型」の活用

道徳授業において、もっとも多く行われているのは教科書をはじめとする読み物教材を用いた授業である。読み物教材の展開前段を授業者がどのように活用するかという「活用の仕方」の分類がある。

青木（1988）は、ねらいとする価値に関して異なる価値観を持っている児童に、道徳授業の過程で、自分自身の価値観に自覚を図らせていくような授業が効果的な授業であると述べている。そこで、価値観の自覚を児童の内面に期待する道徳の授業においては、読み物資料（教材）の活用が特に工夫されなければならないとしている。青木（1988）に従うと、資料の活用類型は「共感的活用」・「批判的活用」・「範例的活用」・「感動的活用」の四種類に分類される。以下、青木（1988）に従って述べる。

1）共感的活用

　共感的活用とは、児童一人一人を資料中の登場人物になりきらせて想像させ、児童一人一人の価値観に基づく心情や判断を主人公に託して語らせることで道徳的価値の自覚を促す活用である。例えば気持ちや感動したところを発問することで教材を生かすことができる。

　この活用は、道徳の授業の中で広く使われている活用であると考えられる。しかし、「読みとり道徳」・「押しつけ道徳」とならないよう、授業者の明確な指導観が大切である。

2）批判的活用

　批判的活用とは、教材中の登場人物の行為や考え方、感じ方を学級の児童に批判・弁護の立場から話し合わせ、道徳的な感じ方、考え方を深めていく活用である。見解や各自の考え、原因・理由・根拠を問う発問が有効とされている。

　活用の際には、「批判だけに終始しないこと」「討論のための討論にしないこと」「批判・弁護の両方を引き出せる教材でないと、効果がないこと」といったことに留意する必要がある。

3）範例的活用

　範例的活用とは、教材中の主人公が行った道徳的行為を、模範例として受けとめさせるようにする活用である。批判的活用と同じく、見解や各自の考え、原因・理由・根拠を問う発問が有効とされている。

　例えば、教材に出会った後の展開場面で児童の心に残ったところを問う。そして、主人公の行動や考え方を範例として児童に学んだことを考えさせ、意見交流を図る等して、「自分もこうありたい」という考えを深めさせることができるであろう。

4）感動的活用

　感動的活用とは、道徳教材の中で、きわめて感動性の高いものの場合、教材の感動性を最大限に生かし、その感動性を重視して道徳的な考え方・感じ方を高めていく活用である。共感的活用と同じく、例えば気持ちや感動したところを発問することで教材を生かすことができる。教科書を事前に読んでいる児童生徒もいると思われるが、ぜひ、教材選択を検討し、教材に初めて接したときの児童生徒の感動を重視した授業構成を試みたい。

（2）様々な発問例

　発問のあり方について、新宮（1974）は、核心にせまる発問を「事実をはっきりするための発問」と「思考をうながすための発問」とに大別している。

　新宮（1974）によれば、「事実をはっきりするための発問」とは、児童の生活経験を問うたり教材を取り扱ったりするとき、「誰が」「どこで」「どんなことをしたか」「その結果はどうなったか」「何が問題になっているか」「どんな気持ちになったか」などのように、「思考をうながすための発問の前提になる問い」であり、新宮はこれを「核心にせまるための発問への補助的発問」と名づけている。

　「思考をうながすための発問」とは、「まさしく、核心にせまる発問であり、『相手はどんな気持ちになると思うか』『どうしたらよかったのか』『A君の考え方についてどう思うか』『A君から何を学びとるか』『どんな気持ちや考え方がたりなかったか』などのように、ねらいにせまる発問」である（以上、新宮、1974）。

　また、「思考と感動とが相互に浸透し、統合されていくためには、発問の仕方を研究する必要がある」と論を展開する行安（1993）は、道徳の時間の指導過程を改善する上で、J. R. フレンケルの価値を明確にするための方法としての「十段階の問い方」が有益ではないかと示唆している。

　このJ. R. フレンケルの「十段階の問い方」とは、次のようなものである。

（1）「主人公は何をしましたか」
　　　（問いの基本は、「何が」とか「何を」ということにある。）
（2）「主人公にできることはどんなことでしょうか、他にどんなことができるでしょうか」
　　　（いろいろな可能性を考えさせ、選択思考への用意をする。）
（3）「それらを行動に移したとき、どんな結果が起こってくるでしょうか、それぞれどんなことが予測されるでしょうか」
　　　（2つ以上の可能的結果を予測し、比較させる。）
（4）「みなさんは、何をすることが主人公にとってよいことだと考えますか」
　　　（子どもひとりひとりが自分で、主人公の行為について価値判断ができるようにする。）
（5）「なぜみなさんはそのように考えるのですか」
　　　（この問いは、自分の判断について理由が述べられることを求める問いである。）
（6）「みなさんは、この主人公の経験に似た経験をしたことがありますか」
　　　（自分の過去の行為を想起させる。）
（7）「みなさんは、そのときどんなことをしましたか」
　　　（価値判断できるための準備として過去の行為を事実として想起させる。）
（8）「今、当時をふり返って、みなさんのやったことはよいことでしたか、それとも悪いことでしたか」（善・悪の判断を求める。）
（9）「みなさんはどうしてそう考えますか」
　　　（善悪のいずれの答えであっても、その理由を考えさせる。）
（10）「みなさんは、みなさんのやったこと以外のことをすることはできなかったでしょうか」
　　　（過去の事実に反する、他の可能性を考えさせる。）

（行安茂（1993）．『自己実現の道徳と教育』以文社、201－203頁より一部抜粋。）

上記の（1）から（5）までの問い方は、自分で望ましい行為を選択することができることを目的としている。また、行安（1993）によると、（6）から（10）までの問い方については「自分自身を主体的に見つめさせる問いであり、資料に出てくる主人公の生き方と自分自身とを関係づける問い」であるとしている。過去において自分がやった行為以外の可能性を考えさせる発問は、現在ならびに将来の似たような状況における価値選択の仕方に影響を与える可能性が高いことを示唆している（行安、1993）。教師が授業展開を練る際に、行安（1993）がいうように、フレンケルの問いの中で重要な意味をもつ疑問詞「which」を含めて6W1Hを使い疑問を出していくことは、発問の構成を考える上で有効な方法の一つではないかと思われる。

4．実践参考例 ―「考え、議論する道徳」を目指して―
（小学校第4学年、中学校第3学年）

　「考え、議論する」とは「主体的・対話的で深い学び」のある授業といえる。子供たちに、「問題意識をもち自分との関わりで考えることのできる力」「仲間と協働的に対話する中で、様々な事象を多面的・多角的に捉えることのできる力」「自己の生き方を考えることのできる力」を育てたいと思い、日頃道徳授業を楽しみながらも悪戦苦闘している。これらの力の育成を目指し、道徳授業を充実させるには、もちろん学級経営の充実や学習に対する姿勢・心構えを鍛えることなどが前提ではあるが、何と言っても教材分析に尽きる。発問を構成するにあたり、まず発問をつくるために必要なのは教材分析である。教材分析の手法については、第7章に詳しく述べられている。
　教師は、学習指導要領の改訂の趣旨を踏まえた上で、学校や児童生徒の実態・発達段階を踏まえ、授業の主題やねらいに応じた適切な指導方法を模索することが必要である。例えば、読み物教材（教科書）を活用しつつ問題解決的な学習を取り入れるなど、専門家会議で提案された「質の高い多様な指導方法」に固執した型通りの実践ではなく、それらの組み合わせ方を柔軟に思考することが大切である。
　筆者がとくに大事にしているのは、中心発問と補助発問である。読み物教材を扱う際、中心発問でねらいとする価値にせまりたいところだが、価値の自覚を深めるためには補助発問が効果的な手立てとなる場合が多いと感じている。しかし、数多く補助発問をしたり問い返したりすることは、決して効果的な授業を生み出さないであろう。授業を分析的にしすぎることが、「考え、議論する道徳」になるのではない。効果的な補助発問をするためにも、中心発問による協働的解決場面（話合い）の充実を目指しつつ、児童生徒の反応をイメージし、予め指導案に補助発問を位置付けておくことをお勧めしたい。
　しっかりと教材分析をする、そしてタイムマネジメントを意識してねらいにせまる発問構成を工夫し、「考え、議論する道徳」に向けての授業づくりを進めたいものである。

実践参考例1

1）**学　年**　小学校第4学年
2）**主題名**　本当の親切　（B　親切、思いやり）
3）**ねらい**　おばあさんに対する「ぼく」の気持ちやその行動の意味を考えることを通して、相手の思いを想像して相手の立場に立って考えることの大切さに気付き、すすんで親切にしようとする意欲を育てる。
4）**教材名**　「心と心のあく手」（わたしたちの道徳　小学校3・4年　文部科学省）
5）**活動の流れ**

[導入]　（基本発問⇒めあての確認）
① 「親切」な人とは、どんな人のことだと思いますか。
　↓
今日は、本当の親切について考えていきましょう。

めあて　本当の親切とは何か考えよう。

> 本時の学習への方向付けを行う。その後、課題意識をもって学習に臨ませる。

【展開前段】

[展開]　（「……ぼくは思わず『荷物、持ちます。』と声をかけた。」までを範読、板書整理による状況把握。）
基本発問＝共感的発問
② ぼくは、おばあさんに声をかけた時、どんな気持ちだったのでしょう。

（「……この前より足取りが重いような気がした。」までを範読。板書整理による状況把握。）
基本発問＝投影的発問
③ 数日後、再び坂を上っているおばあさんに出会った時、自分だったらこの後どうするでしょう。また、なぜ、そうするのでしょう。

> 「声をかける」「声をかけない」のどちらかを選ばせ、そうする理由をペアやグループで交流させる。

（最後まで範読・状況把握）
中心発問＝批判的発問
④ 「ぼく」のしたことは、「本当の親切」と言えるのでしょうか。
　　（多面的・多角的な意見を板書に整理。）

> 主人公だけでなく、相手（おばあさん）の気持ちも問うことで、話合いが深まりやすい。

（基本発問⇒まとめ）
基本発問＝分析的発問
⑤ 「本当の親切」とは何でしょうか。
　↓

まとめ
・相手の気持ちや思いを考えること。
・相手のしてほしいことを考えること。
・相手が必要としていることをすること。
・そっと見守ることも親切。

> ワークシートに自分の考えやなぜそう考えるのか理由を書かせ、意見交流を図る。
> 児童の反応状況によっては、「1回目は、なぜ『親切』と言えるの？」「2回目は声をかけてないのに親切って言えるの？」といったように問いかけることも考えられる。初めて出会った時と2回目の時の「ぼく」の共通点や相違点にも着目させる問いかけにより、ねらいにせまることができると思われる。

【終末】（基本発問⇒振り返り）
⑥ 先生のお話を聞きましょう。（説話）
○ ワークシートに、今日の振り返りをしましょう。

> 「めあて」に立ち戻らせ、「本当の親切とは……」の言葉に繋げて自分の考えをワークシートに書かせる。また、今後の実生活における自分の姿をイメージさせ、実践意欲をもたせる。発表した児童の言葉を用い、まとめを板書する。

|実践参考例2|

1) 学　年　中学校第3学年
2) 主題名　真に生きるということ（D　よりよく生きる喜び）
3) ねらい　「私」が事実を知った時の気持ちを考えることを通して、人間としての誇りや深い人間愛のある生き方の素晴らしさを理解し、自己の良心にしたがって人間性に外れずに誇りをもって生きようとする心情を育てる。
4) 教材名　「カーテンの向こう」（中学道徳3　心つないで　教育出版）
5) 活動の流れ

[導入]（基本発問⇒めあての確認）
①病室の挿絵を見て、どんなことを感じましたか。
　　↓
　今日は、この病室の患者であるヤコブの生き方について考えたことを交流しましょう。

めあて　ヤコブの生き方について考えよう。

　　→ 本時の授業への意欲づけと教材のイメージをふくらませる。

【展開前段】

[展開]
（前半部分「……何か期待と夢が入り込んでくるのであった。」までを範読、板書整理による状況把握。）

基本発問＝共感的発問
②「私」は、ヤコブの話を聞いているとき、心の中でどんなことを考えていたでしょう。

（中盤部分「にこりともしない自分がいた。」までを範読、板書整理による状況把握。）

基本発問＝共感的発問
③ニコルが死んだとき「私」はどんな気持ちになったでしょう。

（後半部分を範読、板書整理による状況把握。）

中心発問＝共感的発問
④カーテンの向こうをのぞいた時、「私」はどのような気持ちだったでしょう。
（多面的・多角的な意見を板書に整理。）

補助発問＝分析的発問
（なぜ、ヤコブは事実を隠して、仲間に作り話をしていたのでしょう。）

基本発問＝投影的発問
⑤自分が「私」の立場だったら、窓際のベッドでこれからどうしますか。なぜ、そう思うのですか。

基本発問＝共感的発問
⑤窓際のベッドの「私」は、これからどうすると思いますか。なぜ、そう思うのですか。

　→ 誰の心の中にも弱さや醜さがある。ここで「私」の心情を共感的に捉えさせておくことが、展開後段で人間としての強さや人間性に外れずに生きようとする気高い心と向き合うのに効果的である。

　→ 書く活動を取り入れる。活発に交流する中で、作り話をして仲間に生きる希望を与えようとしていたヤコブの人間としての強さや気高さを感じ取らせる。
　中心発問が共感的発問の場合、補助発問を用意しておくと、より多面的・多角的な考えを引き出しやすい。

　→ 自分の事として考えを深めさせる。
　「事実を話す」と「事実を隠す」の双方の意見を交流し、ヤコブを通して内なる自分に恥じない誇りある生き方や深い人間愛の素晴らしさを捉えさせる。

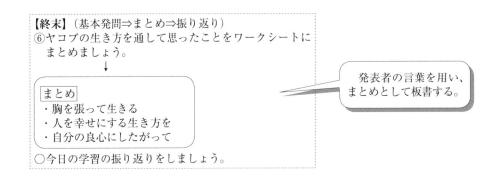

引用・参考文献

青木孝頼（1988）.『道徳でこころを育てる先生』図書文化、34－51頁、98－117頁。
加藤宣行（2017）.『考え、議論する道徳に変える指導の鉄則50』明治図書、104－105頁。
永田繁雄（2014）.「道徳授業の発問を変える『テーマ発問』とは」『道徳教育』No.674、明治図書、4－6頁。
永田繁雄（2016）.「心を育てる道徳教育の具体的展開」道徳教育指導者養成研修（中央指導者研修）講話用補助資料。
新宮弘識（1974）.「発問と児童の反応のうけとめ方」日本道徳基礎教育学会編『小学校道徳授業の展開』明治図書、129頁。
馬場喜久雄（2016）.「今こそ『活用類型』が生きてくる」『道徳教育』No.700、明治図書、58－59頁。
広島県教育委員会（2018）.「道徳教育の充実」『広島県教育資料』、96－103頁。
文部科学省（2018）.『小学校学習指導要領解説特別の教科道徳編』廣済堂あかつき。
柳沼良太・竹井秀文（2005）.「問題解決型の道徳授業の理論と実践」『岐阜大学教育学部研究報告教育実践研究』第7巻、245頁。
行安茂（1993）.『自己実現の道徳と教育』以文社、198頁、200－207頁。
横山利弘・藤永芳純・竹田敏彦監修　広島県三原市立中之町小学校編著（2010）.『心に響く道徳教育の創造－道徳教育が学校を変えた－』三省堂。
文部科学省（2017）.「心と心のあく手」『わたしたちの道徳　小学校3・4年』66－69頁。
文部科学省（2015）.『私たちの道徳　小学校活用のための指導資料』112－113頁。
村井実・尾田幸雄監修（2017）.『中学道徳3　心つないで』教育出版。
道徳教育に係る評価等の在り方に関する専門家会議（2016）.「『特別の教科　道徳』の指導方法・評価等について（報告）」。

コラム⑦

道徳と私

　職員室や廊下で顔を合わせると、先生方が、
「明日の道徳の授業で、ねらいとする価値にせまるためにこの発問でよいかどうか迷ってしまって……。」
「授業をやってみたら、関連項目に流れてしまって……。どう切り返したらよかったのでしょう。」
といったように、よく声をかけてくださいます。しかし、即答できる力のない私は、一緒に悩ませてもらいます。
「子供がこう反応したら、どう切り込んでいく？」
「中心発問は、本当にそこなのかなあ？補助発問は？」
　一緒に教材を読みながら、教材分析を始めることも。道徳の授業づくりに前向きな仲間に囲まれていることを有り難く思っています。道徳の時間を楽しみにしてくれる子供たちのお陰で、研究への意欲も湧いてきます。また、研究を進めながら、私自身の生き方を振り返り、考えさせられることのなんと多いことか……と感じています。
　多くの先生方との出会いや道徳の時間を心待ちにしてくれる子供たちとの出会いによって“道徳は難しい。でも面白い！頑張りたい！”と心から思えるようになりました。教員として子供たちに関われることや道徳研究を通して多くの方々と繋がりを持たせていただけることに感謝しつつ、微力ではありますが、今後も道徳教育推進に努力したいと思っています。

（髙橋倫子）

第12章

板書構成の仕方

1．板書の役割

　「板書を見れば、授業のよしあしがよくわかる」。学校現場では、このような言葉をよく聞く。確かに、よい板書は、構造化されており、授業の意図や児童生徒の学びが一目でわかる。反対によくない板書は、学ばせたい内容が整理されず、児童生徒の発言内容をただ羅列するだけであったり、逆に、教師がしゃべりすぎ、内容がほとんど板書されていなかったりする。板書は、教師自身の教材解釈や授業づくりの意図を写す鏡のようなものだと言える。授業研究の際、学習指導案の中に「板書計画」を記すのも、授業者の教材解釈や授業づくりの意図を参観者に提示するためなのである。

　黒板は、明治時代に、学校教育における必須の教具の一つとして登場した[1]。そして、現在に至るまで、その活用（板書、以下板書とする）が授業づくりの重要な要件として工夫されている。

　石田[2]は、板書の機能として、次の3点をあげている。

① 指導内容（学習課題）を提示・説明すること
② 指導内容を要約・整理して授業過程を明確化すること
③ 子どもたちの思考活動を触発・組織すること

　そして、板書法の3つのパターンを次のように述べている。

① 授業内容を順次説明しながら、その要点を整然と体系的にまとめていく板書（「体系的板書」）
② あるテーマへの子どもの発言や表現をそのまま、または要点をまとめて書いていく板書（「表現的板書」）
③ 授業の進行に従って次第に全体像を明らかにしていき、授業の終末場面ではじめて、各要素の全体のなかでの意味を明らかにする板書（「構成的板書」）

　このように、教師は、ある問いに対する児童生徒の発言や表現を整理して板書することによって、新たな発言を触発したり、発言間のつながりに気づかせたりすることができる。また、教師が児童生徒につかませたい主題や深めたい考えをはっきりともち、指導内容や児童生徒の発言等を構造的に板書していくことによって、児童生徒の思考をゆ

さぶったり深めたりすることに寄与できるなど、板書は授業の中で、とても重要な役割を担っているのである。

２．道徳科の時間の板書構成

（１）道徳科の時間の特質をふまえた板書とは

　では、道徳科の時間には、どのような板書構成をする必要があるのだろうか。道徳科の時間は、道徳的心情、道徳的判断力、道徳的実践意欲と態度等の道徳的実践力を育成することをねらいとしている。特定の知識や技能を身につけることをねらう時間ではない。そのため、他教科で行うように、黒板を使って練習問題をさせたり、板書内容をノートに転写させたりしないのが一般的である。このように、道徳科の時間には、その特質をふまえた板書構成をする必要がある。先に述べた板書法で言えば、道徳科の時間には、主として「表現的板書」や「構成的板書」が用いられることが多くなると言える。

　一方、橋爪[3]は、次の４つを道徳科の時間における板書の機能として整理している。

> ① 記録性　　② 伝達性
> ③ 共同性　　④ 発展性

１）記録性

　板書した内容は、授業の間、残しておくことができる。そのため、板書事項の再利用によるフィードバックが可能であり、特に重要な点については、後から確認したり、振り返ったりすることができる。

２）伝達性

　授業中の教師や子どもの発言内容を要約して板書することによって、明確に整理できるとともに、板書事項を全ての児童生徒に、視覚的に伝達することができる。

３）共同性

　板書によって、道徳科の時間に児童生徒に追究させたい道徳的価値の共有化を図ることができるとともに、ねらいの達成に向けた子どもたちの共同思考を活性化することもできる。また、このことは学習の組織化、集団化を可能にし、集団による話し合いを活性化することにもつながる。

４）発展性

　板書は、児童生徒の感じたことや考えたことを目に見えるようにするとともに、常に児童生徒の正面にあって、児童生徒がずっと見続けるものである。そのため、板書は、児童生徒が道徳的価値について考えるきっかけを与え、自分を見つめ直していくという発展性をもっているのである。

(2) 効果的な板書のポイント

これまで、板書の役割や機能について説明してきたが、実際に効果的な板書を行うためには、いくつかのポイントがある。ここでは、効果的な板書を行う際のポイントについて説明する。

1) 板書のレイアウト～構造的な板書～

板書は、基本的に一時間の授業で一面が埋まるよう計画する。一枚の板書には、教師の教材解釈や授業づくりの意図等が端的に表れることとなる。よい板書とは、児童生徒に考えさせたい内容や気付かせたいことがらが分かりやすく整理された構造的な板書だといえる。しかし、板書のレイアウトは、一様ではない。教材の内容や焦点の当て方などによって異なる。そこで、いくつかのレイアウト例を挙げながら、効果的なレイアウトについて説明する。

○　縦書きと横書き

道徳の読み物教材に縦書きのものが多いことから、道徳科の時間の板書は、縦書きでなされることが多いようである。小学校低学年など、年齢が低いほど、縦書きでの板書が多く見られる。ただ、必ず縦書きでないといけないわけではない。教材やワークシートの様式、他教科の学習との関連等によって、縦書き、横書きのいずれがより効果的かを考えて板書計画を立てる必要がある。

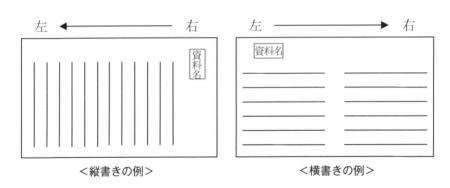

<縦書きの例>　　　<横書きの例>

○　主人公の心情の変容に視点を当てたレイアウト

主人公の心情の変容を中心にする場合には、資料の流れに沿って、その時々の主人公の心情を吹き出し等を活用しながら板書していくとよい。その際、表情のイラストや心情曲線を使うと一層効果的である。

○　葛藤や対比に視点を当てたレイアウト

主人公の葛藤を考えさせたり、登場人物

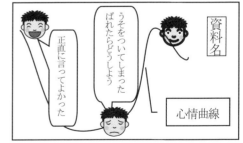

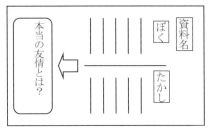

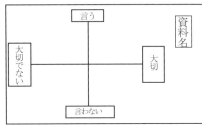
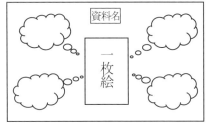

の心情や立場の違いを比較させたりしながら、児童生徒の考えを深めていきたいときには、葛藤や対比を強調する板書が効果的である。その際、左右や上下に書き分けたり、黒板を4分割したりする等の方法がある。

2）板書する量

　児童生徒の発達段階や教材等によって、板書する量は多少異なる。しかし、基本的には、一時間で黒板一枚であるから、自ずと板書する量も決まってくる。あまり、文字の量が多いと子どもたちは情報をうまく整理することができない。したがって、教師は、適度な余白や行間をとりながら板書するようにするとともに、一枚の黒板のどこに、どの程度の量や大きさ文字を書いていくのか、しっかりと計画しておく必要がある。

　そして、板書する際には、児童生徒の発言内容をそのまま書き写すのではなく、ポイントを絞って箇条書きにしたり、キーワードで示したりする。そうすることによって、子どもたちも思考を整理しやすくなる。

3）板書するタイミング

　児童生徒の理解を深めたり思考を活性化したりするためにも、板書するタイミングは大切である。教師が板書している時間は、子どもたちが板書内容を見ながら、思考を整理する時間でもある。したがって、「発問－子どもの発言－板書」というサイクルの中で、教師は、授業のリズムが単調にならないように、また、児童生徒の思考を中断することのないよう、タイミングを考えながら板書する必要がある。

例えば、「賛成」「反対」等、対立する意見が活発に交流されている時や類似する意見が出されている時には、ある程度の人数の発言内容を聞いた後に、ポイントをまとめて板書すると、リズムを崩さず、話し合いの論点が整理できる。その際、教師は、児童生徒から出された意見を手元のメモに記録しておく等の工夫が必要である。また、子どもが発言している時は、児童生徒の顔をしっかりと見て、うなずいたり微笑んだりしながら発言を最後まで聞き、その後で板書するようにする。児童生徒の発言の途中で相手に背を向けて板書したり、逆に、教師が板書しながら子どもに話したりすることのないよう心がけることが大切である。

4）場面絵、イラスト、短冊、カード等の活用

　近年は、マグネット式黒板の普及によって、絵や短冊、カード等、他の教具の活用がいろいろと工夫されている。文字だけの板書よりも、イラストやカードを活用した板書の方が、視覚的にも分かりやすく、構造的な板書にしやすい。このような板書は、小学校低学年はもちろんのこと、小学校高学年あるいは、中学生の児童生徒にとっても分かりやすく、学習意欲を高めたり思考を深めたりするのに大変効果的である。

　例えば、授業の前段で教材の内容を場面絵やイラスト、短冊等を使って板書しておくと、全ての児童生徒が教材の内容を把握でき、その後の学習や意見交流が深まる。特に、登場人物の人柄や人間関係、状況設定等予め短冊に書いておき、資料提示の際に黒板に貼るなどすれば、授業の効率化にもつながる。また、グループで話し合った意見をまとめた短冊やネームカードをマグネットで黒板に貼っておくと、それらを移動させて意見を分類したり、個人の意見の変容を表明したりするのにも大変便利である。

5）大型テレビや電子黒板等ICT機器の活用

　最近は、電子黒板やデジタル教科書の普及によって、より有効な板書の活用ができるようになった。電子黒板や大型テレビ等を使って、紙芝居風に教材提示をしたり、ポイントとなる発問を画面で提示して考えさせたり、児童生徒のワークシートを画面に映したりすること等によって、より効果的な指導が可能になる。しかし、ICT機器による提示は、一過的になりやすい面もある。「記録性」の点では、従来の黒板の方が優れている部分もあるのである。

　したがって、今後は、ICT機器と従来の黒板それぞれの利点を効果的に活用した板書や授業づくりが求められるであろう。

3．板書の実際

（1） 主人公の心の葛藤を強調した板書例
主題名　勇気をもって　A-（2）
教材名　「割れた温度計」（規範性をはぐくむための教材・活動プログラム　広島市教育委員会）
ねらい　自分の過ちを素直に認め、勇気をもって正しい行動をしようとする態度を育てる。

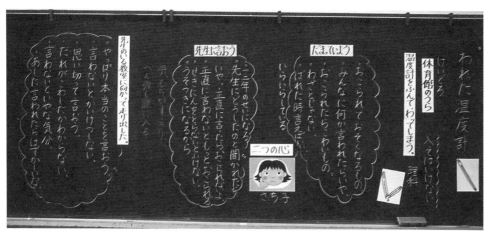

＜「割れた温度計」の板書＞

【板書のポイント】
　黒板の右側には、イラストと短冊を使って、教材の内容を簡単に示す。中央には、遊び時間に誤って温度計を割ってしまった主人公のイラストを貼り、その左右に「正直に言う」か「だまっているか」という主人公の葛藤を左右の吹き出しに分けて板書する。さらに、それぞれの気持ちである「いらいら」や「すっきり」等の言葉を色チョークで書分け、両者の対比を明確になるように板書する。黒板の左側には、資料についての学習をもとに、自分の生活や今日の学習を振り返って感じたことや考えたことを板書し、道徳的価値についての考えを深めるようにする。

（2） 登場人物の立場の違いを明確にした板書例

主題名　相手の立場に立ってB-（6）

教材名　「わたしのいもうと」（松谷みよ子作　偕成社）

ねらい　いじめはどんな時でも許されないことを理解させ、相手の気持ちを考えた思いやりのある言動ができるようにする。

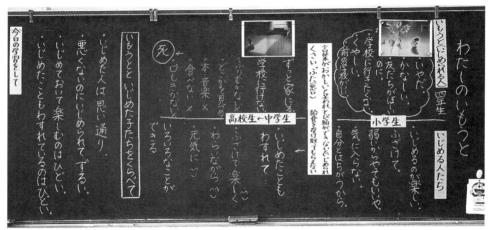

＜「わたしのいもうと」の板書＞

【板書のポイント】

　児童生徒が、いもうと（いじめられる側）と周りの子どもたち（いじめる側）の違いをしっかりと対比しながら考えを深めることができるよう、両者の立場を上下二段に分け、小学生の頃、中学生の頃、高校生の頃と時系列に沿って板書する。また、特に対比させたい部分には色チョークを用いて書くなど、強調して板書するようにする。その際、挿絵等を黒板に貼り、妹の心情をイメージしやすくする。さらに、黒板の左側には、両者を比較して感じたことや考えたことを板書し、児童生徒が友だちの考えをもとに自分の考えを深めることができるようにする。

　以上、本章では、板書の役割やポイント等について述べてきた。これらの点を踏まえながら、よりよい板書を工夫してほしい。

参考文献
1）白石陽一（1987）．「黒板」吉本均編『現代授業研究大事典』明治図書、511頁。
2）石井英真（2007）．「板書法」田中耕治編『よくわかる授業論』ミネルヴァ書房、102-103頁。
3）橋爪文博（2004）．「子どもの思考を支援する板書の在り方」『道徳教育7月号No.550』明治図書、11-13頁。
4）加藤辰雄（2007）．『誰でも成功する板書のしかた・ノート指導』学陽書房。

第13章

家庭や地域との連携

　『小学校学習指導要領解説（平成29年告示）特別の教科　道徳編』には、「道徳科の授業を公開したり、授業の実施や地域教材の開発や活用などに家庭や地域の人々、各分野の専門家等の積極的な参加や協力を得たりするなど、家庭や地域社会との共通理解を深め、相互の連携を図ること。」とある。（「第3章　特別の教科　道徳」「第3　指導計画の作成と内容の取扱い」2）

　児童生徒にとって生活の基盤は家庭である。家庭は、児童生徒の人間形成の源となる。その家庭を取り巻く地域は、児童生徒が幼いころから接する一番身近な社会であり、児童生徒は地域の環境や風土、文化、伝統などの恩恵を受けながら成長していくといえる。

　しかし、核家族化や個人主義の考え方などにより、家庭が地域や社会から孤立していく状況も見られる。家庭が孤立していくことは、児童生徒を取り巻く人間関係の幅も狭め、それに伴い価値観の幅をも狭めていくことなる。

　道徳科の指導は、学校における教育課程の一つとして学校が実施する責任をもつ。その上で、保護者や地域の人々とともに、児童生徒の心の成長に関わるそれぞれの役割を果たしながら連携していくことで、道徳教育の充実を深めていくことができる。楔となる役割を学校が担うことで、家庭を地域に開き、児童生徒の価値観を向上させることが期待できる。

　道徳科の授業で学んだことが、家庭の中での話題となったり、地域へ広がったりするよう、学校は教育内容に広がりを持たせ、積極的に発信していくことが重要となる。児童生徒が何を学び、どんな考えを持っているのか家庭や地域社会と共有し、子どもと共に考え、共に成長していこうとする気持ちを育んでいきたい。

　ドイツの教育学者、シュプランガー——の言葉に「人間は、大地とその大地から生じたあらゆる自然的・精神的なものとともに、内面的に成長してきた場所にのみ、郷土をもつ。」[1]とある。この言葉をかりれば、児童生徒の郷土意識を育むためには、ただ単にそこに住んで生活を営んでいるというだけでなく、地域の「ひと、もの、こと」との関わりの中で、内面的な成長をもたらす必要があるということになる。

　児童生徒は、地域の様々なものと人との関わりを通して、自己を見つめ、鍛え、自己実現を図っていく。道徳性を育む上においても、地域社会のもつ意義は極めて大きい。

　道徳教育において、地域との連携は、児童生徒にとって、家庭との連携と同様に重要

となる。

１．道徳科の授業における効果的な連携

（１）間接的な参加による連携
○　保護者・地域の方へ手紙を書かせる。
　授業の内容をもとに終末に手紙や感想を書かせる。後日、学級通信等で全体へ広める。道徳科での指導内容を児童と保護者、地域の方が共有していくことができる。

> 学習後、道徳ノートに感想を書かせる。

○　保護者・地域の方からの手紙を伝える。
　事前の学級通信等で指導する内容項目や目的を知らせておく。小学校低学年では、生活科と関連させて行うこともできる。

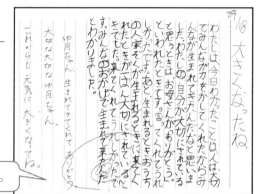

> 学級通信では具体的にお願いする。

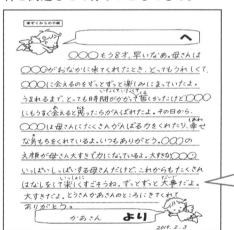

> 保護者からの手紙。全員の児童が一斉に受け取れるように保護者へ連携する。封を開ける児童の顔はとても嬉しそうで、読み終わった時の顔は幸せに満ちている。

※　多様な家族構成、家庭環境の児童・生徒が在籍する学級では、全員の児童・生徒へ手渡せるよう家庭と連携をとる。保護者へのお願いが難しい場合は、児童と一番関わりの深い方や担任が手紙を書くなど十分な配慮が必要となる。

（2）直接的な参加による連携

※事前に指導内容を知らせ、発言には教育的な配慮をお願いする。

○ 資料提示を保護者と行う。
　（資料の読み聞かせ、役割読み等）

○ 終末の説話をしてもらう。
　（ビデオレターや手紙等での参加もできる。手紙は、指導者が代読してもよい。）

○ 児童生徒と一緒に話合いに参加してもらう。

○ 保護者懇談会・教育講演会などを行う。

児童が自分の親（保護者）と一緒に授業を受ける。

自分の親（保護者）以外の方や地域の方の話を聞きながら授業を受ける。

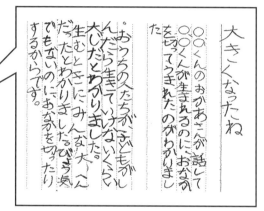

大きくなったね

○○くんのおかあさんが話して○○くんが生まれるのにおなかを切ってうまれたのがわかりました

おうちの人たちが、子どもがほしいんだけど生きていけないくらい大したとわかりました。生むときに、みんな大へんだったとわかりました。びょう気でもないのにおなかを切ったりするからです。

2．家庭との連携の具体例（小学校第5・6学年）

学　年　①小学校第5学年　　②小学校第6学年
主題名　家族の幸せ　（C　家族愛、家庭生活の充実）
ねらい　母や祖母の話を聞いて運動会に来られずに仕事に行く父親への気持ちに気付いた主人公の気持ちを考えることを通して、家族の愛情を感じ取り、大切な家族のために自分にできることをしようとする心情を育てる。
教材名　「初めてのアンカー」（みんなで考える道徳　日本文教出版）
<u>実践①（保護者協力型・授業参観型）</u>
【事前】　児童への手紙を保護者へ依頼した。児童へは本時の授業まで知らせず、終末に開封するようにした。保護者へは、内容が分からないように封書で依頼した。依頼文には、道徳科の教材の概要と授業展開を知らせ、例文なども挙げて示した。

【本時】 展開の終末では、父親からの手紙を読ませ、家族とのつながりを実感させた。
【事後】 本時の授業について参観された内容をもとに懇談会を行った。授業後に子ども達の様子を交流するとともに、本時でねらう価値について説明した。

実践例②（保護者連携型）
【事前】 5年生で学習した家庭科の「家族の役割」を振り返らせ、様々な構成の家族がいることを確認した。
【本時】 展開の終末では、自分を支えてくれる家族（対象は特定せず）にメッセージを書かせた。
【事後】 本時の授業の概要とともに、児童が書いたメッセージを保護者に伝え、本時で扱うねらいについて保護者と共通理解を図った。

指導過程

	学習活動	主な発問と児童・生徒の心の動き	指導上の留意点（○支援や☆評価の観点）
導入	1 課題意識をもつ	○ 家族の中で、自分の思いが伝わらないと思った経験はありますか？	○ 本時の教材への動機づけをし、課題意識をもたせる。
展開	2 教材を聞いて話し合う。	○ まきはどんな気持ちでVサインをしたのでしょう。 ・お父さんが初めて運動会に来てくれるのでうれしい。 ・お父さんにアンカーでがんばっているところを見てもらいたい。 ・いつもは見てもらえないからがんばりたい。 ○ 涙がほほを伝っている時、まきはどんなことを思っていたでしょう。 ・お父さんのうそつき。わたしのことなんかどうだっていいんだ。 ・今度こそは見てもらえると思ったのに。 ・いつもわたしだけお父さんが来てくれない、悲しい。	○ 最後の運動会に期待と喜びをもつ主人公まきに共感させる。 ○ 父の真意に気づかず、不満をもつまきの気持ちを考えさせる。 ☆ 自分の意見をもつことができたか。
展開①②		補）肩を落として玄関を出ていくお父さんは、どんなことを思っているでしょう。 ・今年こそは運動会に行ってやりたかった。 ・まきがアンカーで走る姿が見たかった。 ・ごめん。でも、がんばって走ってほしい。 ◎「お父さん、待って」と追いかけたまきは、どんなことに気づいたのでしょう。 ・わたしは自分のことしか考えていなかった、ごめんね。 ・お父さんに無事で帰ってきてほしい。このてるてるぼうずはお父さんに渡さないと……。 ・お父さんは、わたしたちや家族みんなのために危ない仕事をがんばっているんだ。お父さんのために何かしたい。	○ 運動会に行けなかった父の気持ちを想像させることで、自分のことだけ考えていたまきの気持ちに気づかせる。 ○ 自分の考えを道徳ノートに書いた後、グループで交流する。他の意見を聞いたり、広げたりすることで価値を深めていく。 ☆ 家族の自分への愛情を感じ取り、大切な家族のために自分がすべきことをする大切さに気付くことができたか。

展開①②	3 価値の自己理解をさせる。	○ 家族の思いを受けとめられていますか？それはどんな時ですか？ （展開①では道徳ノートに書かせる。） （展開②では数人に発言させ終末へつなげる。）	○ 導入と比較させ、家族の思いを自分は受けとめられているか本時の価値への自己理解を図る。
終末①	4 家族からの手紙を読ませる。	○ 家族から届いた手紙を読みましょう。	○ 家族からの手紙を読み、家族の自分への愛情を感じ取り自分がすべきことをしていこうとする意欲をもたせる。
終末②	4 「家族」について思いをまとめさせる。	○ あなたを支えてくれる「家族」に、メッセージを書きましょう。	○ 自分を支えてくれる家族を想起させ、自分が家族のためにどんなことができるか振り返らせる。

実践①の児童の様子

　学級の家庭環境を把握した上で、家族からの手紙は父親に限定し、お願いした。普段は父親と話す機会が少なくなっている児童にとって、父親からの手紙はとても新鮮で「お父さん、こんな字を書くんだ。」と発見があったり、中にはすすり泣く児童も見られたりした。父親も、子どもに手紙を書く機会などが少なく、手紙の内容を何度も吟味したとのエピソードも聞くことができた。

　ある児童は、父親がいつも自分に厳しく、妹だけかわいがっていると感じており、お互いに自分の思いを伝え合うことができずにいた。父からの手紙には、自分のことをどれほど大切な存在なのか書かれていた。その父の思いに初めて気付き、手紙を読みながら泣いていた。道徳の授業後、「お父さんとの関係に少し変化が見られた。道徳の授業がいい機会となった。」と母親からコメントが届いた。

実践②の児童の様子

　終末のメッセージは、父親や母親など誰かに限定するのではなく「家族の〇〇へ」とし、「家族」と聞いて思い浮かぶ人へメッセージを書かせた。兄や姉、祖父母なども対象で挙がり、日々の生活の中で考えられていなかった家族の思いを想像し、受け止めようとする姿が見られた。「近くにいるから、話さなくても分かってくれていると甘えていた。」「自分のことばかり考えてしまうけど、本当は大切に思っているよ。」などの感想が綴られていた。

板書計画

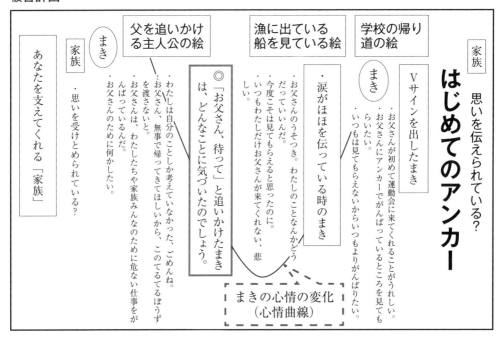

3．地域との連携

（1）地域教材の作成

素材収集と選定

　素材の収集に当たっては、郷土史等、市町に残る文献や社会科の副読本など幅広く収集に当たりたい。また、地域に建立されている石碑、歴史的建造物等も手掛かりになる。
　素材の選定に当たっては、著名な人物に限らず、これまで知られていない人物を知らせるのも教育の一つである。また、児童生徒にとって身近な地域教材であることから、活用する地域以外での認知度は選定条件として考慮しなくてもよい。ただし、地域の先人を扱うことから、その人物の生き方を通して、生きることの魅力や意味の深さについて考えを深められることや地域に貢献していることといった視点は重要である。

情報の収集

　先人の情報収集においては、特に史実考証が重要である。情報の収集に当たっては、記念館等に残されている資料（日記等）、子孫の談話等、史実を証明するための多くの情報を収集することが必要である。インタビューを行う際には、専門家や先人の子孫、地域のゆかりの方々等、様々な立場の方から聞き取りを行うことが大切である。

> インタビューを行うポイント
> ① 史実考証のための史料収集
> ② 郷土資料、社会科副読本作成者等へのインタビュー（人物のエピソード等）
> ③ 先人の多様な生き方や人間味が滲み出るエピソードなどに着目する。その際、人としての弱さの部分については、文献に表れていないことも少なくないことから、インタビューにより引き出したい。
> ④ 話しやすい雰囲気づくりに努め、インタビューの流れや時間配分にも留意したい。場合によっては、複数回訪問することも考えなければならない。

読み物教材の作成

1）主題やねらいを決定する

　主題やねらいの決定に当たっては、先人が残した生き方の知恵など人間としてよりよく生きることの意味を深く考えることができるものに着目する。伝記には不撓・不屈や理想の実現、郷土愛等多様な価値が含まれていることから、作成に関しては、先人の生き方から伝えたいものを焦点化し、ねらいを明確にするよう留意する。

2）対象となる学年の発達の段階や特性等を把握する

　把握内容としては、取り上げた人物についての各教科等における学習内容、児童生徒における知名度などが考えられる。また、教師と児童生徒では着目するところが違うことから、事前に伝記を読ませて、児童生徒がどこに注目するのかを把握することも一つの方法である。

3）登場人物や状況を設定する

　登場人物や状況の設定は、史実に忠実であることが重要である。ただし、内容が歴史的に古い場合は、社会状況、地理的条件、歴史的背景などを把握しておく必要がある。また、先人の生き方の真意が伝わるような設定にする必要がある。

4）中心場面（山場）を決め、大まかな起承転結を設定する。

　先人の人柄・人間的魅力が児童生徒に伝わるエピソードにするためには、人としての弱さを吐露する姿や生きる勇気、知恵などを感じることができる場面設定などが必要である。ただし、人としての弱さは、道徳的価値に対する弱さであり、安易な弱さでないことに留意する。

5）場面分けをもとに文章化する

　先人の人としての弱さ、迷い、強さ等の心の動きを行動や言葉によって表現することが大切である。ただし、史実に忠実な記述に心がけることは言うまでもない。また、児童生徒の発達の段階に応じて、歴史的な用語等、理解が難しい言葉には注釈をつけるなどを工夫が必要である。

6）不要な場面や文言を削除する

　先人の生い立ちや残した業績のすばらしさに注目した記述になりがちである。しか

し、先人の生い立ちや残した業績については、ねらいとする道徳的価値に迫るうえで必要ないものは削除し、必要最低限とする。

(2) 地域教材のゲストティーチャーの活用実践例

> ○ 小学校4年 「えみきじいさんのひっこし」（自作資料）　ゲストティーチャーの活用方法は授業終末でのビデオ

1) 地域教材の内容に関わってゲストティーチャーを決定する。

　灰塚ダム建設により町や自然がダムの底に沈んでしまうと決まった際、灰塚に古くからある「えみきじいさん」と呼ばれ地域の人々に親しまれている大木を守ろうと取り組まれた地域の方にインタビューすることを決定した。

2) ゲストティーチャーへの連絡
- 今回の授業の主な趣旨
- 取材の打ち合わせ予定日の決定

3) ゲストティーチャーへの取材【1回目】※【】内はゲストティーチャーと実際に打ち合わせた回数
- 本校の道徳の授業の説明や本時の授業のねらいや流れ等を説明する。
- 当時の話について、事実と共にその時の心境を聞く。
- 当時の写真や資料なども見せていただき情報収集を行う。

> （例）
> ・旧灰塚がダムの下に沈んでしまうという話を聞いた時の思い
> ・新しい町へ引っ越す時の人々の様子
> ・なぜ、「えみきじいさん」を新しい町へ引っ越すことに決めたのか。
> ・実際に計画を進めたときの苦労や問題点
> ・「えみきじいさん」を植え替えたときの地域の人々の反応

4) 質問内容の選別

　ゲストティーチャーの話から、改めて授業で児童に考えさせたいことは何かを考え、中心発問までの流れを明確にし、ゲストティーチャーの説話で何を語っていただくかインタビューの内容を選別する。

5) ゲストティーチャーへのインタビュー（ビデオ撮影）【2回目】

　初めに質問内容を伝えておき、インタビュー形式で撮影する。

> ・「えみきじいさん」の引っ越しを考えたきっかけ
> ・引っ越しのときの地域の人々の様子
> ・これからの地域に対する願い

6）ビデオへの編集
7）授業

　自作教材の主人公への自我関与をもとに授業を展開し、中心発問を考えさせた後、ゲストティーチャーの説話とした。児童は自分たちの地域教材への興味が高かったが、実際に関わった人が登場することでさらに関心が高まった様子であった。

8）授業時の児童の反応や振り返りを伝える。【3回目】

> 未来へのヒント（児童の授業の振り返り）
> ・ぼくたちの地域の自慢のものは、なくならないように100年、200年も地域の人々が守ってきたことが分かりました。
> ・えみきじいさんは枯れてしまったけれど、その種が生まれて、どんどん思い出がつながっていくと思いました。
> ・わたしは地域の植物を大切に思ったことはあまりなかったけれど、地域の人々が愛していたものに、私もこれから親しんでいきたいです。
> ・ぼくは、自分のふるさとのものは地域の人の願いや思い出がつまっているから、これからぼくも大事にしていきたいと思いました。
> ・えみきじいさんは枯れてしまったけれど、その子どもの木が育っているので、次につながっていくということが分かりました。これからは地域のものや自然を大切にしつつ、生きていきたいと思った。
> ・ぼくはこれから自分の地域のものを守って、広めていきたいと思いました。
> ・昔の人たちが守り続けてきたものには、たくさんの思い出やたくさんの愛が込められていると思った。そのことを知ったから地域のものを守り続けたいと深く思った。
> ・そのものだけではなくて、地域や町などを見つめていきたいです。そのために家族や地域の人々を見つめていきたいです。ふるさとは命みたい。気持ちもつながっていくので大切にしていきたいです。

9）学習展開

	学習活動	主な発問と予想される児童生徒の心の動き （○主な発問、◎中心発問、・予想される児童生徒の反応）	指導上の留意点 ☆評価の観点（評価方法）
導入	1　課題意識をもつ。	○　三良坂の良さはどんなところですか。 ・麦麦や佐々木豆腐店などのお店がある ・みらさかピオーネ　　・ぎおんまつり ・沖江田楽がある ・野菜や米を作っていておいしい ・自然がある	○子どもたちの持っている三良坂のイメージを新しいものから昔からあるものまで想起させ、本時の道徳的価値への課題意識をもたせる。
展開	2　地域教材「えみきじいさん」を読んで話し合う。	○　「えみきじいさんのひっこし」を読んで話し合いましょう。	○教材の範読の際、「えみきじいさんのひっこし」の名前の由来を写真と共に紹介し、児童に意識づける。
	（1）おじいさんから「えみきじいさん」の引っ越しの話	○　「えみきじいさん」の引っ越しの話を聞いたとき、高志はどんなことを考えたのでしょう。 ・わざわざ木を植え替えなくてもいいん	○高志とおじいさんの「えみきじいさん」の引っ越しに対する思いを比較させ、おじいさんにとって「えみき

		を聞いた時の高志の気持ちを考える。	じゃないかな。 ・植え替えても枯れてしまうかもしれないのに……。 ・公園なんだから広い方が遊べていいな。 ・どうしてそこまでするんだろう。	じいさん」が大切な存在であることを捉えさせる。
展開		（2）おじいさんだけでなく、地域の人々も同じ気持ちだったことにきづいたときの高志の気持ちを考える。	○ 高志は引っ越しを見守る町の人の姿を見て胸がじんと熱くなったとき、どんなことを思っていたのでしょう。 ・地域の人たちは「えみきじいさん」がすきで大切なんだ。 ・こんなにもたくさんの人が「えみきじいさん」の引っ越しを応援しているんだ。 ・地域の人たちは、灰塚の町に昔からあった「えみきじいさん」をずっと大切にしてきて、これからも守っていこうとしているんだ。 補）「えみきじいさん」のひっこしには、地域の人々のどんな思いが込められているのでしょう。	○植え替えると枯れてしまうかもしれないのに、地域の人々は共に前の灰塚にあった「えみきじいさん」を守るために一生懸命頑張っていることに気付かせる。
		（3）「えみきじいさん」に対する高志の気持ちの変化について考える。 （個人→グループ→全体）	◎ なぜ、高志は新しい町の自慢を聞かれた時、真っ先にえみきじいさんを思い浮かべたのでしょう。 【愛着】 ・「えみきじいさん」が無事に植え替えられてよかったな。 ・地域のみんなの願いが守られてよかった。 ・「えみきじいさん」のひっこしをみんなが力を合わせて行ったんだ。ぼくも「えみきじいさん」が好きだ！ ・「えみきじいさん」は地域の人々に元気をくれる存在。これからも町の中で見守っていってほしい！ 【決意】 ・地域の人々が「えみきじいさん」を大切にしてきた。これからはぼくも大切に守っていきたい。 ・これからはぼくもこの町のよさを守っていきたい。 ・この町でおじいちゃんや地域の人々の思いをつなげていこう。	○「えみきじいさん」を大切にすることを通して、地域の人々は灰塚の町を愛する思いがあることに気付かせる。 ○学級で交流したことをもとに、児童の考えを広め、考えさせる。 ○地域の人々に対し客観的な考えだけでなく、自分も地域の一員として守っていくことの大切さに気付かせるために問い返し、本時のねらいに迫る。
		（4）ゲストティーチャーの話を聞く。	○ 「えみきじいさん」や灰塚の町についてゲストティーチャーの話（ビデオ）を聞きましょう。	○ゲストティーチャーから児童に、地域に対する思いや願いを話していただいたビデオを視聴させ、その思いをこれから受け継ぐのは自分たちだということを実感させる。
終末		3 振り返りを交流する。 4 ルーブリックで本時の自己評価をする。	○ 今日の学習の価値や学び方について、ルーブリックを参考に自己評価シートに書きましょう。 ○ 学習の振り返りを交流しましょう。	○振り返りを交流させ、児童の言葉で、道徳的価値を児童の生活に重ねて深めさせる。

10）板書計画

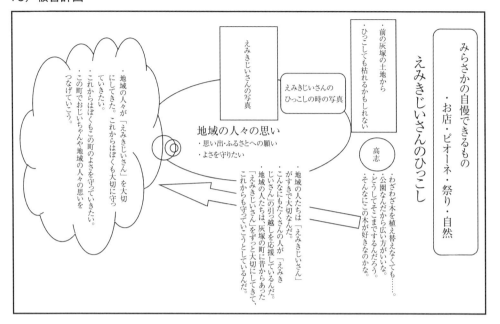

―――――――――

1）広島県教育委員会「広島県道徳教育指導資料」「第一部地域教材開発の手引き」参照。https://www.pref.hiroshima.lg.jp/uploaded/attachment/44852.pdf （2019年6月19日取得）

《資料》

道徳科の評価文例

```
┌─────────────────────────────────────────────────────────────┐
│               道徳科の評価の基本的な考え方                      │
│                                                             │
│ ・数値による評価ではなく、認め、励ます個人内評価として記述式で行う評価    │
│ ・個々の内容項目ごとではなく、大くくりなまとまりを踏まえた評価とする。     │
│                                                             │
│ ⇒内容項目を記述しない。                                        │
│                                                             │
│ ・他の生徒との比較による評価ではなく、生徒一人一人の成長に着目し、良い点や可能 │
│   性、進歩の状況を積極的に受け止め認め、励ますことが求められる。          │
│                                                             │
│ ⇒学習状況等による進歩状況                                      │
│                                                             │
│ ・学習活動により生徒がより多面的・多角的な見方へと発展しているか、道徳的価値の │
│   理解が自分自身との関わりの中で深められいるかといった点の重視           │
│                                                             │
│ ⇒多面的・多角的な見方・自分との関わりの中で考える。                   │
│                                                             │
│ ・調査書（内申書）に記載せず、高等学校等の入学者選抜の合否判定に活用することの │
│   ないように留意                                              │
└─────────────────────────────────────────────────────────────┘
```

道徳性は評価しない ｛ ○道徳的判断力
　　　　　　　　　　○道徳的心情
　　　　　　　　　　○道徳的実践意欲と態度

　内容項目を記述せず大くくりなまとまりを踏まえた評価とするために「道徳的諸価値の理解」という記述とする。道徳的諸価値には、価値理解・人間理解・他者理解の３要素が含まれるために、様々な表現に活用できる。
　「道徳的諸価値の理解をもとに……。」「道徳的諸価値を深めることができた。」「道徳的諸価値の理解を通して……」等で記述する。

記載例

		1学期		2学期		3学期	要録
例1	公正(1)	「名前のない手紙」の教材での学習を自分の生活とつなげて考え、正しくない行動に対して、許してはいけないという思いを持ち、勇気をもって行動していこうと考えることができました。	勤労(3)	「父の仕事」の教材を学習し、仕事には大変なこともあるけれど、その大変さをやりきることが次への一歩につながると考え、自分のこれからの仕事をがんばろうと思うことができました。	国際(2)	「ペルーは泣いている」の教材を学習し、一人一人の精一杯の姿が文化の違いを超えて伝わるという考えに共感して、国とのつながりを大切にしていこうと考えることができました。	考えた道徳的諸価値を自分の生活とつなげて考えたり友達の考えに共感しながら、これからの生き方を前向きにがんばろうと思うことができた。
例2	生命(3)	「命」の教材を学習し、限りある命の大切さを考え、相手を傷つけるような行為や言葉を許さず、自分の生命とつながる他の人の生命を大切にしていきたいと考えることができました。	自然(1)	「漂流ゴミの行方」の教材を学習し、ゴミ一つが自然の生き物の命につながっていることに気付き、身の回りの環境で、自分ができる自然保護をしていこうと考えることができました。	寛容(2)	「折れたタワー」の教材を学習し、人間は失敗をするから、失敗を責め続けると相手だけでなく自分も悲しい気持ちになるから、相手を理解し受け入れていこうと考えることができました。	道徳的諸価値の理解を基に相手を理解し受け入れることの大切さに気付き、自分ができること考え他の人の生命を大切にしていきたいと考えることができた。
例3	個性(1)	「マンガ家手塚治虫」の教材では個性について考え、自分を振り返り、人との違いは短所だという捉えから、長所でもあることに気付き、自分の良さを伸ばそうと考えることができました。	国際(3)	「ペルーは泣いている」の教材を学習し、外国の文化と日本の文化は違うけれど、同じ人間だから分かり合うために、自分にできることを一生懸命していきたいと考えることができました。	自然(2)	「ひとふみ10年」の教材を学習し、自然を好きと思う気持ちと守る気持ちは違うことに気付き、自分も山などで自然に触れる時には、花や昆虫を大切にしようと思うことができました。	道徳的諸価値の理解を深める過程で、自分の生活を振り返ったり、友達との意見の違いに気づいたりし、自分の生き方につなげようとすることができた。

(1) 自己を見つめる（自分の生活を振り返り考えている）
(2) 多面的・多角的な考え
(3) 自己の生き方（これからの生き方につなげている）

道徳評価記述例〈1年生入門期〉

基本となる価値理解		道徳的諸価値についての理解 道徳的価値の理解・人間理解・他者理解		
		自己を見つめる（自分の行為・考え方の見直し）	多面的・多角的な考え（一つの事象を多様な視点から考えている。多様な角度に向かって思考できた。）	自己の生き方（どのように生きるか。どのような生き方をしたいか。）
評価の観点		自己を見つめる	多面的・多角的な考え	自己の生き方
観点の見取り		自分をしっかり見つめられたか。自分がどうできている、できていないの自覚。	複数の道徳的価値について考える中で取るべき行動を多様に考えられている。	これからの生き方について、意欲をもって考えている。
記述の書き出し		「……理解し」「……気付き」	○○の教材の学習を通して、○○について「……理解し」「……気付き」「……の思い（考え）を深め」	
文末の評価文		……を大切にしたいと思えました。自分を振り返り、……しようと考えることができました。登場人物と自分を重ねよりよい考えを見つけようとしていました。	友達の意見から〜に気付くことができました。……について違う立場で考えることができました。……から……も大切だと考えることができました。	……をこれからの生活に生かしたいという実践意欲をもつことができました。……しようとする気持ちが表れていました。	教材名
A	善悪の判断 自律、自由と責任	良いこと悪いことにはどんなことがあるのか考え、人が嫌な気持ちにならない生活を考えました。		みんなが楽しく生活できるように、いけないことをしている人に声をかけていこうと思えました。	「なにをしているのかな」
	正直・誠実				
	節度、節制	遅くまで起きていると寝るのが遅くなり、早起きができないから、時間を守ろうと思えました。		食事の好き嫌いをなくしたり時間を守ったりして、元気よく過ごそうと思えることができました。	「ゆうたのへんしん」
	個性の伸長	後片付けをすることがよく気持ちがよいことが分かり、自分の身の回りを見直そうと思えました。		後片付けをするのとしないのを比べて、後片付けをして気持ちよく生活しようと思えました。	「あとかたづけ」
	希望と勇気 努力と強い意志				
	真理の追究				

道徳科の評価文例

	項目	評価文例1	評価文例2	評価文例3	教材名
B	親切、思いやり	生活を振り返り、親切にした時やされたときの良さをみんなに伝えることができました。	意地悪をされるといやな気持ちになるけど、親切はどちらもいい気持ちになることに気付きました。	親切にした時の気持ちを考えて、これから自分もみんなに親切にしていこうと考えました。	「はしの上のおおかみ」
	感謝				
	礼儀	笑顔であいさつをすると、とても気持ちがよくなることが分かって、自分でやってみようと思えました。	挨拶をすると、挨拶をする自分、されている相手も気持ちがいいんだと気付くことができました。	家庭や学校の中だけでなく、学校の行きかえりに地域の人にも笑顔で挨拶がしたいと思えました。	「あいさつ」
	友情、信頼	自分のことばかりでなく、友達に優しくするともっと仲良くなれ楽しいと感じることができました。		友達と仲良くすることの良さを考え、友達と仲良く助け合っていこうと思うことができました。	「ぞうさんとおともだち」
	相互理解、寛容				
C	規則の尊重				
	公正、公平、社会正義				
	勤労、公共の精神				
	家族愛、家庭生活の充実				
	よりよい学校生活、集団生活の充実	「たのしい学校」の教材を学習して、学校の楽しさをたくさん見つけることができました。		「たのしい学校」の教材を学習して、色々なことをやってみたいと思うことができました。	「たのしい学校」
	伝統と文化の尊重、国や郷土を愛する態度				
	国際理解、国際親善				
D	生命の尊さ	自分も身の回りの生き物も命があり、みんなが大切で、生きているんだと感じることができました。		命があって大きくなることは、とてもうれしいと思い、これからの毎日を楽しみに思えました。	「うまれたてのいのち」
	自然愛護				
	感動、異敬の念				
	よりよく生きる喜び				

道徳評価記述例〈1年生〉

	基本となる価値理解	道徳的諸価値についての理解 道徳的価値の理解・人間理解・他者理解		教材
	自己を見つめる (自分の行為・考えの見直し)	多面的・多角的な考え (一つの事象を多様な視点から考えている。多様な角度に向かって思考できた。)	自己の生き方 (どのように生きるか。どのような生き方をしたいか。)	
評価の観点	自分をしっかり見つめられたか。自分ができている、できていないの自覚。	複数の道徳的価値について考える中で取る行動を多様に考えられている。	これからの生き方について、意欲をもって考えている。	
観点の見取り				
記述の書き出し	……○○の教材の学習を通して、○○について、[……]の思い(考え)に気付き[……理解し][……の思い(考え)を深め、]			
文末の評価文	……を大切にしたいと思えました。 自分を振り返り、……しようと考えることができました。 登場人物と自分を重ねよりよい考えを見つけようとしていました。	友達の意見から〜に気付くことができました。 ……について違う立場で考えることができた。 ……から……も大切だと考えることができました。	……をこれからの生活に生かしたいという実践意欲をもつことができました。 ……しようとする気持ちが表れていました。	
A 善悪の判断、自律、自由と責任	よいことをしたいと思えた気持ちを思い出し……		いいことは進んでやろうと……	「なにをしているのかな」「にんじんばたけ」「やめろよ」
正直、誠実		うそをついた時の気持ちと正直に言った時の気持ちを比べて……	うそをまをつかず、正直に生活していこうと……	「ひつじかいのこども」
節度、節制	身の回りの片づけ(時刻を守る等)を振り返り……		わがままをせずに元気に生活できるように……	「ゆうたのへんしん」「かたづけ」「はみがちゃのっる」「休みじかん」
個性の伸長	自分にはたくさんいいところがあるんだ……	みんなにもいいところをたくさん増やしていこうと……	いいところをたくさん増やしていこうと……	「ぼくはちいさくて白い」「あなたってどんな人?」
希望と勇気、努力と強い意志	がんばっている自分に気付き……		やらなければいけないことを最後まで頑張ろうと……	「おふろばそうじ」
真理の追究				
B 親切、思いやり	親切にしてもらって(して)嬉しかったことを思い出し……	親切にすること(してもらうこと)がうれしいことだと気付き……	困っている人に親切にしていこうと……	「はしのうえのおかみ」

	項目	思い出し	気付き・意欲	教材例
B	感謝	自分のことを大切にしてくれる身の回りの人を思い出し……	お世話になっている人に「ありがとう」と言いたいと……	「ありがとう」
	礼儀	毎日のあいさつを思い出し……	気持ちのいいあいさつをしようと……	「あいさつ」「なんていえばいいのかな」「どんなあいさつをしますか」
	友情、信頼	友達といっしょに頑張ったことや楽しかったことを思い出し……	友達に親切にして仲良くしたい……	「そうさんとおともだち」「二わのことり」「ゆうきとやったら」
	相互理解、寛容			
C	規則の尊重	身近な約束やきまりを思い出し……	きまりを守って生活しようと…… みんなで使うものを大切にしよう……	「どうしてかな」「わっているけど」「おきとまり」
	公正、公平、社会正義		みんなに優しくしていこう…… 違う考えを持っている人の話もちゃんと聞いていこう……	「もののぶんせきと」「かずやのなみだ」
	勤労、公共の精神	学校での当番や係の仕事を振り返り……	係や当番をしないとみんなが困ることに気付き…… みんなのための仕事を頑張っていこう……	「120てんのそうじ」
	家族愛、家庭生活の充実	家族との楽しい出来事を思い出し……	家族が自分を大切にしてくれていることに気付き…… 家族の役に立って喜んでもらいたい……	「おかあさんのつくったぼうし」
	よりよい学校生活、集団生活の充実	学校での楽しい活動を思い出し……		学校で、みんなで仲良くしていこうと……	「たのしいがっこう」「学校をやすんだ」
	伝統と文化の尊重、国や郷土を愛する態度	昔の遊びや地域の行事について話し合い……		地域の行事を大切にしていこう……	「はしれメンくうう」「せかいにゆうのこどもたい」
	国際理解、国際親善	外国のことを知りたいという思いから……		外国の人とも仲良くしていきたい……	「オリンピック・パラリンピック」「学校へいきとき」「せかいじゅうのこどもたい」
D	生命の尊さ	自分の心臓の音を聞いて…… 大きくなっている自分に気付いて……	みんなにも同じように大切な命があることに気付き……	自分の生命を大切にしていこう……	「うまれたてのいのち」「ハムスターのあかちゃん」
	自然愛護	身近な自然に触れた体験を思い出し……		植物や生き物に優しく(大切に)していこう……	「どうぶつとふれあい」
	感動、畏敬の念	身近な自然の美しさや優しい心の話を思い出し……		自然はきれいだな(すごいな)と感じることが…… 優しい心を持ちたいな……	「うちゅうせんにのって」
	よりよく生きる喜び				

道徳評価記述例〈2年生〉

基本となる価値理解		道徳的諸価値についての理解 道徳的価値の理解・人間理解・他者理解			教材名
評価の観点		自己を見つめる（自分の行為・考えの見直し）	多面的・多角的な考え（一つの事象を多様な視点から考えている。多様な角度に向かって思考できた。）	自己の生き方（どのように生きるか、どのような生き方をしたいか。）	
観点の見取り		自分をしっかり見つめられたか。自分ができている、できていないの自覚。	複数の道徳的価値について考える中で取る行動を多様に考えられている。	これからの生き方について、意欲をもって考えている。	
記述の書き出し		「……理解し」「……気付き」	「○○の教材の学習を通して、○○について」「……の思い（考え）を深め」		
文末の評価文		……を大切にしたいと思えました。自分を振り返り、……しようと考えることができました。登場人物と自分を重ねればよいと考えを見つけようとしていました。	友達の意見から〜に気付くことができました。……について違う立場で考えることができた。……から……も大切だと考えることができました。	……をこれからの生活に生かしたいという実践意欲をもつことができました。……しようとする気持ちが表れていました。	
A	善悪の判断自律、自由と責任	よいことをした時の気持ちを思い出し……		いいことは進んでやろうと……	「ぽんたとかんた」「ありこみ」「ある日のくつばこ」
	正直、誠実		うそをついた時の気持ちと正直に言った時の気持ちを比べて……	うそをつかず、正直に生活していこうと……	「金のおのとコロ」
	節度、節制	身の回りの片づけ（時刻を守る等）を振り返り……		わがままをせずに元気に生活できるように……	「あぶないよ」「でないよ」「くんてんどうしたの」
	個性の伸長	自分にはたくさんいいところがあるんだと……	みんなにもいいところをたくさんしている……	いいところを大切にしていこうと……	「いいところみつけた」
	希望と勇気努力と強い意志	がんばっている自分に気付き……		やらなければいけないことを最後まで頑張ろうと……	「なわとびなんじゃ」
	真理の追究				
B	親切、思いやり	親切にしてもらって（して）嬉しかったことを思い出し……	親切にすること（してもらうこと）がうれしいことだと気付き……	困っている人に親切にしていこうと……	「ありがとうっていわれてうれしいよ」「くりのみ小鳥」

道徳科の評価文例

区分	内容項目	想起	気付き	意欲・態度	教材例
B	感謝	自分のことを大切にしてくれる身の回りの人を思い出し……		お世話になっている人に「ありがとう」と言いたいと……	きつねとぶどう
B	礼儀	毎日のあいさつを思い出し……		気持ちのいいあいさつをしていこうと……	「たけしの電話」「あいさつがきらいな王さま」「おはようりすさん」
B	友情、信頼	友達といっしょに頑張ったことや楽しかったことを思い出し……	友達に親切にして仲良くしたい……	友達と仲良くしていこうと……	
B	相互理解、寛容				
C	規則の尊重	身近な約束やきまりを思い出し……	みんなに優しくしていこうと……	きまりを守って生活しようと……	「一輪車」「きまりのない学校」
C	公正、公平 社会正義			みんなで考えを持ちよってみんなの話もちゃんと聞いていこうと……	「三びきはともだち」「ドッジボール」
C	勤労 公共の精神	学校での当番や係の仕事を振り返り	係や当番をしないとみんなが困ることに気付き……	みんなのための係の仕事を頑張って違う考えを大切にしようと……	「本係さんがんばって」「森の郵便屋さん」
C	家族愛 家庭生活の充実	家族との楽しい出来事を思い出し……	家族が自分を大切にしてくれていることに気付き……	家族の役に立って喜んでもらいたい……	「おばあちゃん元気ですか」
C	よりよい学校生活 集団生活の充実	学校での楽しい活動を思い出し……		学校で、みんなで仲良くしていこうと……	「わたしたちの校歌」
C	伝統と文化の尊重 国や郷土を愛する態度	昔の遊びや地域の行事についての話し合い……		地域の行事を大切にしていきたい……	「きおんまつり」「花火にこめられた思い」
C	国際理解 国際親善	外国のことを知りたいという思いから……		外国の人と仲良くしていきたい……	「タケトからの友達」「ローラの涙」
D	生命の尊さ	自分の心臓の音を聞いて、大きくなっている自分に気付いて……	みんなにも同じように大切な命があることに気付いて……	自分の生命を大切にしていこうと……	「大きくなったね」「ぞく」「生きているから」
D	自然愛護	身近な自然に触れた体験を思い出し……			「虫が好き」「アンリ・ファーブル」
D	感動、畏敬の念	身近な自然の美しさや優しい心の話を思い出し……	自然はきれいだな（すごいな）と感じることが……	自然愛し、優しい心をもちたいなと……	「七つのほし」「どうぶつのおくれもの」
D	よりよく生きる喜び				

道徳評価記述例〈3年生〉

評価の観点	基本となる価値理解 自己を見つめる（自分の行為・考えの見直し）	道徳的諸価値についての理解 道徳的価値の理解・人間理解・他者理解 多面的・多角的な考え（一つの事象を多様な視点から考えている。多様な角度に向かって思考できた。）	自己の生き方（どのように生きるか。どのような生き方をしたいか。）	教材名
観点の見取り	自分をしっかり見つめたか。自分ができている、できていないの自覚。	複数の道徳的価値について考える中で取る行動を多様に考えている。	これからの生き方について、意欲をもって考えている。	
記述の書き出し	\multicolumn{3}{}{○○の教材の学習を通して、○○について「……理解し」「……の思い（考え）」……を深め」}			
文末の評価文	……気付き」「……の思い（考え）を持ち」	……を大切にしたいと思えました。友達の意見から～に気付くことができました。……について違う立場で考えることができました。……から……も大切だと考えることができました。	……をこれからの生活に生かしたいという実践意欲をもつことができました。……しようとする気持ちが表れていました。	
A 善悪の判断、自律、自由と責任	正しいことを行おうとした時の気持ちを振り返り……	正しいことを行うためには、強い意志が大切であると考えると……	正しくないことを止めることができるようになりたいという思いを……	「三年生と上級生」
正直・誠実	正直に話した時の気持ち良さを振り返り……		正直に楽しく生活していこうと……	「ごめんね」「まどガラスと魚」
節度、節制	自分でできることにはどんなことがあるか考え……		自分でできることは自分で考えて生活していこうと……	「もっと調べたかったから」「どんどん橋のできごと」「ぽくを動かすコントローラー」
個性の伸長	自分の長所や短所に目を向けること……	友達のいいところにたくさん気付き……	自分の短所を直し、長所を伸ばしていきたいと……	「石ころをみつめてみたら」「おかあさんのふふふ」
希望と勇気、努力と強い意志	自分の目標を持ち……	がんばる自分を支えてくれる人に感謝の気持ちを持つことと……	目標に向かって努力していこうと……	「うまくなりたいけれど」「がんばれ 友ちゃん」
真理の探究				
B 親切、思いやり	親切にした行動を振り返り……	親切にしてもらった時の気持ちを考え……	相手の気持ちを考えて親切な行動をしていこうと……	「おじいちゃんとの楽しみ」「バスの中で」「切符売り場で」

道徳科の評価文例

	項目	活動・振り返り	気付き	今後の思い	教材例
B	感謝	自分達のために頑張っている人を思い出し……	沢山の人が自分のことを信じ、思いやりの心で支えられていることに気付き……	支えてくれる人に感謝の思いを伝えていきたい……	「いつもありがとう」
B	礼儀	自分の気持ちを伝える時の態度を振り返り……	自分達のよい態度を気持ちよくしてもらうことに気付き……	気持ちのよい態度で接していきたい……	「足りない気持ちは何だろう」「れいぎ正しい人」
B	友情、信頼	友達との生活を振り返り……	相手がどんな気持ちになっているのかを考えて……	大切な友達と仲良くしたり助け合ったりしていきたい……	「さと子の落し物」「きゅうしょくは四人まで」「澤村投手のボール」
B	相互理解、寛容	自分の気持ちがうまく伝わらなかった経験を思い出し……	一人一人考えが違うことに気付き……	互いの気持ちを分かっていきたい……	「心をすまして」
	規則の尊重	学校のきまりについて振り返り……	決まりを守らないと困ることに気付ききまりはみんなの生活をよくするためのものだと……	きまりを守って、みんなで楽しく生活していこう……	「ちゃんと使えたのに」「みんなのわき水」「ジュースのあきかん」
C	公正、公平、社会正義	人によって態度が違ったりすることがないかを振り返り……	不公平な態度は、相手を嫌な気持ちにさせることだと考え……	誰に対しても同じように接していきたいと……	「同じでなかよし」「ぼくのボール」
C	勤労、公共の精神	身近な当番活動や誰かのためになっているのかを振り返り……		みんなのために活動をして、みんなの役に立っていきたいと……	「なんにも仙人」「木の中にバットが見える」
C	家族愛、家庭生活の充実	自分の家庭生活を振り返り……	家族が自分のために考えてくれていることに気付いて……	家族の一員として自分にできることをするために行動していこう……	「お母さんの請求書」
C	よりよい学校生活、集団生活の充実	学校生活を振り返り……		楽しい学校（学級）にするために考えることを大切にしていきたい……	「学級しょうかい」
C	伝統と文化の尊重、国や郷土を愛する態度	地域の行事や自然を振り返り……		地域をもっと良くしていくために、昔から伝わっているものを大切にしていきたい……	「ふろしき」「おもてなし」「いってQ小学校」
C	国際理解、国際親善	知っている国について話し合い……	外国の文化は日本の文化と違うことに気付き……	外国の人とつながりを大切にしていきたい……	「同じ小学校でも」
D	生命の尊さ	自分の生命は一つしかないことに改めて気付き……	みんなの生命も大切だったひとつの生命だと考え……	一生懸命に生きようみんなの生命も大切にしよう……	「赤ちゃんもごはんたべてるよね」「おとうさんからの手紙」「助かった命」
D	自然愛護	身近な自然との関わった体験（学習）を思い出し……	人間が自然を壊してしまうことがあることに気付き……	自然を大切にしていこうと……	「ごめんね アマリリス」
D	感動、畏敬の念	身近な自然や偉人の話を聞いたことを思い出して……		自然はすばらしいと感じることが人の心の美しさに感動……	「光の星」「富士と北斎」
	よりよく生きる喜び				

道徳評価記述例〈4年生〉

評価の観点	基本となる価値理解 自己を見つめる（自分の行為・考えの見直し）	道徳的諸価値についての理解 道徳的価値の理解・人間理解・他者理解		教材名
		多面的・多角的な考え（一つの事象を多様な視点から考えている。多様な角度に向かって思考できた。）	自己の生き方（どのように生きるか。どのような生き方をしたいか。）	
観点の見取り	自分をしっかり見つめられたか。自分ができていない、できていないの自覚。	複数の道徳的価値について考える中で取る行動を多様性に考えられている。	これからの生き方について、意欲な生き方を考えている。	
記述の書き出し	……を大切にしたいと思えました。自分を振り返り、……しようと考えることができました。登場人物と自分を重ねながらよい考えを見つけようとしていました。	○○の教材の学習を通して、○○について〔……理解し〕〔……の思い（考え）〕を深め、		
文末の評価文		友達の意見から〜に気付くことができました。……について違う立場で考えることができた。……から……も大切だと考えることができました。	……をこれからの生活に生かしたいという実践意欲をもつことができました。……しようとする気持ちが表れていました。	
A 善悪の判断、自律、自由と責任	正しいことを行おうとした時の気持ちを良さを振り返り……	正しいことをするためには、強い意志が大切であると。	正しくないことを止めることができるようになりたいと思い言うことを……	「さち子さんのえがお」「遠足の朝」「よわむし太郎」
正直・誠実	正直に話した時の気持ちを振り返り……		正直に楽しく生活していこう……	「新次のしょうぎ」
節度、節制	自分でできることにはどんなことがあるか考え……		自分でできることは自分で考えて生活していこう……	「目覚まし時計」「本当に上手な乗り方とは」「金色の魚」
個性の伸長	自分の長所や短所に目を向けること……	友達のいいところにたくさん気付き……	自分の短所を直し、長所を伸ばしていきたい……	「つくれないでしょ」
希望と勇気、努力と強い意志	自分の目標を確かめて……	がんばる自分を支えてくれる人に感謝の気持ちをもつことが……	目標に向かって努力していこう……	「がむしゃらに」「42.195km」「うれしい六着」
真理の探究				
B 親切、思いやり	親切にした行動を振り返り……	親切にしてもらった時の気持ちを考え……	相手の気持ちを考えて親切な行動をしていこう……	「心と心のあくしゅ」「三つのつつみ」

道徳科の評価文例

	内容項目				教材名
B	感謝	自分達のために頑張っている人を思い出し……	沢山の人の信頼や思いやりに支えられていることに気付き……	支えてくれる人に感謝の思いを伝えていきたい……	「朝が来ると」
B	礼儀	自分の気持ちを伝える時の態度を振り返り……	相手のよい態度で接してもらうと気持ちがいいことに気付き……	気持ちを伝える態度に気をつけていきたい……	「あいさつができた」「フィンガーボール」
B	友情、信頼	友達との生活を振り返り……	相手がどんな気持ちになっているかを考え……	大切な友達と仲良くしたり助け合ったりしていきたい……	「いのりの手」「絵はがきと切手」
B	相互理解、寛容	自分の気持ちがうまく伝わらなかった経験を思い出し……	一人一人考えが違うことに気付き……	互いの気持ちを分かりあっていきたい……	「ちごく」「にぎりしめたいね」「わかっているはずだから」
C	規則の尊重	学校のきまりがどうしてあるのか考え……	決まりをきちんと守らないと困ることに気付き……/きまりはみんなの生活をよりよくするためのものだと考え……	きまりを守って、みんなでよりよい生活をつくっていこうと……	「雨のバスていしゅう所」
C	公正、公平 社会正義	人によって態度がちがったりすることがないかを振り返り……	不公平な態度は、相手を嫌な気持ちにさせることだと考え……	誰に対しても同じように接していこうと……	「決めつけないで」「いじめ」
C	勤労 公共の精神	当番活動が誰のためになっているのかを振り返り……		みんなのための活動をして、みんなの役に立っていきたい……	「ぼくの草取り体験」「このてボランティア」
C	家族愛 家庭生活の充実	家庭生活を振り返り……	家族が自分のために考えてくれていることに気付き……	家族の一員として行動していこう……	「家族の一員として」
C	よりよい学校生活 集団生活の充実	学校生活を振り返り……		楽しい学校(学級)にするために自分にできることを考えて……	「交換メール」
C	伝統と文化の尊重 国や郷土を愛する態度	地域の行事や自然を振り返り……		地域をもっと良くしていくために……/昔から伝わっているものを大切にしていきたい……	「お父さんのじまん」「浮世絵」
C	国際理解 国際親善	知っている国について話し合い……	外国の文化は日本の文化と違うことに気付き……	外国とのつながりを大切にして、外国の人と仲良くしていきたい……	「海をこえて」「いろいろな食べ方」
D	生命の尊さ	自分の生命は一つしかないことに改めて気付き……	みんなの生命も大切だった一つの生命だと考え……	一生懸命に生きようと……/みんなの生命も大切にしていこう……	「ヒキガエルとロバ」「お母さんがなかないで」「かわいそうなぞう」
D	自然愛護	身近な自然との関わった体験(学習)を思い出し……	人間が自然を壊してしまうことに気付き……	自然を大切にしていこう……	「小さな草たちにはく手を」「聞かせて、君の声を」
D	感動、畏敬の念	身近な自然や偉人の話を聞いたことを思い出して……		自然のすばらしいに感じることに感動し……/人の心の美しさに感動する……	「花さき山」
	よりよく生きる喜び				

道徳評価記述例〈5年生〉

基本となる価値理解	自己を見つめる（自分の行為・考えの見直し）	道徳的諸価値についての理解／道徳的価値の理解・人間理解・他者理解		教材名
		多面的・多角的な考え（一つの事象を多様な視点から考えている。多様な角度に向かって思考できた。）	自己の生き方（どのように生きるか。どのような生き方をしたいか。）	
評価の観点	自分をしっかり見つめられたか。自分がでてきている、できていないの自覚。	複数の道徳的価値について考える中でで取る行動を多様に考えられている。	これからの生き方について、意欲をもって考えている。	
観点の見取り				
記述の書き出し	「○○○の教材の学習を通して、」「……気付き」「……理解し」「……について、○○について「……」の思い（考え）を深め」			
文末の評価文				
A 善悪の判断、自律、自由と責任	……を大切にしたいと思えました。自分を振り返り、……しようと考えることができました。登場人物と自分とを比べようと考えることができました。自分を見つけようとしていた。	友達の意見から～に気付くことができました。自由には責任が伴うことを知り、自分の行動に責任をもったり（もたらなかったり）……	……をこれからの生活に生かしていこうという実践意欲をもつことができました。自分の行動に責任をもっていこうとする姿が……	「ぼくの夏休み大作戦」「うばわれた自由」
正直・誠実	自分が責任をもって行動したことを振り返り……	自由に生きるだけでなく、思いやり（強い意志）のしん等）の心が大切であることが大切だと考えることができた。	自分の心に向き合い、自分自身に正直（誠実）に向き合っていこうとする。	「のりづけられた詩」
節度、節制	自分の気持ちに正直に行動したことを振り返り……	正直に生きていくことは、自律的な行動が大切である……	自分のよりよい生活習慣を築いていこうとする。	「いつものひなん訓練」「流行おくれ」
個性の伸長	自分の生活習慣を振り返り……	自分の生活習慣を正していくためには、自律的な行動が大切である……	自分をより高めていこうとする実践意欲が……	「マンガ家手塚治虫」
希望と勇気、努力と強い意志	自分を振り返り、改めるべきことを改めていこうとし……自分の良さに気付き……	自分の良さを色々な面からとらえることができる。改めるべきことができ、短所も自分の特徴の一つであると気付き……	自分をより高めていこうとする実践意欲や良さをさらに伸ばしていこうとする。	
	夢と現実の違いに気づきながら、困難に立ち向かう自分の姿を……	失敗をしながらも乗り越える人間の強さに……	積極的に前向きに生きていこうとける努力している。	「ヘレンと共にーサリバン」
真理の追究	関心を持ったものを調べ……した自分の姿を振り返り……	物事をしっかり調べ、見極めていこうとするために努力と強い意志が大切……	生活の中で調べてみたいことをそのままにせず調べていく力を……	「天から送られた手紙」

道徳科の評価文例

	項目	記述例1	記述例2	記述例3	教材例
B	親切、思いやり	自分がしてきた親切な行動を振り返り……	相手の立場から考えると、相手を理解しようとする行動を大切にしようと……	思いやりの心を持って様々な人に……相手の立場を考えた行動を……	「やさしいエュウちゃん」「くずれ落ちた段ボール箱」
	感謝	自分達の生活が様々な人に支えられていることを振り返り……	支え合い助け合うことを大切にしていくことにつながる……	支えてもらっていることに感謝し、自分もその思いに応えていきたい……	「ありがとうの心」
	礼儀	自分の生活を振り返り、礼儀に込められた思いを……	礼儀正しくすることが、相手を大切にしたい思いやりにつながる……	昔から大切にしてきた礼儀などその意味を自分で実践していきたい……	「あいさつ運動」
	友情、信頼	自分の友情に対する考えをさらに深めることが……	互いを大切にすることで……	友達と学び合い、高め合うような友情を育んでいきたい……	「古いバケツ」「友のしょう像画」
	相互理解、寛容	始めは過ちは許せないと考えていましたが、互いを尊重することの大切さ……	許す立場と許されない立場、両者の思いを考え……	広い心で自分と考えの違う意見を受け入れていこう……	「すれちがい」「なくしたかぎ」
	規則の尊重	身の回りにある決まりのありかたについて……	規則を守らせようとするのではなく、嫌な思いをさせたり、相手のために守るように考え……	規則を守ることが、自分の生命も守ることにつながるから絶対にしないという思い……	「通学路」「住みよいマンション」「ふくらんだリュックサック」
	公正、公平、社会正義	身の回りで起こる間違った行動に対して許せないという思いを深くして……	間違ったことも傷つく人もいるという思いに気付き……	自分に不公平なことをしないという思いも……	「名前のない手紙」「折れたタワー」
	勤労、公共の精神	自分が活動している委員会活動につなげて考え……	ボランティアをしてもらう側の思いについても考え……	進んで委員会などの活動をしていこう……	「サタデーグループ」「父の手紙」
C	家族愛、家庭生活の充実	家族の大切さを改めて考え……	自分が家族を信頼することで、家族とのつながりが深くなる……	家族とのつながりを深め、自分にできることをしていこう……	「家族のために」「なくしたかぎ」
	よりよい学校生活、集団生活の充実	自分達が高学年の思いをもって活動してきたことを振り返り……	これまで伝統を受け継いできた人の思いや学校を想う人の気持ちや思いやり……	これからも学校の伝統を大切によりよい学校にするために自分にできることを……	「たのむよ班長」「吹雪の中で」「ありがとう」
	伝統と文化の尊重、国や郷土を愛する態度	身近にある伝統を振り返り……改めて地域の文化や伝統に感謝の思いを……	これまで伝統を守ってきた人への感謝の思い……	これからも自分の伝統を大切にしていこう……	「和太鼓調べ」「美しい夢ゆめみらい」
	国際理解、国際親善	身近な外国の人との関わりから……	他国の人も自分の文化や伝統を尊重している……	進んで他国の人と接し、つながりを築いていこう……	「ベルーは泣いている」「マインツからの便り」
D	生命の尊さ	自分の生命につながる人々を思い起こし……	自分の生命を大切にしてくれているという思いを知り……	自分もつながる他の人の生命も尊重していこう……	「命」「大陽のようなえがお」
	自然愛護	自分達の何気なくしている生活習慣が自然環境に影響していることに気付き……	自然に生きる生き物の生命の大切さ……	自然環境を大切にするために人間のできること（人間がしていくべきこと）をしていこう……	「命の種を植えたい」「命の大洪水」
	感動、畏敬の念	自然や人間の力の偉大さに感動し……	人々のつながりの中にある思いやり温かい心に尊敬の思い……	感動を大切にして、自分の生き方を見つめなおしていきたい……	「ひとふさ十年」
	よりよく生きる喜び	人間の弱さを見つめ直し、目指す生き方をしている人に気付き……	気高く生きる人は、たくさんの人とのつながり精一杯生きていることに気付く……	自分もよりよく生きていこうとする実践意欲を……	「のび犬に学ぼう」「かがやいてわたし」

道徳評価記述例〈6年生〉

基本となる価値理解				道徳的諸価値についての理解／道徳的価値の理解・人間理解・他者理解			教材名
評価の観点	観点の見取り	記述の書き出し	文末の評価文	自己を見つめる（自分の行為・考えの見直し）	多面的・多角的な考え（一つの事象を多様な視点から考えている。多様な角度から考えた。）	自己の生き方（自己がどのように生きるか。どのような生き方をしたいか。）	
	自分をしっかり見つめられたか。自分ができている、できていないの自覚。	「……理解し」「……気付き」「○○について……の気持ちや（考え）を深め」		複数の道徳的価値について多角的に考えられている。	これからの生き方について、意欲をもって考えている。		
善悪の判断、自律、自由と責任		……を大切にしたいと思えました。自分を振り返り、……しようと考えることができました。登場人物と自分を重ねてよりよい考えを見つけようとしていました。	自分の自律的な（自律的に責任のある）行動について振り返り……	友達の意見から〜に気付くことができました。自律について違う立場で考えることができ、……も大切だと考えることができました。	自由にいは責任が伴うことを知り、自律的な行動をしたら……をしたいという実践意欲をもつことができました。	自己の行動に責任をもっていこうとする姿。自律的な行動で生活している。	「ほんとうのことだけど」「自由行動」
正直・誠実			自分の誠実な生き方について振り返り……	誠実に生きるためには、思いやり（強い意志等）の心がも大切であると……	自分の心に向き合い、自分自身に誠実に向き合っている。		「手品師」
節度、節制			自分の生活習慣を振り返り……	物事の道徳習慣を正していくためには、自律的な行動が大切である。	自分からよりよい生活習慣を築いていこうとする。		「カズミと携帯電話」「自分を守る力って？」
A 個性の伸長			自分を振り返り、改めるべきところを改めるると……	自分の良さを色々な面からとらえることができ……、短所も自分の特徴の一つであると気付き……	自分をより高めていこうとする実践意欲と、良さをさらに伸ばしていこうとする。		「それじゃダメじゃん」
希望と勇気、努力と強い意志			夢と現実の違いに気付きつらさながらも困難に立ち向かう自分の姿を振り返り……	失敗をしながらも乗り越える人間の努力……	積極的に（前向きに）生きていくことに努力している。		「iPS細胞の向こうに」「ロンダシュート」
真理の探究			関心をもったものの姿を調べて重ねた自分との姿を振り返り（振り返り）	物事の本質を見極めるための努力と強い意志が大切……	生活の中で調べてみたいことをそのままにせず調べていこう……		「地球を一周歩いた男　伊能忠敬」
B 親切、思いやり			自分がしてきた親切な行動を振り返り……	相手の立場から考えると、親切な行動には、相手を理解しようとする気持ちや……	思いやりの心をもって様々な人に……、相手の立場を考えた行動を……		「心づかいと思いやり」
感謝			自分達の生活を様々な人に支えられてきたことに気付くことができ……	支え合い助け合うことが互いを大切にしていくことにつながることに……	支えてもらっていることに感謝し、自分もその思いに応えていきたい。		「おかげさまで」

	徳目				教材名
B	礼儀	自分の生活を振り返り、礼儀に込められた思いを……	礼儀正しくすることが、相手を大切にしたり思いやりをすることで……につながる	昔から大切にしてきた礼儀やその思いを自分で実践していきたい……	「人間をつくる道」剣道
	友情、信頼	自分の友情に対する考えをさらに深めること……	自分の周りにある友達との思いを大切にすることの大切さ……	友達と学び合い、高め合うような友情を育んでいきたい……	「言葉のおくりもの」「ロレンツォの友達」
	相互理解、寛容	始めは過ちは許せないと考えていましたが、互いを尊重することの大切さを……	許す立場と許されない立場、両者の思いを考え……	広い心で自分と考えの違う意見を受け入れていこうと……	「ダンプえんちょうやっつけた?」「ブランコ乗りとピエロ」
	規則の尊重	身の回りにあるきまりの意義について……	規則を守ろうとするのではなく、相手のためにするように伝えていく……	規則を守ることが、自分とのつながりになると考える……	「クラスのきまり」「税金ってだれのため?」
	公正、公平、社会正義	身の回りで起こる間違った行動に対し……	嫌な思いをさせた相手や傷つく側の思いに気付くこと……	間違ったことを絶対にしないという……	「杉原千畝 大勢の命を救った外交官」「おれたちのせいじゃない」
	勤労、公共の精神	身の回りの委員会活動について改めて考え……	ボランティアをしてもらう側の思いについて考えても……	進んでボランティアなどの活動を、自分にできることをしていこう……	「母の仕事」「初めてのアンカー」
	家族愛、家庭生活の充実	家族の大切さについて改めて考え……	自分が家族を信頼することで、家族とのつながりが深まる……	家族とのつながりを大切にしていこう……	
C	よりよい学校生活、集団生活の充実	自分達が最高学年として活動していることを振り返り……	これまで伝統を受け継いできた人々の思いや学校を想う人々の思いやり……	これからも学校の伝統を大切にしていこうと……	「母校大発見」「みんなで学校を作ろう」
	伝統と文化の尊重、国や郷土を愛する態度	身近にある伝統を振り返り、改めて日本の文化を知り……	これまで伝統を守ってきた人々への感謝の思い……	これからも伝統を大切にしていきたいという思いへの……	「ぼくのお茶体験」「天下の名城をよみがえらせる 姫路城」
	国際理解、国際親善	身近な外国の人との関わりから、社会問題から考えていた他国のイメージ……	他国の人も自分の文化や伝統を尊重していること……	進んで他国の人と接し、つながりを深くしていきたいと……	「東京オリンピック 旗にこめられた思い」「エルトゥールル号 日本とトルコのつながり」
	生命の尊さ	自分の生命につながっている人々を思い起こし……	他国の生命を大切に生きるという思い……	自分の生命とつながっている他の人の生命を尊重していきたい……	「命の闘士」創志くんと子牛
	自然愛護	自分達の何気なくしている生活習慣が自然環境に影響していることに気付き……	自然に生きる生き物の生命を守ることの大切さ……	自然環境を守るために自分のできること(人間がしていくべきこと)をしていこうと……	「縁の闘士 リ・マーティ」
	感動、畏敬の念	人間の力の偉大さに感動し……	人々のつながりの中にある思いや心から尊敬の思い……	感動したことを自分の生き方につなげ、自分を見つめるおおい……	「青の洞門」「杉山の声を聞く 画家 豊田三郎」
D	よりよく生きる喜び	人間の弱さを見つめ直し、目指す生き方をしている人に気付き……	気高く生きる人は、たくさんの人を気高い心で精一杯生きていることに気付く……	自分もよりよく生きていこうとする実践欲を……	「スポーツの夢」「みんなのお父さん 正岡子規」

道徳評価記述例〈中学校〉

基本となる価値理解	自己を見つめる（自分の行為・考え・考えの見直し）	道徳的諸価値についての理解 道徳的価値の理解・人間理解・他者理解 多面的・多角的な考え（一つの事象を多角的な視点から考えている。多様な角度に向かって思考できた。）	自己の生き方（どのように生きるか。どのような生き方をしたいか。）	教材名
評価の観点				
観点の見取り	自分をしっかり見つめられたか。自分ができている、できていないの自覚。	複数の道徳的価値について考える中で取る行動を多様に考えられている。（主に関連する内容項目）	これからの生き方について、意欲をもって考えている。	
記述の書き出し	……大切にしたいと思えた。……の気付き」「……理解」「……の思い（考え）」	○○の教材の学習を通して、○○について ［……の気付き、……の思い（考え）を深め、］		
文末の評価文	……大切にしたいと思えました。自分の行動を振り返り、……しようと考えることができました。登場人物と自分を重ねてよりよい考えを見つけようとしていました。	他者の意見から深く～に気付くことができました。……について違う立場で考えることができました。……から～も大切だと考えることができました。	……をこれからの生活に生かしたいという実践意欲をもつことができました。……しようとする気持ちが表れていました。	
A 自主、自律 自由と責任	自らの行動が、自分の判断に基づくものかを振り返り……行った行動に対し誠実に責任を果たしているか考え……	自律した精神を重んじるためには社会の規範を重んじる必要があることについて…… 人間としての生き方とつなげて考え……（遵法精神・より良い生き方）	自分の行為が及ぼす結果について責任をもって対応していこうと…… 主体的に考え、判断し、誠実に行動していこうと……	
節度、節制	自分の生活習慣を振り返り……	節度を守り節制に心がけていくためには、向上心や強い意志を強め節制を重んじる必要があることと考え……（自主・自律・向上心と強い意志）	生涯にわたって学んでいこうとする意欲を…… 節度、節制に心がけ、これからの生き方を充実していこうと……	
向上心、個性の伸長	自己を深く見つめ…… 自分の個性に向き合い……	他者の個性を尊重し、互いに自分の良さを伸ばしていくことにつながると……（相互理解・寛容・友情信頼）	今の自分を受け入れ、自分の良さを理解していこうと……	
希望と勇気 克己と強い意志	自らの目標を振り返り、それを達成するために大切なのは……目標が達成できなかったことを振り返り……	目標を達成していくためには、主体的に考え判断していくことが大切であると……（向上心・自主・自律・自由と責任）	自らにより高い目標を設定し……困難や失敗を乗り越えていきたいと……なりたい自分の姿を思い描き……	

178

A	真理の追究、創造	分からないということを謙虚に受け止め、真実を大切にし、追い求めることに気付き……	真理を追い求めていくためには、強い意志が必要であることに気付き……多角的・多面的に物事を見ることが真実につながると……	好奇心を持って意欲的に学んでいこうとする……自ら工夫し新しいものを創造していこうとする……（克己と強い意志・希望と勇気）
B	思いやり、感謝	自分の生活を支えてくれている人に感謝し……自分が人の思いにどう応えているのかを振り返り……	相手の立場に立った思いやりについて考えることと……感謝の思いは、他者から社会、自然へと広がることに気付き……（相互理解・友情、信頼・自然愛）	思いやりの心を持って人と接していこうと……自分が今存在することに感謝し、支えてくれる人へ応えていこうとする思いをもつことが……
	礼儀	自分の礼儀を振り返り……習慣としてやってきた礼儀作法を振り返り……	礼儀はその形だけにとどまらず、相手への尊敬や感謝の思いが大切であると気付き……礼儀作法は国によって違うことに対して理解を深め……（国際理解・他者理解）	時と場に応じて、相手を尊重する礼儀の意義を考え、これからの様々な場で生かしていきたい……
	友情、信頼	友達との友情について振り返り……	友情を深めていくために、相手の個性を尊重する思いやりであり……自分の思いを支えてくれる友達への感謝をもち、それに応えていこうとする……（個性の伸長・思いやり、感謝・他者理解）	友情を深めていくために、互いに励まし合い、高め合っていきたいと……誰とでも理解し合い、共に高め合う関係をつくっていきたいと……
	相互理解、寛容	相手の考えを受け入れられなかった時や考えの違いに悩んだことを振り返り……	相手の考えを受け入れるためには、互いの個性を尊重することが大切であると……相手の立場にたって考えることで、相手の考えを受け入れることができると……（個性の伸長・思いやり、親切）	自分の考えを伝えるだけでなく、相手のものの見方や考え方を大切にしていきたい……
C	遵法精神、公徳心	身の回りの法や規則について見直し……自分が生活していく権利だけでなく義務について考え……	法を守ることは、自分自身を大切にするという思いや相手の心情に思いをよせる思いやりを考え、大切であると……（他者理解・思いやり）	自分を大切にするためだけでなく、社会を守る方法について行動していきたいと……権利の主張だけでなく、義務の意義を考え行動していきたい……

道徳科の評価文例

c	公正、公平、社会正義	自分の行動が、周囲に同調するものではなかったか考え、自分自身が正義と公平な思いで行動していったかを振り返り……	公平、公正に行動していくためには強い意志が必要であると考える 相手の気持ちを思いやることで、正義に基づく行動つながると……（強い意志、思いやり）	多数の意見に同調することなく、自分の考えを持ち公平に判断していこう。社会における差別や偏見にも目を向け……
	社会参画、公共の精神	学級活動や生徒会活動への自分の態度を振り返り……様々な活動に参加した体験を振り返り……	様々な活動に進んで参加していくことは、人が互いに支え合うことにつながる。社会がよりよくなれば、人としてもよりよく生きることにつながると……（生命の尊さ・よりよく生きる喜び）	進んで活動に参加し、みんながよい良い生活ができるように考えていきたいと……
	勤労	自分が与えられた役割に対しての行動を振り返り……働くことの意義について考えた体験を通して……	働くことで周囲と関わり、自分の生き方を考えることができる 働くことが人を支え、幸せにつながる 誰かが働くことで自分を支えていると……（人間愛・向上心）	働くことで、自分の生き方を考えていきたいと……自分で社会を支えていきたいと……
	家族、家庭生活の充実	家族に対する自分の態度を振り返り……	家族それぞれの立場で考えても、自由と責任がある……家庭生活をともに自分の責任があると……（自主、自律・自由と責任）	家族の一員として自分のやるべきことを考えていこうと……
	より良い学校生活、集団生活の充実	自分の学校に対する思いを振り返り……学級に対する自分の考えを振り返り……	学級や学校の一員としての自覚を持つために、活動に参加していこうとする意欲を……学校集団にあって互いの個性を尊重しあい……（個性の伸長・社会参画）	自分の学校に誇りを持ち、より良い校風を守っていこうと共に、新しい校風をつくっていこうとする意欲を……
	郷土の伝統と文化の尊重、郷土を愛する態度	郷土を見つめ直し……郷土に対する自分の思いを見つめ直し……	郷土に貢献した人の思いを考え……人々は支え合って郷土で生きていることに気付き……（思いやり、感謝・相互理解）	地域に対しても自分のできることを考えていこうと……郷土の発展に尽くしていこうとする意欲を……

	項目	場面	内容	評価文例
C	我が国の伝統と文化の尊重、国を愛する態度	我が国の良さを見つめ直し……	日本人としての自覚は、日本の伝統や文化を大切にすることにつながり……自国の良さを大切にするように他国の良さを理解し……（国際理解・国際貢献）	先人の生き方に学び……自国の良さを生かしていきたい……
	国際理解 国際貢献	世界に対する自分の考えを振り返り……	他国を尊重するためには、互いの個性を尊重し合う気持ちも大切にする。国を大切に思う気持ちは、どの国にもあり……（個性の伸長・我が国の伝統と文化の尊重）	国際社会を生きる一人の人間として……日本人としての自覚をもち……世界の平和のために……
D	生命の尊さ	自分の生命について深く思いを寄せ……今生きていることの生命の尊さを感じ……	生命は自然や様々なものとの関わりの中で存在していることに……生命を大切により良く生きることに……（自然愛護・感動・畏敬の念、よりよく生きる）	自分の生命を大切にし、他の生命も大切に生きていこう……
	自然愛護	身の回りの自然について考え……自然環境について課題意識をもち……	自然環境を守るためには、自然を守る法や規則について考え……自然の生命を守ることが生命全てを守ることにつながる……生命の大切さ……（遵法精神、公徳心、生命の尊さ・畏敬の念）	自然環境を守るために自分のできること（人間がしていくべきこと）をしていこう……自然をどのように関わっていけばよいのか考え……
	感動、畏敬の念	感動したものや及ばぬと感じた体験を振り返り……	感動する思いが、自分の生きる喜びにつながるものであると……よりよく生きることの尊さ・自然愛護	感動した思いを生き方につなげ、人の生き方を受け止め、自分の生き方を見つめなおしていきたい……
	よりよく生きる喜び	人間の弱さや醜さを見つめ直し……目指す生き方をしている人に気付き……自分の生き方についての思いを振り返り……	人はみんな弱さをもっている個性を尊重し……よりよく生きるためには、互いを尊重し合うこと生き方を大切にする思いをもって……（個性の伸長・相互理解）	自分自身の思いに恥じない生き方について考えていこう……これからの生き方をよりよいものにしていくために……

《資料》

小学校・中学校　学習指導要領

【小学校学習指導要領】

第1章　総則
第1　小学校教育の基本と教育課程の役割
1　各学校においては、教育基本法及び学校教育法その他の法令並びにこの章以下に示すところに従い、児童の人間として調和のとれた育成を目指し、児童の心身の発達の段階や特性及び学校や地域の実態を十分考慮して、適切な教育課程を編成するものとし、これらに掲げる目標を達成するよう教育を行うものとする。
2　学校の教育活動を進めるに当たっては、各学校において、第3の1に示す主体的・対話的で深い学びの実現に向けた授業改善を通して、創意工夫を生かした特色ある教育活動を展開する中で、次の(1)から(3)までに掲げる事項の実現を図り、児童に生きる力を育むことを目指すものとする。
(1)　基礎的・基本的な知識及び技能を確実に習得させ、これらを活用して課題を解決するために必要な思考力、判断力、表現力等を育むとともに、主体的に学習に取り組む態度を養い、個性を生かし多様な人々との協働を促す教育の充実に努めること。その際、児童の発達の段階を考慮して、児童の言語活動など、学習の基盤をつくる活動を充実するとともに、家庭との連携を図りながら、児童の学習習慣が確立するよう配慮すること。
(2)　道徳教育や体験活動、多様な表現や鑑賞の活動等を通して、豊かな心や創造性の涵 かん 養を目指した教育の充実に努めること。
　　学校における道徳教育は、特別の教科である道徳（以下「道徳科」という。）を要として学校の教育活動全体を通じて行うものであり、道徳科はもとより、各教科、外国語活動、総合的な学習の時間及び特別活動のそれぞれの特質に応じて、児童の発達の段階を考慮して、適切な指導を行うこと。
　　道徳教育は、教育基本法及び学校教育法に定められた教育の根本精神に基づき、自己の生き方を考え、主体的な判断の下に行動し、自立した人間として他者と共によりよく生きるための基盤となる道徳性を養うことを目標とすること。
　　道徳教育を進めるに当たっては、人間尊重の精神と生命に対する畏敬の念を家庭、学校、その他社会における具体的な生活の中に生かし、豊かな心をもち、伝統と文化を尊重し、それらを育んできた我が国と郷土を愛し、個性豊かな文化の創造を図るとともに、平和で民主的な国家及び社会の形成者として、公共の精神を尊び、社会及び国家の発展に努め、他国を尊重し、国際社会の平和と発展や環境の保全に貢献し未来を拓 ひらく主体性のある日本人の育成に資することとなるよう特に留意すること。
(3)　学校における体育・健康に関する指導を、児童の発達の段階を考慮して、学校の教育活動全体を通じて適切に行うことにより、健康で安全な生活と豊かなスポーツライフの実現を目指した教育の充実に努めること。特に、学校における食育の推進並びに体力の向上に関する指導、安全に関する指導及び心身の健康の保持増進に関する指導については、体育科、家庭科及び特別活動の時間はもとより、各教科、道徳科、外国語活動及び総合的な学習の時間などにおいてもそれぞれの特質に応じて適切に行うよう努めること。また、それらの指導を通して、家庭や

地域社会との連携を図りながら、日常生活において適切な体育・健康に関する活動の実践を促し、生涯を通じて健康・安全で活力ある生活を送るための基礎が培われるよう配慮すること。

3 2の(1)から(3)までに掲げる事項の実現を図り、豊かな創造性を備え持続可能な社会の創り手となることが期待される児童に、生きる力を育むことを目指すに当たっては、学校教育全体並びに各教科、道徳科、外国語活動、総合的な学習の時間及び特別活動（以下「各教科等」という。ただし、第2の3の(2)のア及びウにおいて、特別活動については学級活動（学校給食に係るものを除く。）に限る。）の指導を通してどのような資質・能力の育成を目指すのかを明確にしながら、教育活動の充実を図るものとする。その際、児童の発達の段階や特性等を踏まえつつ、次に掲げることが偏りなく実現できるようにするものとする。

(1) 知識及び技能が習得されるようにすること。
(2) 思考力、判断力、表現力等を育成すること。
(3) 学びに向かう力、人間性等を涵かん養すること。

4 各学校においては、児童や学校、地域の実態を適切に把握し、教育の目的や目標の実現に必要な教育の内容等を教科等横断的な視点で組み立てていくこと、教育課程の実施状況を評価してその改善を図っていくこと、教育課程の実施に必要な人的又は物的な体制を確保するとともにその改善を図っていくことなどを通して、教育課程に基づき組織的かつ計画的に各学校の教育活動の質の向上を図っていくこと（以下「カリキュラム・マネジメント」という。）に努めるものとする。

第3章　特別の教科　道徳
第1　目標

第1章総則の第1の2の(2)に示す道徳教育の目標に基づき、よりよく生きるための基盤となる道徳性を養うため、道徳的諸価値についての理解を基に、自己を見つめ、物事を多面的・多角的に考え、自己の生き方についての考えを深める学習を通して、道徳的な判断力、心情、実践意欲と態度を育てる。

第2　内容

学校の教育活動全体を通じて行う道徳教育の要である道徳科においては、以下に示す項目について扱う。

A　主として自分自身に関すること
［善悪の判断、自律、自由と責任］
〔第1学年及び第2学年〕
よいことと悪いこととの区別をし、よいと思うことを進んで行うこと。
〔第3学年及び第4学年〕
正しいと判断したことは、自信をもって行うこと。
〔第5学年及び第6学年〕
自由を大切にし、自律的に判断し、責任のある行動をすること。
［正直、誠実］
〔第1学年及び第2学年〕
うそをついたりごまかしをしたりしないで、素直に伸び伸びと生活すること。

〔第3学年及び第4学年〕
過ちは素直に改め、正直に明るい心で生活すること。
〔第5学年及び第6学年〕
誠実に、明るい心で生活すること。
［節度、節制］
〔第1学年及び第2学年〕
健康や安全に気を付け、物や金銭を大切にし、身の回りを整え、わがままをしないで、規則正しい生活をすること。
〔第3学年及び第4学年〕
自分でできることは自分でやり、安全に気を付け、よく考えて行動し、節度のある生活をすること。
〔第5学年及び第6学年〕
安全に気を付けることや、生活習慣の大切さについて理解し、自分の生活を見直し、節度を守り節制に心掛けること。
［個性の伸長］
〔第1学年及び第2学年〕
自分の特徴に気付くこと。
〔第3学年及び第4学年〕
自分の特徴に気付き、長所を伸ばすこと。
〔第5学年及び第6学年〕
自分の特徴を知って、短所を改め長所を伸ばすこと。
［希望と勇気、努力と強い意志］
〔第1学年及び第2学年〕
自分のやるべき勉強や仕事をしっかりと行うこと。
〔第3学年及び第4学年〕
自分でやろうと決めた目標に向かって、強い意志をもち、粘り強くやり抜くこと。
〔第5学年及び第6学年〕
より高い目標を立て、希望と勇気をもち、困難があってもくじけずに努力して物事をやり抜くこと。
［真理の探究］
〔第5学年及び第6学年〕
真理を大切にし、物事を探究しようとする心をもつこと。
B　主として人との関わりに関すること
［親切、思いやり］
〔第1学年及び第2学年〕
身近にいる人に温かい心で接し、親切にすること。
〔第3学年及び第4学年〕
相手のことを思いやり、進んで親切にすること。
〔第5学年及び第6学年〕
誰に対しても思いやりの心をもち、相手の立場に立って親切にすること。

［感謝］
〔第1学年及び第2学年〕
家族など日頃世話になっている人々に感謝すること。
〔第3学年及び第4学年〕
家族など生活を支えてくれている人々や現在の生活を築いてくれた高齢者に、尊敬と感謝の気持ちをもって接すること。
〔第5学年及び第6学年〕
日々の生活が家族や過去からの多くの人々の支え合いや助け合いで成り立っていることに感謝し、それに応えること。

［礼儀］
〔第1学年及び第2学年〕
気持ちのよい挨拶、言葉遣い、動作などに心掛けて、明るく接すること。
〔第3学年及び第4学年〕
礼儀の大切さを知り、誰に対しても真心をもって接すること。
〔第5学年及び第6学年〕
時と場をわきまえて、礼儀正しく真心をもって接すること。

［友情、信頼］
〔第1学年及び第2学年〕
友達と仲よくし、助け合うこと。
〔第3学年及び第4学年〕
友達と互いに理解し、信頼し、助け合うこと。
〔第5学年及び第6学年〕
友達と互いに信頼し、学び合って友情を深め、異性についても理解しながら、人間関係を築いていくこと。

［相互理解、寛容］
〔第3学年及び第4学年〕
自分の考えや意見を相手に伝えるとともに、相手のことを理解し、自分と異なる意見も大切にすること。
〔第5学年及び第6学年〕
自分の考えや意見を相手に伝えるとともに、謙虚な心をもち、広い心で自分と異なる意見や立場を尊重すること。

C　主として集団や社会との関わりに関すること

［規則の尊重］
〔第1学年及び第2学年〕
約束やきまりを守り、みんなが使う物を大切にすること。
〔第3学年及び第4学年〕
約束や社会のきまりの意義を理解し、それらを守ること。
〔第5学年及び第6学年〕
法やきまりの意義を理解した上で進んでそれらを守り、自他の権利を大切にし、義務を果たすこと。

［公正、公平、社会正義］
〔第1学年及び第2学年〕
自分の好き嫌いにとらわれないで接すること。
〔第3学年及び第4学年〕
誰に対しても分け隔てをせず、公正、公平な態度で接すること。
〔第5学年及び第6学年〕
誰に対しても差別をすることや偏見をもつことなく、公正、公平な態度で接し、正義の実現に努めること。

［勤労、公共の精神］
〔第1学年及び第2学年〕
働くことのよさを知り、みんなのために働くこと。
〔第3学年及び第4学年〕
働くことの大切さを知り、進んでみんなのために働くこと。
〔第5学年及び第6学年〕
働くことや社会に奉仕することの充実感を味わうとともに、その意義を理解し、公共のために役に立つことをすること。

［家族愛、家庭生活の充実］
〔第1学年及び第2学年〕
父母、祖父母を敬愛し、進んで家の手伝いなどをして、家族の役に立つこと。
〔第3学年及び第4学年〕
父母、祖父母を敬愛し、家族みんなで協力し合って楽しい家庭をつくること。
〔第5学年及び第6学年〕
父母、祖父母を敬愛し、家族の幸せを求めて、進んで役に立つことをすること。

［よりよい学校生活、集団生活の充実］
〔第1学年及び第2学年〕
先生を敬愛し、学校の人々に親しんで、学級や学校の生活を楽しくすること。
〔第3学年及び第4学年〕
先生や学校の人々を敬愛し、みんなで協力し合って楽しい学級や学校をつくること。
〔第5学年及び第6学年〕
先生や学校の人々を敬愛し、みんなで協力し合ってよりよい学級や学校をつくるとともに、様々な集団の中での自分の役割を自覚して集団生活の充実に努めること。

［伝統と文化の尊重、国や郷土を愛する態度］
〔第1学年及び第2学年〕
我が国や郷土の文化と生活に親しみ、愛着をもつこと。
〔第3学年及び第4学年〕
我が国や郷土の伝統と文化を大切にし、国や郷土を愛する心をもつこと。
〔第5学年及び第6学年〕
我が国や郷土の伝統と文化を大切にし、先人の努力を知り、国や郷土を愛する心をもつこと。

［国際理解、国際親善］
〔第1学年及び第2学年〕

他国の人々や文化に親しむこと。
　　〔第３学年及び第４学年〕
　他国の人々や文化に親しみ、関心をもつこと。
　　〔第５学年及び第６学年〕
　他国の人々や文化について理解し、日本人としての自覚をもって国際親善に努めること。
　Ｄ　主として生命や自然、崇高なものとの関わりに関すること
　［生命の尊さ］
　　〔第１学年及び第２学年〕
　生きることのすばらしさを知り、生命を大切にすること。
　　〔第３学年及び第４学年〕
　生命の尊さを知り、生命あるものを大切にすること。
　　〔第５学年及び第６学年〕
　生命が多くの生命のつながりの中にあるかけがえのないものであることを理解し、生命を尊重すること。
　［自然愛護］
　　〔第１学年及び第２学年〕
　身近な自然に親しみ、動植物に優しい心で接すること。
　　〔第３学年及び第４学年〕
　自然のすばらしさや不思議さを感じ取り、自然や動植物を大切にすること。
　　〔第５学年及び第６学年〕
　自然の偉大さを知り、自然環境を大切にすること。
　［感動、畏敬の念］
　　〔第１学年及び第２学年〕
　美しいものに触れ、すがすがしい心をもつこと。
　　〔第３学年及び第４学年〕
　美しいものや気高いものに感動する心をもつこと。
　　〔第５学年及び第６学年〕
　美しいものや気高いものに感動する心や人間の力を超えたものに対する畏敬の念をもつこと。
　［よりよく生きる喜び］
　　〔第５学年及び第６学年〕
　よりよく生きようとする人間の強さや気高さを理解し、人間として生きる喜びを感じること。

第３　指導計画の作成と内容の取扱い

１　各学校においては、道徳教育の全体計画に基づき、各教科、外国語活動、総合的な学習の時間及び特別活動との関連を考慮しながら、道徳科の年間指導計画を作成するものとする。なお、作成に当たっては、第２に示す各学年段階の内容項目について、相当する各学年において全て取り上げることとする。その際、児童や学校の実態に応じ、２学年間を見通した重点的な指導や内容項目間の関連を密にした指導、一つの内容項目を複数の時間で扱う指導を取り入れるなどの工夫を行うものとする。

２　第２の内容の指導に当たっては、次の事項に配慮するものとする。

(1) 校長や教頭などの参加、他の教師との協力的な指導などについて工夫し、道徳教育推進教師を中心とした指導体制を充実すること。
(2) 道徳科が学校の教育活動全体を通じて行う道徳教育の要としての役割を果たすことができるよう、計画的・発展的な指導を行うこと。特に、各教科、外国語活動、総合的な学習の時間及び特別活動における道徳教育としては取り扱う機会が十分でない内容項目に関わる指導を補うことや、児童や学校の実態等を踏まえて指導をより一層深めること、内容項目の相互の関連を捉え直したり発展させたりすることに留意すること。
(3) 児童が自ら道徳性を養う中で、自らを振り返って成長を実感したり、これからの課題や目標を見付けたりすることができるよう工夫すること。その際、道徳性を養うことの意義について、児童自らが考え、理解し、主体的に学習に取り組むことができるようにすること。
(4) 児童が多様な感じ方や考え方に接する中で、考えを深め、判断し、表現する力などを育むことができるよう、自分の考えを基に話し合ったり書いたりするなどの言語活動を充実すること。
(5) 児童の発達の段階や特性等を考慮し、指導のねらいに即して、問題解決的な学習、道徳的行為に関する体験的な学習等を適切に取り入れるなど、指導方法を工夫すること。その際、それらの活動を通じて学んだ内容の意義などについて考えることができるようにすること。また、特別活動等における多様な実践活動や体験活動も道徳科の授業に生かすようにすること。
(6) 児童の発達の段階や特性等を考慮し、第2に示す内容との関連を踏まえつつ、情報モラルに関する指導を充実すること。また、児童の発達の段階や特性等を考慮し、例えば、社会の持続可能な発展などの現代的な課題の取扱いにも留意し、身近な社会的課題を自分との関係において考え、それらの解決に寄与しようとする意欲や態度を育てるよう努めること。なお、多様な見方や考え方のできる事柄について、特定の見方や考え方に偏った指導を行うことのないようにすること。
(7) 道徳科の授業を公開したり、授業の実施や地域教材の開発や活用などに家庭や地域の人々、各分野の専門家等の積極的な参加や協力を得たりするなど、家庭や地域社会との共通理解を深め、相互の連携を図ること。
3 教材については、次の事項に留意するものとする。
(1) 児童の発達の段階や特性、地域の実情等を考慮し、多様な教材の活用に努めること。特に、生命の尊厳、自然、伝統と文化、先人の伝記、スポーツ、情報化への対応等の現代的な課題などを題材とし、児童が問題意識をもって多面的・多角的に考えたり、感動を覚えたりするような充実した教材の開発や活用を行うこと。
(2) 教材については、教育基本法や学校教育法その他の法令に従い、次の観点に照らし適切と判断されるものであること。
ア 児童の発達の段階に即し、ねらいを達成するのにふさわしいものであること。
イ 人間尊重の精神にかなうものであって、悩みや葛藤等の心の揺れ、人間関係の理解等の課題も含め、児童が深く考えることができ、人間としてよりよく生きる喜びや勇気を与えられるものであること。
ウ 多様な見方や考え方のできる事柄を取り扱う場合には、特定の見方や考え方に偏った取扱いがなされていないものであること。
4 児童の学習状況や道徳性に係る成長の様子を継続的に把握し、指導に生かすよう努める必要がある。ただし、数値などによる評価は行わないものとする。

【中学校学習指導要領】

第1章　総則
第1　中学校教育の基本と教育課程の役割
1　各学校においては、教育基本法及び学校教育法その他の法令並びにこの章以下に示すところに従い、生徒の人間として調和のとれた育成を目指し、生徒の心身の発達の段階や特性及び学校や地域の実態を十分考慮して、適切な教育課程を編成するものとし、これらに掲げる目標を達成するよう教育を行うものとする。
2　学校の教育活動を進めるに当たっては、各学校において、第3の1に示す主体的・対話的で深い学びの実現に向けた授業改善を通して、創意工夫を生かした特色ある教育活動を展開する中で、次の(1)から(3)までに掲げる事項の実現を図り、生徒に生きる力を育むことを目指すものとする。
(1)　基礎的・基本的な知識及び技能を確実に習得させ、これらを活用して課題を解決するために必要な思考力、判断力、表現力等を育むとともに、主体的に学習に取り組む態度を養い、個性を生かし多様な人々との協働を促す教育の充実に努めること。その際、生徒の発達の段階を考慮して、生徒の言語活動など、学習の基盤をつくる活動を充実するとともに、家庭との連携を図りながら、生徒の学習習慣が確立するよう配慮すること。　(2)　道徳教育や体験活動、多様な表現や鑑賞の活動等を通して、豊かな心や創造性の涵かん養を目指した教育の充実に努めること。

　学校における道徳教育は、特別の教科である道徳（以下「道徳科」という。）を要として学校の教育活動全体を通じて行うものであり、道徳科はもとより、各教科、総合的な学習の時間及び特別活動のそれぞれの特質に応じて、生徒の発達の段階を考慮して、適切な指導を行うこと。

　道徳教育は、教育基本法及び学校教育法に定められた教育の根本精神に基づき、人間としての生き方を考え、主体的な判断の下に行動し、自立した人間として他者と共によりよく生きるための基盤となる道徳性を養うことを目標とすること。

　道徳教育を進めるに当たっては、人間尊重の精神と生命に対する畏敬の念を家庭、学校、その他社会における具体的な生活の中に生かし、豊かな心をもち、伝統と文化を尊重し、それらを育んできた我が国と郷土を愛し、個性豊かな文化の創造を図るとともに、平和で民主的な国家及び社会の形成者として、公共の精神を尊び、社会及び国家の発展に努め、他国を尊重し、国際社会の平和と発展や環境の保全に貢献し未来を拓ひらく主体性のある日本人の育成に資することとなるよう特に留意すること。
(3)　学校における体育・健康に関する指導を、生徒の発達の段階を考慮して、学校の教育活動全体を通じて適切に行うことにより、健康で安全な生活と豊かなスポーツライフの実現を目指した教育の充実に努めること。特に、学校における食育の推進並びに体力の向上に関する指導、安全に関する指導及び心身の健康の保持増進に関する指導については、保健体育科、技術・家庭科及び特別活動の時間はもとより、各教科、道徳科及び総合的な学習の時間などにおいてもそれぞれの特質に応じて適切に行うよう努めること。また、それらの指導を通して、家庭や地域社会との連携を図りながら、日常生活において適切な体育・健康に関する活動の実践を促し、

生涯を通じて健康・安全で活力ある生活を送るための基礎が培われるよう配慮すること。
3　2の(1)から(2)までに掲げる事項の実現を図り、豊かな創造性を備え持続可能な社会の創り手となることが期待される生徒に、生きる力を育むことを目指すに当たっては、学校教育全体並びに各教科、道徳科、総合的な学習の時間及び特別活動（以下「各教科等」という。ただし、第2の3の(2)のア及びウにおいて、特別活動については学級活動（学校給食に係るものを除く。）に限る。）の指導を通してどのような資質・能力の育成を目指すのかを明確にしながら、教育活動の充実を図るものとする。その際、生徒の発達の段階や特性等を踏まえつつ、次に掲げることが偏りなく実現できるようにするものとする。
　(1)　知識及び技能が習得されるようにすること。
　(2)　思考力、判断力、表現力等を育成すること。
　(3)　学びに向かう力、人間性等を涵かん養すること。
4　各学校においては、生徒や学校、地域の実態を適切に把握し、教育の目的や目標の実現に必要な教育の内容等を教科等横断的な視点で組み立てていくこと、教育課程の実施状況を評価してその改善を図っていくこと、教育課程の実施に必要な人的又は物的な体制を確保するとともにその改善を図っていくことなどを通して、教育課程に基づき組織的かつ計画的に各学校の教育活動の質の向上を図っていくこと（以下「カリキュラム・マネジメント」という。）に努めるものとする。

第3章　特別の教科　道徳
第1　目　標
　第1章総則の第1の2の(2)に示す道徳教育の目標に基づき、よりよく生きるための基盤となる道徳性を養うため、道徳的諸価値についての理解を基に、自己を見つめ、物事を広い視野から多面的・多角的に考え、人間としての生き方についての考えを深める学習を通して、道徳的な判断力、心情、実践意欲と態度を育てる。

第2　内　容
　学校の教育活動全体を通じて行う道徳教育の要である道徳科においては、以下に示す項目について扱う。
A　主として自分自身に関すること
［自主、自律、自由と責任］
　自律の精神を重んじ、自主的に考え、判断し、誠実に実行してその結果に責任をもつこと。
［節度、節制］
　望ましい生活習慣を身に付け、心身の健康の増進を図り、節度を守り節制に心掛け、安全で調和のある生活をすること。
［向上心、個性の伸長］
　自己を見つめ、自己の向上を図るとともに、個性を伸ばして充実した生き方を追求すること。
［希望と勇気、克己と強い意志］
　より高い目標を設定し、その達成を目指し、希望と勇気をもち、困難や失敗を乗り越えて着実にやり遂げること。
［真理の探究、創造］

真実を大切にし、真理を探究して新しいものを生み出そうと努めること。
B　主として人との関わりに関すること
［思いやり、感謝］
　思いやりの心をもって人と接するとともに、家族などの支えや多くの人々の善意により日々の生活や現在の自分があることに感謝し、進んでそれに応え、人間愛の精神を深めること。
［礼儀］
　礼儀の意義を理解し、時と場に応じた適切な言動をとること。
［友情、信頼］
　友情の尊さを理解して心から信頼できる友達をもち、互いに励まし合い、高め合うとともに、異性についての理解を深め、悩みや葛藤も経験しながら人間関係を深めていくこと。
［相互理解、寛容］
　自分の考えや意見を相手に伝えるとともに、それぞれの個性や立場を尊重し、いろいろなものの見方や考え方があることを理解し、寛容の心をもって謙虚に他に学び、自らを高めていくこと。
C　主として集団や社会との関わりに関すること
［遵法精神、公徳心］
　法やきまりの意義を理解し、それらを進んで守るとともに、そのよりよい在り方について考え、自他の権利を大切にし、義務を果たして、規律ある安定した社会の実現に努めること。
［公正、公平、社会正義］
　正義と公正さを重んじ、誰に対しても公平に接し、差別や偏見のない社会の実現に努めること。
［社会参画、公共の精神］
　社会参画の意識と社会連帯の自覚を高め、公共の精神をもってよりよい社会の実現に努めること。
［勤労］
　勤労の尊さや意義を理解し、将来の生き方について考えを深め、勤労を通じて社会に貢献すること。
［家族愛、家庭生活の充実］
　父母、祖父母を敬愛し、家族の一員としての自覚をもって充実した家庭生活を築くこと。
［よりよい学校生活、集団生活の充実］
　教師や学校の人々を敬愛し、学級や学校の一員としての自覚をもち、協力し合ってよりよい校風をつくるとともに、様々な集団の意義や集団の中での自分の役割と責任を自覚して集団生活の充実に努めること。
［郷土の伝統と文化の尊重、郷土を愛する態度］
　郷土の伝統と文化を大切にし、社会に尽くした先人や高齢者に尊敬の念を深め、地域社会の一員としての自覚をもって郷土を愛し、進んで郷土の発展に努めること。
［我が国の伝統と文化の尊重、国を愛する態度］
　優れた伝統の継承と新しい文化の創造に貢献するとともに、日本人としての自覚をもって国を愛し、国家及び社会の形成者として、その発展に努めること。
［国際理解、国際貢献］
　世界の中の日本人としての自覚をもち、他国を尊重し、国際的視野に立って、世界の平和と人類の発展に寄与すること。

D 主として生命や自然、崇高なものとの関わりに関すること
［生命の尊さ］
　生命の尊さについて、その連続性や有限性なども含めて理解し、かけがえのない生命を尊重すること。
［自然愛護］
　自然の崇高さを知り、自然環境を大切にすることの意義を理解し、進んで自然の愛護に努めること。
［感動、畏敬の念］
　美しいものや気高いものに感動する心をもち、人間の力を超えたものに対する畏敬の念を深めること。
［よりよく生きる喜び］
　人間には自らの弱さや醜さを克服する強さや気高く生きようとする心があることを理解し、人間として生きることに喜びを見いだすこと。

第３　指導計画の作成と内容の取扱い
１　各学校においては、道徳教育の全体計画に基づき、各教科、総合的な学習の時間及び特別活動との関連を考慮しながら、道徳科の年間指導計画を作成するものとする。なお、作成に当たっては、第２に示す内容項目について、各学年において全て取り上げることとする。その際、生徒や学校の実態に応じ、３学年間を見通した重点的な指導や内容項目間の関連を密にした指導、一つの内容項目を複数の時間で扱う指導を取り入れるなどの工夫を行うものとする。２　第２の内容の指導に当たっては、次の事項に配慮するものとする。
⑴　学級担任の教師が行うことを原則とするが、校長や教頭などの参加、他の教師との協力的な指導などについて工夫し、道徳教育推進教師を中心とした指導体制を充実すること。
⑵　道徳科が学校の教育活動全体を通じて行う道徳教育の要としての役割を果たすことができるよう、計画的・発展的な指導を行うこと。特に、各教科、総合的な学習の時間及び特別活動における道徳教育としては取り扱う機会が十分でない内容項目に関わる指導を補うことや、生徒や学校の実態等を踏まえて指導をより一層深めること、内容項目の相互の関連を捉え直したり発展させたりすることに留意すること。
⑶　生徒が自ら道徳性を養う中で、自らを振り返って成長を実感したり、これからの課題や目標を見付けたりすることができるよう工夫すること。その際、道徳性を養うことの意義について、生徒自らが考え、理解し、主体的に学習に取り組むことができるようにすること。また、発達の段階を考慮し、人間としての弱さを認めながら、それを乗り越えてよりよく生きようとすることのよさについて、教師が生徒と共に考える姿勢を大切にすること。
⑷　生徒が多様な感じ方や考え方に接する中で、考えを深め、判断し、表現する力などを育むことができるよう、自分の考えを基に討論したり書いたりするなどの言語活動を充実すること。その際、様々な価値観について多面的・多角的な視点から振り返って考える機会を設けるとともに、生徒が多様な見方や考え方に接しながら、更に新しい見方や考え方を生み出していくことができるよう留意すること。
⑸　生徒の発達の段階や特性等を考慮し、指導のねらいに即して、問題解決的な学習、道徳的行為に関する体験的な学習等を適切に取り入れるなど、指導方法を工夫すること。その際、それ

らの活動を通じて学んだ内容の意義などについて考えることができるようにすること。また、特別活動等における多様な実践活動や体験活動も道徳科の授業に生かすようにすること。
(6) 生徒の発達の段階や特性等を考慮し、第2に示す内容との関連を踏まえつつ、情報モラルに関する指導を充実すること。また、例えば、科学技術の発展と生命倫理との関係や社会の持続可能な発展などの現代的な課題の取扱いにも留意し、身近な社会的課題を自分との関係において考え、その解決に向けて取り組もうとする意欲や態度を育てるよう努めること。なお、多様な見方や考え方のできる事柄について、特定の見方や考え方に偏った指導を行うことのないようにすること。
(7) 道徳科の授業を公開したり、授業の実施や地域教材の開発や活用などに家庭や地域の人々、各分野の専門家等の積極的な参加や協力を得たりするなど、家庭や地域社会との共通理解を深め、相互の連携を図ること。
3 教材については、次の事項に留意するものとする。
(1) 生徒の発達の段階や特性、地域の実情等を考慮し、多様な教材の活用に努めること。特に、生命の尊厳、社会参画、自然、伝統と文化、先人の伝記、スポーツ、情報化への対応等の現代的な課題などを題材とし、生徒が問題意識をもって多面的・多角的に考えたり、感動を覚えたりするような充実した教材の開発や活用を行うこと。
(2) 教材については、教育基本法や学校教育法その他の法令に従い、次の観点に照らし適切と判断されるものであること。
ア 生徒の発達の段階に即し、ねらいを達成するのにふさわしいものであること。
イ 人間尊重の精神にかなうものであって、悩みや葛藤等の心の揺れ、人間関係の理解等の課題も含め、生徒が深く考えることができ、人間としてよりよく生きる喜びや勇気を与えられるものであること。
ウ 多様な見方や考え方のできる事柄を取り扱う場合には、特定の見方や考え方に偏った取扱いがなされていないものであること。
4 生徒の学習状況や道徳性に係る成長の様子を継続的に把握し、指導に生かすよう努める必要がある。ただし、数値などによる評価は行わないものとする。

編著者

鈴木　由美子（すずき・ゆみこ）
　　広島大学大学院教育学研究科教授　教育学博士
主な著書・論文
『ペスタロッチー教育学の研究』（平成5年度日本保育学会保育学文献賞）『自立する力を育てる教育』『幼児教育学総論』（編著）『ペスタロッチー・フレーベルと日本の近代教育』（共著）（以上、玉川大学出版部）『道徳教育実践力を育てる校内研修―「横断的な道徳学習」の創造―』『キャリア教育推進のための研修マネジメント―福山市立網引小学校における実践研究の展開―』（以上、共著、溪水社）ほか。広島県教育委員会の道徳教育推進、広島市教育委員会の規範性育成推進などに協力している。

宮里　智恵（みやさと・ともえ）
　　広島大学大学院教育学研究科教授　博士（教育学）
主な著書・論文
「児童の愛他的態度育成に関する研究―異年齢児交流による直接体験授業の継続に焦点づけて―」（学位論文）『道徳教育実践力を育てる校内研修―「横断的な道徳学習」の創造―』（共著、溪水社）「愛他性を育てる道徳教育プログラムの開発に関する基礎研究」（日本道徳教育方法学会）「児童の愛他的態度育成のための直接体験授業と間接体験授業の効果」（広島大学大学院教育学研究科紀要）ほか。広島県教育委員会を中心に、県内外の道徳教育の推進に協力している。

・・・・・・・・・・・・・・・・・・・

執筆者（50音順）

青谷　章弘	（あおたに・あきひろ）	広島大学附属東雲中学校教諭
		9章5節担当
穐山小百合	（あきやま・さゆり）	三次市立十日市小学校教諭
		13章担当
越智　昌博	（おち・まさひろ）	庄原市立口北小学校教諭
		コラム②担当
小原　智穂	（おばら・ちほ）	三次市立吉舎小学校教諭
		コラム①、10章1・2節、13章、巻末資料担当
加藤　美帆	（かとう・みほ）	広島女学院大学人間生活学部准教授
		4章1節、コラム③担当
末長　純太	（すえなが・じゅんた）	三次市立みらさか小学校教諭
		9章4節担当
鈴木由美子	（すずき・ゆみこ）	広島大学大学院教育学研究科教授
		2章、4章2節、6章1節・2節（4）、7章2節、10章1節担当
砂走　　愛	（すなばしり・あい）	三次市立みらさか小学校教諭
		8章3節、13章担当
髙橋　倫子	（たかはし・みちこ）	竹原市立竹原西小学校教諭
		11章、コラム⑦担当

平田剣士郎	（ひらた・けんしろう）	三次市立三次中学校教諭 8章4節、10章3節担当
宮里　智恵	（みやさと・ともえ）	広島大学大学院教育学研究科教授 コラム④、7章1節・3－5節、8章1・2節担当
椋木　香子	（むくぎ・きょうこ）	宮崎大学大学院教育学研究科教授 3章、5章、コラム⑤担当
森川　敦子	（もりかわ・あつこ）	比治山大学現代文化学部教授 6章2節（1）－（3）、9章1－3節、コラム⑥、12章担当
山内　規嗣	（やまうち・のりつぐ）	広島大学大学院教育学研究科教授 1章担当

心をひらく道徳授業実践講座【1】

やさしい道徳授業のつくり方《改訂版》

平成24年3月31日	初版第一刷	発行
平成30年4月1日	初版第5刷	発行
令和元年9月30日	改訂版一刷	発行
令和5年3月20日	改訂版2刷	発行

編　者　鈴木由美子・宮里智恵

発行所　株式会社　溪水社
　　　　広島市中区小町1-4（〒730-0041）
　　　　電話（082）246-7909／FAX（082）246-7876
　　　　e-mail: info@keisui.co.jp
　　　　URL: http://www.keisui.co.jp

ISBN978-4-86327-494-5 C1037